기도가 만든
어메이징 스토리

발행	2022년 5월 28일
3쇄 발행	2025년 5월 17일
지은이	이종선
발행인	윤상문
디자인	박진경, 장미림
발행처	킹덤북스
등록	제2009-29호(2009년 10월 19일)
주소	경기도 용인시 기흥구 동백동 622-2
문의	전화 031-275-0196 팩스 031-275-0296

ISBN 979-11-5886-242-8 03230

Copyright ⓒ 2022 이종선
이 책은 저작권법에 따라 보호받는 저작물이므로 무단전재와 복제를 금지하며,
이 책의 내용의 전부 또는 일부를 이용하려면 반드시 저작권자와 킹덤북스의
서면 동의를 받아야 합니다.

※ 잘못된 책은 구입한 곳에서 교환하여 드립니다.
※ 책 가격은 표지 뒷면에 있습니다.

킹덤북스(Kingdom Books)는 문서사역을 통해 하나님의 나라를 확장하고,
한국 교회와 세계 교회를 섬기고자 설립된 출판사입니다.

기도가 만든
어메이징 스토리

Amazing story created by prayer

이종선 지음

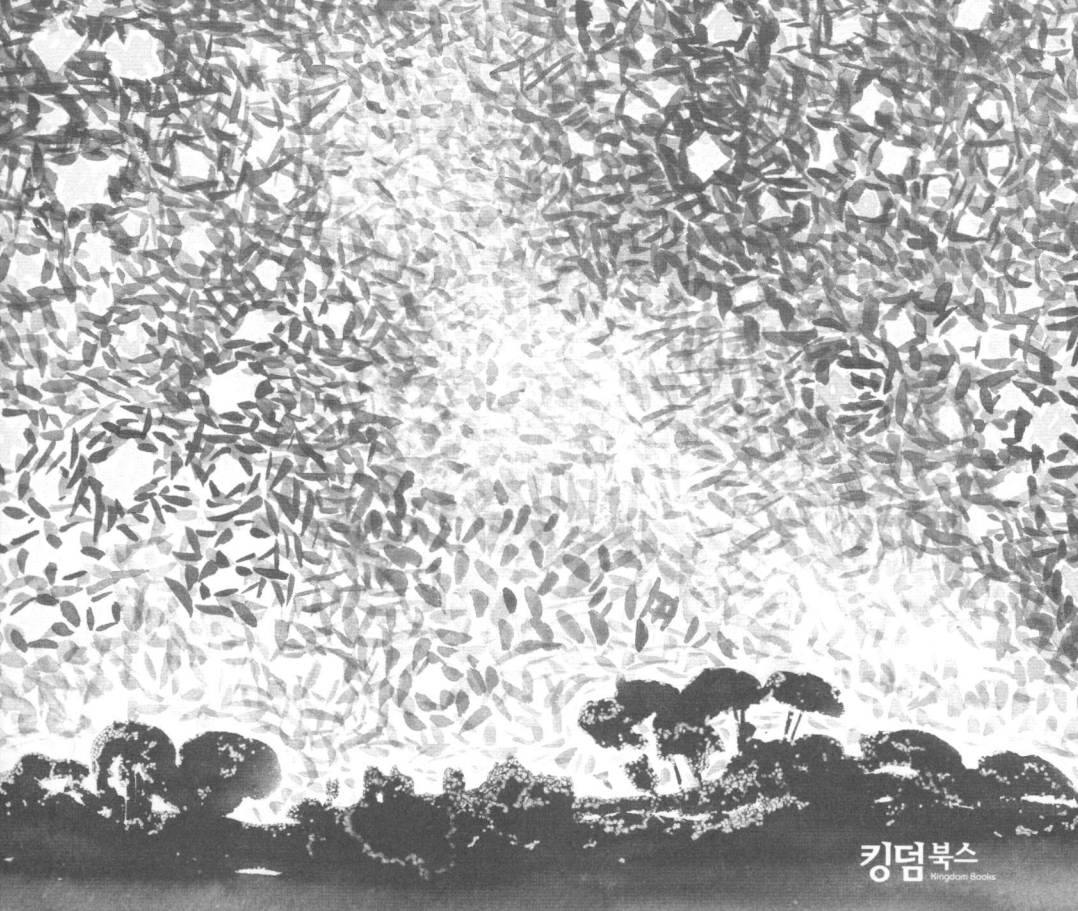

킹덤북스
Kingdom Books

여는 말

내게도 이런 놀라운 일이 일어나는구나!

예수님의 십자가 사랑에 감동한 스무 살 청년, 그 사랑에 감격하여 자신을 산 제물로 드렸다. 그 이후 어메이징 스토리는 시작되었다. 벌써 40여 년 전의 일이다. 지금 생각해 보니 이것만큼 내가 잘한 일은 없는 것 같다.

아무도 보지 않는 깊은 산 계곡에서 혼자 한 일이었지만 놀랍게도 하나님께서 나다나엘을 보신 것처럼 나를 보셨다. 하나님께서는 나의 헌신을 받으시고 성경에 약속하신 대로 토기장이처럼 나를 직접 빚으시고 쓰시기에 좋은 하나님의 작품으로 만드셨다.

이 글은 하나님께서 내 기도에 어떻게 응답하셨으며, 나를 어떻게 만들어 가셨고 쓰셨는지를 고백하는 글이다.

성경에 나오는 아브라함의 이야기, 이삭과 야곱의 이야기, 요셉, 모세, 다윗, 베드로, 바울 등 그들의 이야기가 나에게도 이루어졌다. 성경에 등장하는 그들의 이야기가 놀라운 이야기(Amazing Story)로 가득 차 있듯이 하나님께서는 내 인생을 '어메이징 스토리'로 만드셨다.

하나님께 몸을 드리자마자 놀라운 이야기가 곧바로 만들어진 것은 아니다. 하나님께 몸을 바친 후 25년 정도는 하나님께 드린 삶이 그렇게 즐겁고 신나는 것은 아니었다.

그래도 간혹 기도에 응답해주시는 하나님의 은혜가 있어 답답하고 힘든 시간을 능히 이겨낼 수 있었다. 그런데 기도 생활 8년 만에 한두 번, 그 후 6년 만에 서너 번 일어났던 놀라운 일들이 25년째 되던 해 성령의 능력을 강하게 받은 후부터는 항상 일어나는 일상의 일들이 되었다.

그러다 보니 '나에게도 이런 놀라운 일이 일어나는구나!'라며 감탄하는 일들이 많아졌다. 기도가 나의 삶에 '어메이징 스토리'를 만들어냈다. 이렇게 기도가 만든 놀라운 이야기들을 풍성하게 모아 책으로 쓰게 하신 하나님께 감사드린다.

나는 이 책을 쓰면서 "하나님, 성경에 있는 이야기가 나에게 이루어졌듯이 이 책을 읽는 독자에게도 동일하게 이루어지게 해주세요."라고 기도한다.

독자 여러분도 이 책을 읽으면서 "하나님, 나에게도 이와 같은 놀라운 일들이 이루어지게 해주세요."라고 간절히 기도하길 바란다. 그러면 나의 기도에 응답하신 하나님께서 독자 여러분의 기도에도 반드시 응답하실 것이다.

기도는 '어메이징 스토리'를 만든다. 여러분의 삶도 또 하나의 어메이징 스토리가 되기를 바란다.

나는 왜 이 책을 썼을까?

첫째, 나의 기도에 응답하시고 나의 삶을 '어메이징 스토리'로 가득 채워 주신 하나님께 영광을 돌리고, 나의 삶 속에서 보듯이 지금도 성경에 약속하신 대로 우리의 기도에 응답하시는 하나님을 전하고 싶기 때문이다.

둘째, 이 책을 통해 하나님을 믿지 않는 사람들은 하나님을 믿게 되고, 믿는 사람은 더 큰 믿음을 갖게 되길 바라기 때문이다. 이 책은 지금도 성경대로 행하시는 살아계신 하나님을 나의 삶을 통해 증언하는 책이다. 독자들이 이 책을 통해 성경이 진짜 성령의 감동으로 기록된 하나님의 말씀이라는 것과 하나님은 지금도 성경대로 행하시는 하나님이심을 확실히 믿게 되길 바란다.

셋째, 독자들이 이 책을 통해 영의 세계를 깨닫기 원하기 때문이다. 내가 성령의 능력을 힘입어 병을 고치고 귀신을 쫓아내면서 크게 깨달은 것 중 하나는 그동안 내가 사탄이 하는 일에 대해서 너무나 모른다는 것이었다. 나뿐만 아니라 많은 그리스도인들이 사탄이 하는 일에 대해 잘 모른다. 그러다 보니 사탄에게 속고 기만당하고 하나님의 은혜를 빼앗기는 삶을 사는 사람이 많다. 이 책을 통해 영의 세계를 깨닫게 됨으로써 더 이상 사탄에게 기만당하거나 빼앗기는 삶을 살지 말고, 사탄과의 싸움에서 승리하는 사람이 되길 바란다.
한 걸음 더 나아가 사탄에게 붙잡혀서 죄와 저주 가운데 사는 사람들을 돕고 구원하는 그리스도의 강한 군사가 되길 간절히 소망한다.

넷째, 이 땅의 다음 세대들이 이 책을 통해 하나님의 크신 은혜의 역사를 발견하고 "나도 내 몸을 예수님께 바치고 예수님을 위해 살겠습니다."

라고 결단하는 일들이 일어나 하나님의 역사에 크게 쓰임 받기를 간절히 소망하기 때문이다.

"주여, 위에 언급한 목적대로 이 책을 읽는 모든 독자에게 은혜를 베풀어주옵소서. 그래서 한국 교회와 전 세계에 흩어진 수많은 그리스도인들이 주를 위해 구름떼처럼 일어나 이 땅을 하나님의 나라로 만드는 역사가 있게 하옵소서!"

이 책은 크게 3부로 나누어 이야기를 구성하였다.
제1부는 나의 성장 과정과 스무 살 때 몸을 산 제물로 바친 이야기부터 시작하여 내 기도 생활과 하나님의 기도 응답, 그리고 하나님이 나를 어떠한 작품으로 빚으셨는지 이야기한다.

제2부는 하나님의 말씀이 내 삶 속에서 어떻게 이루어졌는지 이야기한다. 성경 말씀을 보면서 이 말씀이 나에게도 이루어지게 해달라고 기도했는데 2004년부터 하나님께서는 나의 기도에 하나하나 놀랍게 응답하셨다.
독자는 이 책을 읽을 때 정말 하나님은 어제나 오늘이나 내일이나 영원토록 변함없는 하나님이시고 지금도 성경대로 행하시는 하나님이심을 확신하게 될 것이다.

제3부에서는 성령님이 성경에 약속한 대로 나에게 말씀하시고, 가르치시고, 인도하신 놀랍고도 신비한 이야기다. 성령님을 내 안에 모시고 살면서 성령님께 직접 듣고 배우고 인도함을 받는 것은 너무나 기쁘고

신나는 이야기다.

　간혹 내 자랑처럼 보이는 대목이 있을 것이다. 그러나 이것은 내 표현과 필력이 미흡한 탓이다. 내가 이 책을 쓰는 이유는 말씀대로 행하시는 하나님, 내 삶 속에서 기적을 행하신 하나님만을 높이기 위해서라는 것을 독자들이 알아주기를 바란다.
　그리고 나는 이 책에 성령 하나님께서 나를 통해서 하신 일과 나에게 하신 말씀이나 나를 가르치고 인도하신 말씀을 많이 쓰게 될 텐데 그것이 내가 무슨 특별한 사람이 된 것처럼 말하고자 하는 것이 절대 아니라는 것을 미리 말해둔다. 내가 받은 은혜는 하나님을 절대 의지하고 성령의 능력을 믿는 사람이라면 누구나 받을 수 있는 은혜다.

　내가 성령 하나님께서 내게 말씀하시는 것을 들었다고 해서 특별 계시(정경적 계시, canonical revelation)를 받았다고 말하는 것이 아니라는 것도 미리 말해둔다.
　요한복음 10장에 보면 예수님께서 목자이신 예수님과 예수님을 믿는 양의 관계를 말씀하고 있다. 양은 목자의 음성을 듣는다고 하셨고, 양은 목자의 음성을 아는 고로 목자를 따른다고 말씀하셨다. 그리고 요한복음 14장 고별 설교를 보면 예수님께서 예수님을 믿는 자에게 성령을 보내주실 것과 성령이 예수님을 믿는 자에게 모든 것을 가르치실 것을 말씀하셨다.
　너무나 감사한 것은 하나님께서 나의 간절한 기도를 들으시고 이러한 말씀들이 내게 이루어지도록 은혜를 베풀어주셨다. 그래서 나는 이 책에 내가 실제 경험한 구체적인 사례를 제시함으로써 하나님께서는 정말로 예수님을 믿는 자에게 성령을 보내주신다는 것과 성령이 오시면 그분이 하시는 말씀을 들을 수 있고, 그분이 가르치는 것을 배울 수 있다는 것을 증언하고자 한다.

다시 한번 강조하는 것은 성령 하나님의 말씀을 들었다고 해서 절대 성경과 같은 권위를 갖는 것이 아님을 분명히 밝힌다. 영적인 것은 성경의 권위 아래에서 반드시 분별해야 하며, 혹 성령 하나님이 하신 말씀이 맞다 할지라도 성경의 권위 아래 있으며, 공적인 것이 아니고 말씀을 들은 그 사람에게만 해당하는 개인적인 것임을 알아야 한다.

그러므로 내가 이 책에 기록한 성령 하나님께 받은 말씀도 나와 그분과의 관계에만 해당하는 것이니 여러분은 개의치 않아도 된다. 다만 나의 간증을 통해 성경은 진짜 성령의 감동으로 기록된 하나님의 말씀이라는 것과 하나님은 지금도 살아계셔서 성경대로 행하고 계시다는 것을 독자들이 확실히 믿게 되길 바랄 뿐이다.

성령 하나님의 말씀을 듣는 것과 관련해서 하나만 더 말한다면 그분의 말씀을 듣는 것은 사람의 말을 듣는 것과는 다르다는 점이다. 성령 하나님의 말씀은 느낌으로(내적인 감동으로) 듣는다. 사람의 말을 듣듯이 생생한 소리로 직접 들을 수도 있지만 그런 경우는 극히 드물고 대부분은 느낌으로 듣는다. 느낌(내적인 감동 혹은 확신)도 선명할 때가 있고 희미할 때가 있다. 희미할 때는 성령 하나님이 말씀하신 것인지 내 생각인지 구별하기 어렵다. 이 책에는 선명하게 들은 것만 쓰려고 했지만, 그것 역시 나의 주관적인 것이다.

성령 하나님께서 역사하신 사역과 영적인 세계의 신비를 인간의 언어로 다 표현하기는 어렵다는 점을 독자들에게 밝힌다. 그러므로 내가 성령 하나님께 들었다고 말하는 것이 정확하게 그렇게 말씀하신 것이라고 장담할 수 없다. 그런 내용으로 말씀하셨다고 생각하면 된다. 단어 하나하나보다는 내용에 초점을 맞추기 바란다.

처음 책을 쓰려고 한 것은 12년 전, 2009년도였다. 그때 책을 쓰는 것에 대해서 하나님의 뜻을 알고자 매일 기도하고 있었는데, 2009년 3월 18일, 새벽 2시 40분에 성령 하나님이 나에게 임하셔서 말씀하셨다.
"책을 쓰라. 그러나 명심하라. 책의 주인공은 네가 아니라 나다. 내가 책의 주인공이 되어야 한다. 내가 책의 주인공이 되면 내가 책에 성령의 기름을 부어주고 복을 주겠다."
이 말씀을 듣고 나는 그때부터 책을 쓰려고 했다. 그러나 처음 쓰는 책이라 너무나 어려웠고 계속되는 성회(聖會)로 인해 물리적인 시간이 절대적으로 부족했다. 간신히 30여 쪽 쓰고 중단했다. 아직은 때가 아닌가 보다 생각하고 성회 인도에 집중하면서 하나님께서 책을 쓰게 해주실 때를 기도하면서 기다렸다.
마침내 12년이 지난 2021년 3월에 하나님께서 책을 쓰도록 나를 인도하셨다. 하나님의 인도 중 하나는 책을 쓰는 초보자를 돕는 '책 코칭 전문작가' 박성배 목사님과의 만남이다. 나는 3월 18일, 우연히 부천노회 목사들의 단톡방에서 박 목사님이 자신이 쓴 책을 소개하며 올린 글을 보고 책 쓰는 도움을 받고자 만나자고 했다. 그런데 그는 나를 만나자마자 2년 전에 "하나님, 하나님께서 이종선 목사를 통해서 하신 일을 책으로 쓸 수 있도록 코칭하게 해주세요"라고 기도했었다고 말했다.
나는 그의 이야기를 들으면서 내가 책을 쓸 수 있도록 하나님께서 돕는 자를 2년 전에 예비해놓으신 것을 알고 하나님의 은혜에 감격하지 않을 수 없었다. 하나님은 성경 말씀대로 '여호와 이레' 하나님이시다.

이 책은 기도가 만든 책이다. 스무 살에 하나님께 몸을 바친 후 하나님과 함께한 40여 년의 삶으로 만든 책이다.

모든 성도 중에 지극히 작은 자보다 더 작은 나를 끝까지 붙잡아 주시고 나의 기도에 응답해 주셔서 하나님께서 행하신 일들과 깨닫게 하신 영적 진리의 말씀을 책으로 엮어 모든 나라 모든 민족에게 전하게 하신 하나님께 감사와 찬양과 영광을 올려 드린다.

끝으로 나는 대한예수교장로회 통합 교단에 속한 목사로서 개혁 장로교회의 정통 신학 안에서 모든 사역을 하고 있음을 다시 한번 강조한다. 성경의 절대 무오성을 믿고, 절대적 권위 아래 있음을 밝힌다. 대한예수교장로회(통합) 신학 안에 있으며, (사)국제기독교이단대책협의회 상임회장으로서 바른 신학, 바른 교리, 바른 신앙을 추구한다.

예수님께서는 열매로 그 나무를 안다고 하셨다. 나에게 아름다운 열매를 풍성하게 맺게 하신 하나님께 깊이 감사드린다. 이 책도 그분이 역사하신 열매 중 하나다. 이 아름다운 열매 '기도가 만든 어메이징 스토리'를 하나님께 바친다. 오직 삼위 하나님만 영광, 존귀, 찬양을 받으소서!

2022년 4월 기쁨비전 센터에서
이 종 선

| 추천사 |

> 과학의 시대에 철저하게 무시되는 영적인 세계를
> 성령의 능력으로 열어주는 책

김명용 박사
전 장로회신학대학교 총장
전, 미 프린스턴신학대학원 및 호주 웨슬레대학교 객원교수
전, 한국조직신학회 및 칼바르트학회 회장
온신학 아카데미 원장 및 기독교 세계관 연구소 소장
'이 시대의 바른 기독교 사상', '온신학' 등 다수의 책 저자

이종선 목사님은 현재 어메이징 스토리를 목회와 선교 현장에서 만들어 가며 놀라운 사역을 하고 있는 분입니다. 이 놀라운 사역이 『기도가 만든 어메이징 스토리』 속에 감격적으로 기록되어 있습니다.

이 책은 영적인 세계가 철저하게 무시되는 오늘의 과학의 시대에 영적인 세계를 향한 눈을 열어주고, 영적인 세계가 우리의 운명과 깊이 결부되어 있음을 눈에 보이는 놀라운 사건들을 통해 증언하고 있습니다.

이 책은 "구하라 그리하면 받으리니 너희 기쁨이 충만하리라"(요 16:24)고 하신 예수님의 말씀이 진리이고 현실이라는 것을 생생하게 증언하고 있습니다. 병자들을 비롯한 곤경 속에서 절망하는 사람들이 하나님을 절대 의지하고 기도하는 믿음의 사람들을 통해 살아나는 기적들과 기쁨들이 이 책을 가득 채우고 있습니다.

기도가 기적을 만들고, 어메이징 스토리를 만들고, 기쁨의 세계를 만든다는 것을 이 책은 힘 있게 증언하고 있습니다. 좌절과 어둠 속에 있는 사람들은 이 책을 읽어야 합니다. 목회자들도 이 책을 읽고 성령의 능력을 의지하고 교회를 살리는 목회를 새롭게 해야 합니다.

이 책을 통해 예수님만이 구원자이시고, 기도가 우리의 생명이고, 성령의 역사가 기적을 만들고 어둠을 없앤다는 것을 독자들은 확신하게 될 것입니다. 복음서와 사도행전의 놀라운 이야기가 이종선 목사님의 목회와 선교 현장에서 재현되고 있는 기쁨을 이 책에서 발견할 수 있을 것입니다.

| 추천사 |

순전한 기도에 응답한 놀라운 은혜의 역사

이영훈 목사
여의도순복음교회 담임 목사

시편은 하나님을 향한 사랑과 감사와 찬양, 그리고 고난 중에서 간절히 부르짖는 기도를 담고 있는 하나님의 말씀입니다. 하나님을 만난 믿음의 선진들의 진솔하고 영감 있는 고백을 읽고 있노라면 특별한 은혜와 감동이 임하게 됩니다.

이종선 목사님의 저서 『기도가 만든 어메이징 스토리』는 마치 기도의 정수를 보여주는 시편과 같습니다. 십자가에서 피 흘리심으로 자신을 구원하신 예수님께 대한 감사의 고백, 고단한 인생길을 걸을 때 기도에 신실하게 응답하신 하나님께 드리는 눈물의 찬양, 부족한 자신을 가르치고 인도하신 성령께 드리는 진실하고 친밀한 고백이 가득합니다. 단어 하나마다 이종선 목사님의 아름다운 신앙의 노래가 담겨 있습니다.

모든 그리스도인은 머리이신 그리스도의 몸의 지체입니다. 따라서 그리스도인이 주님으로부터 받은 은혜는 다른 모든 그리스도인에게 큰 감동과 도전을 줍니다. 이 책을 읽는 모든 성도님들이 이종선 목사님의 신앙의 노래에 감동하고 영적 깨달음을 얻기를 바랍니다. 그리고 이 감동과 깨달음이 삶의 실천으로까지 이어져 은혜의 하모니를 이루기를 소망합니다.

참된 감동이 사라진 시대, 헛된 감동만을 찾아 헤매는 시대에 성령이 주시는 하늘의 감동이 이종선 목사님의 책을 통해 수많은 이들에게 전달되기를 간절히 기도합니다. 성령의 크신 역사를 확인하고자 하는 이들에게 큰 영감을 줄 것입니다.

| 추천사 |

*말씀대로 살고 싶어 하는 목회자와
성도들에게 큰 복이 될 책*

김의식 박사
치유상담대학원대학교 총장
대한예수교장로회 총회부흥전도단 대표단장
치유하는교회 담임 목사

이종선 목사님을 뵙게 된 것은 3년 전 서울부흥전도단에서였습니다. 이 목사님은 탄탄한 학문적 배경 위에 바울 사도와 같이 성령의 강력한 은사를 받은 목사로서 지성과 영성을 겸비한 분입니다. 그뿐만 아니라 성경의 절대 무오성을 믿고 좌로나 우로나 치우침이 없이 복음의 중심이 확고한 분입니다.

코로나19 이전에도 복음 전파에 열정적이었는데 코로나19의 악조건 속에서도 인터넷 방송으로 복음 전파에 힘쓰며 하나님 나라 부흥을 쉼 없이 일으키고 있습니다.

하나님 나라와 복음을 위해 헌신한 그는 우리 대한예수교장로회 총회부흥전도단의 자랑이요 한국 교회의 자랑이라고 생각합니다. 말세 마지막 때 하나님께서 이 목사님을 귀하게 사용하고 계십니다.

이런 목사님이 성령 하나님께서 가르쳐주신 영적인 진리와 목회와 사역 현장에서 실제 경험하신 성령의 놀라운 역사를 책으로 쓴 것은 목회자와 성도들에게 큰 복이 될 줄로 믿습니다.

하나님을 더 잘 믿고 싶고 성경 말씀대로 살고 싶어 하는 **목회자와 평신도, 열방의 최일선에서 고군분투하고 계시는 선교사님들에겐 『기도가 만든 어메이징 스토리』가 위로가 되고 큰 도전이 될 것입니다.** 그래서 성령의 은사 운동의 기폭제가 되길 간절히 바라는 심정으로 이 책을 적극적으로 천거합니다.

| 추천사 |

칼빈신학의 정수를 보여주는 책

정성구 박사
전 총신대학교 총장, 전 대신대학교 총장
세계개혁주의 대학연맹, 국제복음주의협회 등에서 활동
현 한국칼빈주의연구원 원장, 칼빈박물관 관장
현 총신대학교 명예교수, 칼빈대학교 석좌교수

이종선 목사님은 하나님께 온전히 헌신하여 그의 삶을 어메이징 스토리(Amazing Story)로 만들었다. 그는 삶 전부를 성령의 사역에 전적으로 의지하면서도, 그것이 하나님의 말씀인 성경에 기초해야 한다고 했다. 이는 칼빈의 신학의 핵심인 '말씀과 성령이 더불어 역사'함을 우리에게 확실히 증명해준다.

| 추천사 |

기도가 신앙과 존재의 본질임을 삶으로 증언하는 책

이상명 박사
미주장로회신학대학교 총장

바다가 파도에 잠식당하지 않는 것처럼 기도하는 사람은 고난의 파고에 무너지지 않습니다. 독자는 이 책에서 기도의 방주를 타고 시도 때도 없이 밀려오는 고난과 역경의 파고를 넘어온 노련한 인생 항해자를 만나게 됩니다. 스무 살 청년의 때에 기도의 사람으로 헌신한 후 예순두 살의 목회자가 되기까지 기도 가운데 빚으시고 동행하신 하나님의 놀라운 역사를 독자는 매 페이지에서 목도할 것입니다.

저자는 이 책을 통해 '나그네와 거류민(aliens and strangers)'같이(벧전 2:11) 이 척박한 세상을 살아가는 모든 그리스도인에게 하나님의 임재와 능력을 경험하는 비결은 기도임을 40여 년 온축한 경험을 토대로 강력히 증언하며 하나님이 만드신 어메이징 스토리의 세계로 독자를 초청합니다. 초청에 응해보세요. 저자가 받은 은혜를 독자도 받게 될 것입니다.

| 추천사 |

성령의 역동적인 역사를 잃어버리고 건조해진 교회에
큰 깨우침과 도전을 주는 책

김회권 박사
숭실대학교 기독교학과 교수
서울대학교 ESF 간사 역임, '성서한국' 주강사
'김회권 목사의 청년설교' 1-4권 등 다수의 책 저술

    이종선 목사님은 신학대학원 시절 '맥박'이란 동아리에서 하나님의 말씀을 붙잡고 함께 연구하고 씨름하며 한국 교회의 부흥을 위해 기도했던 친구입니다. 그는 일찍이 교회를 개척하여 목회 현장에 뛰어들었고, 저는 학문의 길을 계속하여 교수로서 하나님을 섬기며 한국 교회를 위해 일하고 있습니다.

    이 목사님은 30여 년의 성역을 수행하면서 자신도 잘 모를 만큼 휘몰아치는 하나님의 이끄심을 경험하고 드디어 성경적 증언의 토대 위에 서 있는 한국의 대표적인 지성파 부흥사가 되었습니다.

책의 전반부는 고전적인 간증 문학 스타일로서 보편적인 공감과 감동을 자아냅니다. 후반부로 가면 저자의 부흥사 사역, 축귀와 신유 사역, 기도 응답 등 어메이징 스토리가 찬연히 펼쳐집니다. 마치 이 목사님의 육성을 듣는 듯하며 그와 동행하신 하나님의 발자취를 느낄 수 있습니다. 참으로 감동적입니다.

이 책은 개혁교회의 이론주의자들이나 건조한 장로교 정통주의자들에게 개혁교회 전통 아래서도 강력한 성령의 역사를 맛볼 수 있다는 큰 깨우침과 도전을 주고 있습니다.

이 책을 추천하면서, 이 목사님을 사랑하고 귀하게 여기는 친구로서 독자 여러분께 부탁드립니다. 그가 성경의 권위 아래와 정통 개혁교회의 교훈 안에서 지상순례가 다하는 날까지 지금처럼 주님을 향한 순전하고 무염(無染)한 열정으로 하나님께 드린 산 제물로 살아가도록 기도해주세요.

| 추천사 |

지친 한국 교회를 다시 일으킬 능력의 활화산을 담은 명저

안승오 박사
영남신학대학교 선교신학과 교수, 대학원장
'선교와 신학', '복음과 선교', '선교와 교회' 편집위원
'7 Key Principles of Dynamic Church Growth' 저자
'세계 선교역사 100장면' 등 다수의 책 저술

요즘 한국 교회가 여러 가지로 많은 도전에 직면하고 있습니다. 과학과 의술이 발달하면서 사람들은 하나님을 찾을 필요를 느끼지 못합니다. 특히 포스트모더니즘 등의 영향으로 다원주의적 사고가 널리 팽배해지면서 성경만이 진리라는 것을 거부합니다. 게다가 코로나로 인하여 교회의 예배와 활동 등이 크게 위축되었습니다. 교회 내부의 윤리성 부족도 심각합니다. 이런 다양한 난관들로 인해 오늘날 한국 교회는 총체적인 위기 상황입니다.

하지만 성경 말씀을 붙잡고 뜨겁게 기도하는 교회, 성령의 역사가

강하게 나타나는 교회들은 이 모든 난관을 돌파하고 건강하게 성장합니다. 그런 점에서 이종선 목사님이 쓰신 『기도가 만든 어메이징 스토리』는 한국 교회 회복과 성장을 위한 참으로 귀중한 저술이라 여겨집니다.

그는 기도에 온 열정을 기울여 성령 사역으로 많은 사람을 섬겨오면서 책 이름대로 '하나님이 기도 응답으로 주시는 어메이징 스토리'를 실제 삶 속에서 경험하고 있습니다. 이 책 안에는 그 놀라운 경험들이 가득합니다. 그래서 이 책은 하나님의 역동적인 강한 힘이 담겨 있습니다. 뿐만 아니라 재미와 감동이 있습니다. 용기와 열정을 일으킵니다. 꼭 한번 읽어볼 것을 강력히 추천합니다.

| 추천사 |

성령 하나님의 사역을 믿음으로 드러낸
선지자의 사명 이야기

윤보환 감독
감리회 직무대행 감독회장 역임, 감리회 중부연회 감독 역임
한국기독교교회협의회 회장 역임, 한교총 공동회장 역임
한기부 대표회장 역임, 협성대학교 객원교수, 영광교회 담임 목사

　기독교의 생명력은 살아계신 여호와 하나님을 드러내는 성령 하나님의 역사입니다. 그분의 역사는 태초부터 지금까지 기적으로 역사하셨고, 성령 하나님께 사로잡힌 주의 종들을 통하여 나타내셨습니다.

　성령 하나님과 동행하며 순종하는 주의 종들에게 하나님의 말씀은 살았고 운동력이 있는 생명의 호흡입니다. 그 일을 계승하는 목사님이 바로 이종선 목사님입니다. 그는 엘리야 시대에 하나님께서 숨겨놓은 칠천 명과 같은 분으로, 때가 되어 성령 하나님께서 드러내서서 엘리야처럼 마귀와 싸우게 하시는 성령의 사람입니다.

이 책은 이 목사님이 성령 하나님께 사로잡혀 만든 기적과 같은 주님의 승리 이야기입니다. 이 책을 통하여 성령 하나님의 영적 능력이 더욱 드러나고, 성령의 능력을 사모하는 주님의 사람들에게 계승되길 바랍니다.

무엇보다 이 목사님의 성령 사역이 더욱 빛나고, 성령을 알지 못하는 사람들에겐 살아계신 주님이 계신 것을 보여주고, 성령과 함께 다시 오실 주님을 사모하며 하나님의 나라와 교회를 위해 헌신하는 모든 사역자들에게 큰 위로와 소망이 되는 귀중한 영적 선물이 되기를 소망합니다.

| 추천사 |

영적 결핍의 위기 시대에 다음 세대를 일으키는데 귀감이 되는 책

김명전 대표
GOODTV 기독교 복음방송 대표
성균관대학교 법학전문대학원 초빙교수 역임
세계한인방송협회(WAKB)와 기독교방송협회(WCBA) 회장

이종선 목사님을 생각하면 다니엘이 떠오릅니다. '다니엘 캠프'로 이름 지은 청소년 사역에 열정을 바치시는 그의 모습이 많은 감동을 주기 때문입니다.

우리의 삶이 풍요롭다고는 하지만 오늘날 우리는 문명과 물질의 과잉으로 인해 영적 결핍의 위기 시대를 살고 있습니다. 이러한 위기 시대에 우리의 미래인 다음 세대들을 사자굴 같은 세상의 위험과 위기로부터 구출하고 보호하며 하나님의 좋은 일꾼으로 길러내는 이 목사님의 사역은 이 땅의 부모와 교회 지도자들에게 큰 귀감이 됩니다.

이 책은 하나님께서 지금도 성경에 말씀하신 대로 행하신다는 것을 이론이 아닌 실제 자신의 삶에 이루어진 어메이징 스토리로 증명하고 있기에 독자들에게 깊은 감동과 함께 큰 가르침을 줍니다. 본서는 풀무불 속에서 다니엘의 친구들을 보호하셨고, 사자굴에서 다니엘을 지켜주신 하나님을 믿게 만드는 힘이 있습니다.

하나님께서 이 책을 통해 믿음이 없는 사람에게는 믿음을 주고, 믿음이 있는 사람에게는 더 큰 믿음을 주는 진한 감동과 영적 감흥이 오래 지속될 것을 확신하며 적극적으로 추천합니다.

| 추천사 |

*바른 신학, 바른 교리, 바른 신앙 위에 세워진
놀라운 성령의 역사를 보라*

임준식 목사
국제기독교이단대책협의회 대표회장
전, 대한예수교장로회 총회 이단사이비대책위원장
전, 한국기독교부흥협의회 대표회장
전, 서울서남노회장, 목양교회 담임 목사

저는 대한예수교장로회(통합) 총회 이단사이비대책위원장을 2년 연속 연임하면서 한국 교회의 이단 대책에 많은 문제가 있음을 느꼈습니다.

특히 신학교 교수와 목회자들이 이단적인 신학과 교리들을 무분별하게 받아들이고 가르치는 것을 보면서 바른 신학, 바른 교리, 바른 신앙을 확실히 세울 필요성을 느꼈습니다.

이 문제를 놓고 하나님께 간절히 기도하던 중에 2015년 8월 한국장로교총연합회 이단사이비대책위원들을 중심으로 (사)국제기독교이단대책협의회를 조직하고 한국 교회를 섬기고 있습니다.

 이종선 목사님은 본 협의회의 상임회장으로서 바른 신학, 바른 교리, 바른 신앙 위에 성령의 충만한 기름 부음을 받고 성령 사역을 하는 신실한 목사님입니다. 그가 성령의 능력으로 행하는 사역은 성경에 기록된 대로 예수님께서 행하셨고 사도들이 행했던 사역입니다.

 이 목사님을 통해 나타나는 성령의 역사를 더 많은 사람이 알기를 소망했는데, 이번에 책으로 출간된다고 하니 참으로 기쁘게 생각하며 독자제위께 적극적으로 일독을 권합니다.

| 추천사 |

말씀의 능력을 체험하고 하나님과 동행하는 삶을 꿈꾸는 자, 이 책을 읽어보라

하경택 박사
장로회신학대학교 구약학과 교수

　이 책은 하나님의 말씀을 믿고 성령의 음성에 순종한 한 목회자의 어메이징 스토리입니다. 아브라함의 믿음을 따라 모리아의 제단에 자신의 몸을 드린 이삭처럼 그의 순종과 헌신은 하나님의 함께하심과 나타나심으로 증명됩니다. 살아계신 하나님의 약속을 붙잡고 성경 말씀이 실제가 될 것을 믿으며 애쓴 저자의 삶의 여정은 야곱의 삶을 떠올리게 합니다.

　하나님은 청년 때 그가 드린 기도와 헌신에 응답하시고 그를 자신을 나타내 보이는 '떨기나무'로 사용하셨습니다. 말씀의 능력을 체험하고 하나님과 동행하는 삶을 꿈꾸는 분들은 이 책을 읽어보세요. 생생한 체험과 말씀 가운데 살아계신 하나님을 만나볼 수 있을 것입니다.

| 추천사 |

**국내와 해외 모든 신학교에
필독서가 되어야 할 책이다!**

이형우 목사
한울교회 원로 목사
'나는 행복한 바보 목사입니다'(밥북) 저자, 경인신학교 교수

21세기 성령의 행전을 볼 수 있는 책이다!

홍일권 대표
초록 편지 & 초록 네트워크 대표
'5만 번 응답받은 뮬러의 기도 비밀'(생명의말씀사) 저자

**수평적으로 전 세계를, 수직적으로 다음 세대를
변화시키는 생생한 하나님의 역사를 증언하는 책이다!**

이은용 선교사
케냐 선교사, 대한예수교장로회(통합) 선교사회 회장
한인 세계선교사회 회장, 열방선교회 대표

하나님께서 친히 준비하시고 쓰게 하신 명저다!

박성배 박사
한우리미션밸리 대표, 극동방송 책 프로그램 진행
'한국 교회의 아버지 사무엘 마펫'(킹덤북스) 저자

| 목차 |

여는 말   04
추천사   12

나는 하나님의 작품이다

1. 하나님은 토기장이   36
2. 예수님께 드린 산 제물이 되다   41
3. '하나님의 침묵', 그 긴 터널을 지나다   48
4. 떨기나무에 임하신 하나님을 만나다   57
5. 신부님! 신부님 말씀은 틀렸습니다   72
6. 성령 하나님이 빛으로 임하셔서 나를 만나주시고 대화를 시작하다   80
7. 병을 고치고 귀신을 쫓아내는 능력을 받다   93
8. 교회를 세우는 자가 되다   114

2부

성경 말씀이 이루어지다

1. 하나님의 말씀은 반드시 이루어진다 … 130
2. 예수님의 뉴 티칭이 이루어지다 … 135
3. 사탄에게 묶인 자를 풀어주는 자가 되다 … 152
4. 하나님의 동역자로서 그리스도의 군사를 세우다 … 166
5. 의심하지 말고 함께 가라, 내가 그들을 보내었느니라 … 180
6. 우리가 곧 마게도냐로 떠나기를 힘쓰니 … 189
7. 나라들은 네 빛으로, 왕들은 비치는 네 광명으로 나아오리라 … 199
8. 말씀에 순종하니 하나님께서 성전을 건축하셨다 … 209

3부

성령과 동행하며 가르침과 인도함을 받다

1. 성령님을 인격적으로 모시고 성령님과 동역하라 … 232
2. 그 대여섯 명을 위해 네가 있느니라 … 244
3. 너는 내가 있으라고 한 곳에 있었고, 내가 하라고 한 일을 했기 때문에 내가 너와 함께 한 것이다 … 251
4. 너는 엘리 시대를 끝내고 사무엘 시대를 여는 자가 되어라 … 257
5. 너는 나의 떨기나무다 … 270
6. 저 아이는 나를 위해 춤추는 자다 … 276
7. 내가 다니엘 캠프를 기뻐한다 … 285
8. 어린이를 위한 캠프도 하라 … 309
9. 네가 그때 공짜 열차의 유혹을 물리치고 나를 섬겼기에 내가 이렇게 비행기를 태워주는 것이다 … 318

닫는 말 … 324

1부
나는 하나님의 작품이다

"우리는 그가 만드신 바라 그리스도 예수 안에서 선한 일을 위하여 지으심을 받은 자니 이 일은 하나님이 전에 예비하사 우리로 그 가운데서 행하게 하려 하심이니라"(엡 2:10)

01

하나님은 토기장이

> 그러나 여호와여, 이제 주는 우리 아버지시니이다
> 우리는 진흙이요 주는 토기장이시니
> 우리는 다 주의 손으로 지으신 것이니이다
> (사 64:8)

나는 하나님의 작품입니다

바울은 성경 말씀과 자신의 체험을 근거로 에베소서 2장 10절에서 우리 그리스도인은 하나님의 작품이라고 말했다. 이 말씀에 전적으로 공감한다. 왜냐하면 나도 하나님께서 토기장이처럼 나를 하나님이 쓰실 작품으로 빚어 만드신 것을 체험했기 때문이다. 에베소서 2장 10절 말씀이 내게 이루어진 것이다.

"우리는 그가 만드신 바라 그리스도 예수 안에서 선한 일을 위하여 지으심을 받은 자니 이 일은 하나님이 전에 예비하사 우리로 그 가운데서 행하게 하려 하심이니라"(엡 2:10).

　이 말씀을 지식으로 아는 것은 어렸을 때부터였지만 정말로 이 말씀이 나에게 이루어졌다고 믿게 된 것은 내가 꿈꾸며 기도했던 대로 하나님께 쓰임 받으면서부터다.

　나는 2006년 12월부터 '치유 성회'라는 이름으로 전국적인 집회를 인도하고 있다. 2008년 1월부터는 하나님 나라의 다음 세대를 일으키기 위해 전국의 중·고등학생과 청년들을 위한 다니엘 캠프를 인도하고 있으며, 2010년 2월부터는 주일 학교 아동부 어린이를 위한 사무엘 캠프를 인도하고 있다. 2010년부터는 선교를 위해 세계 각 나라에 다니며 성회를 인도하고 있고, 2013년부터는 세계 여러 나라의 목회자를 초청해서 '국제성령치유컨퍼런스(International Holy Spirit's Healing Conference)'라는 이름으로 성회를 인도하고 있다.

　이렇게 내가 꿈꾸며 기도했던 대로 하나님께 쓰임 받으면서 나는 진실로 하나님의 작품이라는 것과 하나님은 탁월한 토기장이라는 것을 실감했다.

　예를 들어, 필리핀과 멕시코, 볼리비아 등 가톨릭의 영향이 많은 나라에서 집회를 인도할 때는 항상 서강대학교 재학 중 경험했던 영적인 체험을 간증하며 구원은 오직 예수님 한 분뿐임을 강조한다. 간증 내용은 이 책 1부 다섯 번째 이야기(신부님! 신부님 말씀은 틀렸습니다)에 실려 있다.

　대학 재학 중 교수였던 신부님의 가르침으로 인해 종교 다원주의를 받아들였던 내가 그것을 철저하게 회개하고 '구원은 오직 예수님 한 분뿐이다.'라고 외치는 사람으로 변화된 것은 전적으로 하나님께서 하신 일이다. 뒤돌아보면 하나님께서 나를 '오직 예수' 복음에 굳게 서게 하고, 종교 다원주의자들과 그들의 영향을 받은 사람들을 구원하는 일에 쓰시고자 그런 시간을 통해 나를 빚으신 것 같다.

하나만 더 이야기하자. 나는 교회를 개척한 후 오랫동안 개척교회 단계를 벗어나지 못했다. 교회를 부흥시키기 위한 노력은 어느 목회자 못지않게 열심히 했다고 생각한다. 틈만 나면 전도하려고 했고, 성도들과 함께 총동원 전도, 이슬비 전도 등 많은 전도 프로그램을 시행했고, 목사에게 유익하다는 집회나 세미나가 있으면 열심히 참석해서 배우고 교회에 적용하려고 했다.

기도 생활도 열심히 했다. 20일 금식, 40일 금식 등 장기 금식도 여러 번 했다. 설교 준비도 열심히 했다.

교회를 위해 부모님이 유산으로 물려준 집까지 팔아 바치는 등 내가 가진 모든 재산을 하나님께 드리며 교회를 섬겼고, 교회 예배실 옆에 조립식 칸막이로 막아 사택을 만들어 살면서 오직 목회에 힘쓰며 헌신했다. 아내나 자식보다 항상 하나님을 먼저 생각하며 하나님께 충성을 다하려고 했다.

그렇게 열심히 하다 보니 교회가 조금씩 조금씩 부흥되었다. 10년째 되었을 때는 성도 숫자도 70여 명 되고 재정도 1년 예산이 1억 원이 넘어가는 등 안정이 되었다. 이제는 정말 성령의 능력 받는 것만이 남았다고 생각하고 기도에 더 집중했다. 드디어 2004년 5월 2일, 교회 창립 14주년 기념 주일을 기점으로 하나님께서 성령과 능력을 기름 붓듯 부어주셨다. 그래서 '이제는 진짜 부흥으로 가겠구나'라고 생각했는데 부흥이 아니라 오히려 교회에 큰 시험이 오면서 성도 숫자가 반절로 줄어들었다. 다시 개척교회가 된 것이다.

치유 성회는 그렇게 다시 개척교회가 된 상태에서 시작되었다. 그런데 참으로 기이하고 놀라운 일이 일어났다. 성회에 참석한 목회자들이 상가 지하에 있는 개척교회에서 일어나는 성령의 역사와 개척교회가 하고 있는 사역을 보면서 '나도 할 수 있다!'라는 희망을 품고 힘을 내는 일들이 일어났다.

내가 인도하는 성회에는 교세가 좀 되는 교회의 목회자보다는 개척교회 목회자들과 미자립 교회 목회자들이 많이 찾아온다. 힘든 목회 현실로 인해 지치고 답답한 심정으로 찾아오고, 해도 해도 안 되는 목회로 인해 절망 중에 찾아오고, 어떻게 해야 할지 방법을 찾지 못해 방황하던 중에 찾아온다.

그런 목회자들이 나를 보면서 위로를 받고, 희망을 품고, 힘을 낸다. 하나님께서는 그 희망이 헛된 희망이 아니라는 것을 성회에서 확실히 보여주시고 나타내신다. 그래서 성회에 참석한 사람들 안에는 성회를 통해 희망을 이루어낸 수많은 간증이 있다. 정말 간증이 차고 넘쳐난다.

이렇게 하나님께서 나를 쓰시는 것을 보면서 내가 오랫동안 개척교회 목회자로 있었고, 개척교회를 벗어났다가 성령의 능력 받은 후 다시 개척교회 목회자가 된 것은 나의 못남 때문이 아니라 하나님께서 나를 그와 같이 쓰시려고 빚으시는 시간이었다는 것을 깨달았다.

이상 두 개의 이야기 외에도 하나님께서 정말 성경 말씀대로 토기장이가 되어 나를 하나님의 작품으로 빚어 만들어 쓰신다는 것을 실감한 것은 많다. 그래서 이제 나는 어디에 가든지, 누구 앞에 서든지 다음과 같이 말한다. "나는 하나님의 작품입니다."

이 책 1부는 이렇게 지금도 토기장이가 되어 하나님이 쓰실 사람들을 빚어 만들어 쓰시는 하나님을 증언하고자 썼다. 독자들이 이 책을 읽으면서 "이렇게 저자를 빚어 만드신 하나님, 나도 하나님이 쓰실 작품으로 만들어주세요."라고 기도하길 바란다. 그러면 나를 하나님의 작품으로 만들어 쓰신 하나님께서 독자 여러분도 하나님의 작품으로 만들어 쓰실 것이다.

02

예수님께 드린 산 제물이 되다

> 그러므로 형제들아 내가 하나님의 모든 자비하심으로
> 너희를 권하노니 너희 몸을 하나님이 기뻐하시는
> 거룩한 산 제물로 드리라
> 이는 너희가 드릴 영적 예배니라
> (롬 12:1)

나는 하나님의 것입니다.

나의 어메이징 스토리는 스무 살에 내 몸을 하나님께 바침으로써 시작된다. 이해를 돕기 위해 스무 살 되기 전까지 나의 삶을 간단히 소개한다.

나는 태중 신앙이다. 태중 신앙이란 말은 모태 신앙과 같은 말로서 어머니의 태 안에서부터 믿음을 물려받아 믿게 된 신앙을 의미한다. 나의 어머니는 어렸을 때부터 신앙생활을 시작했으며 권사의 직분을 받아 하나님을 섬기다가 천국에 가셨다. 외할머니도 권사로서 하나님을 잘 섬기신 분이셨다. 목회하면서 나는 디모데와 같은 축복(딤후 1:5)을 받은 사람이라는 것을 깨닫게 되었다.

나는 어렸을 적부터 교회에서 봉사하는 것을 좋아했다. 그러다 보니 중고등학교 시절 학생회 회장을 도맡다시피 했다. 그리고 성경을 좋아해서 중학생 때부터 성경을 통독했다. 비록 구약 성경은 이해할 수 없는 내용이 많아서 건너뛴 곳이 많았으나 신약 성경은 여러 번 통독했다.

어머니 태로부터 나를 목사로 쓰시고자 택정하신 하나님께서 이렇게 나도 모르는 사이에 하나님의 작품으로 만들고 계셨다고 믿는다.

철도고등학교 졸업 후 철도청에 9급 공무원으로 취업했다. 근무를 시작한 지 4개월 정도 되었을 때 근무 중에 사고를 당했다. 하마터면 목숨을 잃을 뻔한 사고였다. 다행스럽게도 왼쪽 손가락 두 개만 다치는 정도로 끝났지만 1초만 늦었어도 목숨을 잃을 수 있는 큰 사고였다. 그 사고를 계기로 인생에 대해서 진지하게 생각하게 되었고, 나의 진로에 대해서 깊이 고민하는 시간을 갖게 되었다. 내 진로를 확정하기 전에는 일터로 돌아가고 싶지 않았다. 그래서 당시 회사가 허락한 최장기간의 병가를 쓰면서 인간의 삶과 죽음에 대해 생각하고, 후회 없는 삶과 영원한 가치가 있는 삶에 대해 생각했다.

생각하면 할수록 후회 없는 삶을 살고, 영원한 가치가 있는 삶을 살려면 하나님을 위해 살아야만 할 것 같았다. 주일 학교 교육의 힘이었다고 생각한다. 그래서 목사가 되어야겠다고 다짐하고 하나님의 응답을 받고자 한얼산기도원에 올라갔다.

1979년 5월 초, 20세 청년이 자신의 인생이 걸린 문제를 놓고 하나님의 응답을 받겠다고 홀로 배낭 하나를 메고 기도원을 찾아간 것이다. 지금도 그때의 내 모습을 생각하면 대견스럽게 느껴진다.

마음이 간절했기 때문에 기도원에 도착하자마자 금식 기도를 시작했다. 나의 간절한 마음을 하나님께서 보셨는지 첫날 오후 집회 시간에 이어 두 번째 참석한 저녁 집회 시간에 큰 은혜를 베풀어주셨다.

찬송을 부르는 중에 찬송가 하나가 내 마음에 큰 감동이 되었다. 143장 "웬 말인가 날 위하여 주 돌아가셨나"였다.

찬송 중에 어렴풋하게 십자가에 달리신 예수님의 모습이 보였다. 나도 모르게 눈물이 흐르기 시작했다. 찬송가 가사 하나하나가 내 마음에 감동이 되었다.

예수님의 십자가가 나를 위한 것임이 느껴졌다. 찬송가 가사를 따라 예수님의 십자가를 생각하며 찬송을 부르고 있는데 갑자기 십자가에 달리신 예수님께서 나를 바라보며 말씀하셨다.

"내가 너를 위하여 이렇게 십자가에 못 박혔다."

그 순간 눈물이 솟구쳤다. 찬송을 부르는 동안 고장 난 수도꼭지처럼 눈물이 계속 흘러내렸다. 찬송 인도자를 따라 두 번, 세 번 반복해서 부르는 동안 가사 한 절 한 절이 내 마음에 들어와 박혔다. 예수님의 사랑이 내 마음에 닿았다. 특히 5절 가사가 큰 감동이었다.

"늘 울어도 눈물로써 못 갚을 줄 알아 몸밖에 드릴 것 없어 이 몸 바칩니다."

가사대로 늘 운다고 해서 주님의 은혜를 갚을 수 없다고 생각했다. 그리고 가사처럼 내게는 몸밖에 드릴 것이 없었다. 울면서 예수님께 말씀드렸다.

"예수님, 예수님께서 저를 위해 그 귀한 생명을 주셨으니 저도 저의 생명을 예수님께 바치겠습니다. 예수님, 저의 생명을 받아주세요. 목사가 되어 예수님을 위해 일하고 싶습니다. 제가 목사가 되어 주님을 섬기게 해주세요."

그렇게 나는 그날 예수님의 십자가 사랑에 감격해서 내 생명을 예수님께 바치는 기도를 올렸다. 찬송이 끝난 뒤 설교 시간이 되었다. 성경 말씀은 마태복음 9장 37-38절이었다.

"이에 제자들에게 이르시되 추수할 것은 많되 일꾼이 적으니 그러므로 추수하는 주인에게 청하여 추수할 일꾼들을 보내어 주소서 하라 하시니라"(마 9:37-38).

설교를 들으면서 하나님께 기도했다.

"하나님! 제가 여기 있습니다. 제가 추수할 일꾼이 되겠습니다."

토기장이이신 하나님께서는 그렇게 그날 찬송과 말씀을 통해서 나를 하나님의 종으로 부르셨다.

집회가 끝난 뒤 나는 하나님께 내 몸을 바치는 의식을 거행해야겠다고 생각했다. 작심삼일이라는 말이 있듯이 마음으로만 한 것은 쉽게 변할 것 같았기 때문이다.

마음이 변치 않도록 하나님께 몸을 바치는 것을 확실하게 해야겠다고 생각했다. 그래서 먼저 몸을 깨끗이 하고자 계곡으로 갔다. 마침 한얼산 기도원에는 물이 흐르는 계곡이 있었다.

옷을 다 벗고 몸을 씻었다. 옷을 입으려는 순간 "몸밖에 드릴 것 없어 이 몸 바칩니다"라는 가사가 생각났다. 몸밖에 드릴 것 없어 이 몸 바친다고 했으니 옷을 입지 말고 알몸으로 바치는 것이 좋겠다는 생각이 들었다.

집었던 옷을 내려놓았다. 그리고 하나님께 몸을 바치는 것이니까 바위를 제단 삼아 그 위에 올라가 바쳐야겠다고 생각했다. 그래서 계곡에 있는 바위 중에 제단으로 쓸만한 편편한 바위를 찾아 그 위에 올라 무릎을 꿇고 예수님께 내 몸을 바치는 의식을 거행했다.

"예수님! 예수님께 제 몸을 바칩니다. 받아주세요. 예수님께서 저를 위해 그 귀한 생명을 주셨으니 저도 저의 생명을 예수님께 바치겠습니다. 예수님을 위해 살겠습니다. 목사가 되어 주님을 위해 일하겠습니다. 제가 추수할 일꾼이 되겠습니다. 저를 받아주시고 추수할 일꾼으로 사용해주세요."

그렇게 나는 그날 예수님께 내 생명을 바쳤다. 내 몸에 대한 소유권을 예수님께 완전히 넘겨드린 것이다.

성경에 의하면 예수님께 몸을 바친 것은 여호와 하나님께 몸을 바친 것과 같다. 예수님과 여호와 하나님을 구별해야 하는 경우가 있다. 그러나 일반적인 상황에서는 예수님께 하는 것이 여호와 하나님께 하는 것이고, 여호와 하나님께 하는 것이 예수님께 하는 것이다. 그러므로 내가 예수님께 몸을 바친 것은 여호와 하나님께 몸을 바친 것과 같다. 그래서 나는 항상 말한다.

"나는 하나님의 것입니다."

10년의 세월이 흘러 신학교에 다니던 어느 날 성경을 읽다가 로마서 12장 1절 말씀을 읽는데 문득 이때의 장면이 떠올랐다. 그리고 그제야 나는 깨달았다. 그날 내가 한 것은 나의 몸을 산 제물로 하나님께 드린 영적 예배였다는 것을.

"그러므로 형제들아 내가 하나님의 모든 자비하심으로 너희를 권하노니 너희 몸을 하나님이 기뻐하시는 거룩한 산 제물로 드리라 이는 너희가 드릴 영적 예배니라"(롬 12:1).

하나님께 내 몸을 바치는 의식을 거행한 그 날 이후 나는 내 몸을 내 것으로 생각하지 않았다. 항상 하나님의 것으로 생각하고 하나님을 위해 살려고 애를 썼다. 물론 애는 썼지만 거룩한 산 제물로 사는 삶에 실패하고 죄로 더러워질 때도 있었다. 그럴 때는 하나님께서 바위 위에 무릎 꿇고 기도하는 장면을 보여주신다. 내 몸이 내 것인 양 마음대로 살려고 하거나 불평하는 모습을 보일 때도 어김없이 보여주신다. 그러면 나는 그것이 무슨 뜻임을 알고 곧바로 회개 기도를 드린다. 때론 주님의 그런 간섭이 싫어서 너무 일찍 몸을 통째로 바쳤다고 후회한 적도 있다.

그러나 그로부터 27년이 지난 2006년 12월, 제1차 치유 성회를 시작으로 하나님께서 나를 멋지게 쓰실 때부터는 그 일이 내 인생에서 가장 잘한 일이었다고 항상 고백하고 있다.

하나님께서는 내가 잘못할 때만 그날의 장면을 보여주시는 것이 아니다. 그날의 헌신과 관련해서 특별히 나에게 말씀하실 것이 있을 때는 항상 바위 위에 무릎 꿇고 기도하는 모습을 보여주신다.

하나님께서 그렇게 보여주신 것 중 절대 잊지 못하는 것이 있다. 바로 목사가 되겠다고 결심한 지 14년 만에 마침내 목사의 직분을 받을 때다.
목사가 되는 마지막 순서로 강단에서 무릎 꿇고 안수위원 목사에게 안수 기도를 받고 있었는데, 갑자기 그 날의 장면이 보이더니 그날 이후 하나님이 나를 어떻게 인도하셨는지 14년 동안 있었던 일들이 영화 필름처럼 지나갔다. 이어서 성령의 임재가 나의 온몸을 감싸면서 하나님의 사랑이 내 가슴에 밀물처럼 밀려왔다. 너무 감동적이어서 엉~ 엉~ 울음을 터트리고야 말았다.

이렇게 토기장이이신 하나님께서는 당시 53억 명 중 하나인 한 청년이 스무 살에 깊은 계곡에서 홀로 하나님께 드린 기도를 들으시고 14년에 걸쳐 사랑의 손길로 빚으셔서 목사라는 작품으로 만들어주셨다. 이 책을 통해 나를 빚으신 토기장이신 하나님을 독자들도 만나게 되길 기도한다.

03

'하나님의 침묵,
그 긴 터널을 지나다

> 인내를 온전히 이루라
> 이는 너희로 온전하고 구비하여
> 조금도 부족함이 없게 하려 함이라
> (약 1:4)

보지 못하고 믿는 자들은 복되도다

하나님께 내 몸을 산 제물로 드리며 목사가 되겠다고 헌신한 그 날 이후 내 안에 간절한 소원이 생겼다. 하나님을 인격적으로 만나고 싶은 소망이었다. 성경에 있는 말씀을 직접 경험해봐야겠다는 갈망이었다.

목사가 되면 사람들에게 성경을 믿으라고 해야 하고, 믿게 만들어야 하는데 그러려면 내가 먼저 성경에 대한 확신이 있어야 했다. 확신은 내가 가지려고 해서 가져지는 것이 아니다. 내가 직접 경험해봐야 한다. 그래야 확실한 믿음을 갖고 성경을 믿으라고 담대하게 말할 수 있기 때문이다.

확신 없는 설교나 가르침은 듣는 사람에게 성경을 믿게 만들 수 없다. 그런데 성경은 자신이 직접 경험하지 못하면 확신을 갖기 어렵다. 과학적 사고와 이성적 판단으로 보면 믿을 수 없는 내용이 너무 많기 때문이다. 따라서 성경에 대한 확실한 믿음을 갖기 위해서는 자신이 직접 경험해보는 것이 필요하다.

그래서 성경 말씀을 직접 경험해봐야겠다고 결심하고 하나님께 간절히 기도하기 시작했다. 본격적인 기도 생활이 시작된 것이다.

"하나님! 저를 좀 만나주세요. 성경에 있는 하나님의 말씀들이 저에게 이루어지게 해주세요. 성경에 기록된 이야기들을 저도 직접 경험하게 해주세요."

그때 당시 내가 가장 궁금하고, 경험하고 싶은 것은 성령 하나님이었다. 성경에 의하면 성령은 하나님이신데, 하나님이 어떻게 사람 안에 들어올 수 있을까?
사람은 성령 하나님이 자기 안에 들어온 것을 어떻게 알 수 있을까?
사람 안에 들어온 성령은 어떤 방법으로 사람 안에 계실까?
성령 하나님은 먹지도 않고 주무시지도 않으면서 어떻게 그 사람이 사는 동안 평생 그 사람 안에 사실 수 있을까?
성령 하나님이 하시는 말씀은 어떻게 들을 수 있을까?
궁금한 것이 한두 가지 아니었다. 성경에 기록된 영적인 일들과 성령의 능력으로 병을 고치고 귀신을 쫓아내는 능력과 같은 초자연적인 능력에 관해서도 궁금한 것이 많았지만 성령 하나님에 관한 호기심이 가장 많았다. 그러다 보니 자연스럽게 성령과 관련된 기도를 가장 많이 하게 되었다.

"하나님, 성령을 받고 싶습니다. 약속하신 성령을 부어주세요. 성령님이 이미 내 안에 와 계신다면 성령님, 나를 좀 만나주세요. 성령님을 만나고 싶어요. 베드로처럼, 바울처럼, 빌립처럼 성령 하나님의 말씀도 듣고 싶어요. 성령의 말씀을 들을 수 있게 해주세요. 성령으로 충만하게 해주세요. 성령의 은사를 주세요. 저도 방언으로 기도할 수 있게 해주세요."

이렇게 성령 하나님과 관련된 기도를 많이 했다. 그리고 성경을 읽을 때나 설교를 들을 때, 그 말씀을 붙잡고 "이 말씀을 확실히 믿고 가르치고 전파할 수 있도록 내가 먼저 직접 경험하게 해주세요."라고 간절히 간구했다.

그러나 여러 달이 지나도 내게는 아무런 일도 일어나지 않았다. 하나님께서 내 기도에 전혀 응답해주시지 않았다. 마음이 답답했다. 그렇게 마음이 답답해질 때마다 예수님의 부활을 믿지 못하던 도마를 예수님이 만나주신 뒤 하신 말씀을 생각하면서 스스로 내 마음을 위로했다.

"너는 나를 본 고로 믿느냐 보지 못하고 믿는 자들은 복되도다"(요 20:29).

이 말씀을 붙잡고 하나님께서 나를 만나주시지 않아도 하나님을 믿고, 아무런 응답이 없어도 성경 말씀을 믿자고 다짐했다.

그렇게 스스로 위로하면서도 나를 만나 달라는 기도와 성경 말씀이 나에게 이루어지게 해달라는 기도를 중단한 적은 없었다. 왜냐하면 하나님을 만나지 못하고, 성경 말씀을 내가 직접 경험하지 못한 신앙으로는 나의 믿음 하나 정도는 지킬 수 있을지 몰라도 사람들에게 하나님을 믿고 성경을 믿으라고 자신 있게 확신을 가지고 전하지 못 할 것 같았기 때문이다. 그래서 나를 만나 달라는 기도와 말씀의 능력을 경험하게 해달라는 기도를 포기하지 않고 계속 간절히 강청했다.

당사자 모르게 쓰실 그릇으로 만드시는 하나님

그렇게 기도하면서 하나님께 약속한 대로 목사가 되기 위해 철도청에 사직서를 냈다. 그리고 하나님의 은혜로 1981년, 서강대학교 문과대학에 영광스럽게 합격했다.

나는 목사가 될 사람이었기에 대학 생활 중에도 신앙생활을 가장 우선시했다. 교회에서는 주일 학교 교사, 성가대원, 청년부 리더로 봉사하고, 대학교에서는 COME AND SEE(약칭 CAS) 선교회와 C.C.C.(한국대학생선교회)에 가입해서 활동했다.

전공을 선택할 때는 모든 문과 대학생이 선호하는 영문학과를 선택할 수 있었지만, 영문학과를 선택하지 않고 비인기학과인 사학과를 선택했다. 이유는 하나였다. 무엇이 목사가 될 나에게 도움이 되느냐였다. 사람이 어떻게 살았는가를 역사적으로 깊이 연구하는 것이 목회에 큰 도움이 될 것 같았다.

또한 목사는 하나님의 말씀을 전하는 사람이면서 동시에 어린아이로부터 장년에 이르기까지 성도를 가르치는 사람이므로 교육학을 공부하고 교사 자격증을 취득하는 것이 좋겠다고 생각했다. 그래서 교사 자격 취득 과정이 포함된 교육학을 부전공으로 선택했다.

이렇게 하나님께서는 내 기도에 응답하지는 않았지만 보이지 않는 손길로 나를 하나님이 쓰실 작품으로 만들고 계셨다. 나는 2008년 하나님 나라의 영적인 학교 다니엘 비전스쿨을 세우고 겨울과 여름 방학 기간에 다니엘 캠프를 열고 전국에서 찾아온 중·고등학생과 청년들을 가르치기 시작했고, 2010년부터는 사무엘 캠프를 열고 전국에서 찾아온 아동부 어린이들을 가르치기 시작했는데, 아이들을 가르치면서 하나님께서 이때를 위해 대학에서 교육학을 공부하게 하셨고, 교사 자격증을 취득하게 하셨다는 것을 깨달았다.

2학년 때 학과를 정한 후 군에 입대했다. 육군 8사단 훈련소에서 8주간 신병 훈련을 받았다. 16연대 1대대였다. 나는 목사가 될 사람이었기에 훈련받는 동안에도 주일 예배와 수요 예배에는 반드시 참석했다. 예배에 참석하게 되면 불이익을 받게 되는 상황이 생겨도 예배는 반드시 참석했다.

그런 나의 모습을 은밀하게 지켜보는 중대장이 한 분 계셨다. 1중대장이었다. 1중대장은 신실한 크리스천 군인이었다. 부부가 집사로서 부대 안에 세워진 교회를 헌신적으로 섬기고 있었다.

1중대장이 나의 모습을 지켜본 이유는 군부대 교회를 섬기고 있었던 대대 군종이 2개월 전에 제대하는 바람에 뒤를 이어 부대 교회를 섬길 군종을 찾고 있었기 때문이다. 감사하게도 1중대장이 나를 선택했다. 자대 배치를 받고 신병교육대 1중대에 전입신고를 하러 갔을 때 중대장님이 나의 전입신고를 받고 말하길 대대 군종을 맡으라고 하면서 근무는 부대 교회에 가서 하라고 했다.

이것은 기적 같은 일이었다. 왜냐하면 보통 대대 군종은 신학교에 다니다가 온 병사를 시켰고, 그런 병사가 없으면 활동하고 있는 중대 군종 중에서 뽑았다. 그런데 나는 일반대학을 다니다 입대했고, 신병이었다. 그런 내가 대대 군종으로 뽑힌 것은 상식적으로는 있을 수 없는 일이었다. 하나님께서 행하신 일이었다.

대대 군종병이 된 나는 군목 목사님을 보좌하면서 교회에서 일하는 사람이 되었다. 종종 군목 목사님을 대신해서 예배를 인도하고 설교를 하게 되는 경우도 생겼다.

군목 목사님이 3개 교회(연대 교회, 4대대 교회, 1대대 교회)를 맡고 있었기 때문에 훈련생이 없는 주간에는 모든 예배를 나에게 맡겼다. 하나님께서는 그렇게 나를 목사로 쓰시려고 은밀한 손길로 빚으셨다.

1년 6개월 뒤에는 신병 훈련을 다른 부대에 넘기고 부대가 새로운 곳으로 이전하게 되면서 모든 예배를 책임지게 되었다. 부대의 담임 목회자가 된 것이다. 참으로 놀라운 하나님의 섭리였다.

그러나 그런 놀라운 하나님의 은혜는 있었지만, 정작 내가 간절히 원하는 기도는 응답을 받지 못했다. 결국엔 하나님을 만나지 못한 채 군 생활을 마치고 대학교에 복학했다. 군에서 온전한 목회는 아니었지만, 준 목회 생활을 통해 확실히 깨달은 것은 하나님을 인격적으로 만나지 못한 상태로 목사가 되면 절대 안 되겠다는 것이었다.

'하나님의 침묵'은 동굴이 아니라 터널이다

군 생활을 마치고 대학에 복학한 후 더욱 간절히 하나님을 찾았다. 대학도서관에 내 고정 좌석을 만들어놓고 책상에 성령의 은사, 성령의 능력 등 성령에 관련된 책들을 수북이 쌓아 놓고 읽으며, 이와 같은 영의 세계를 직접 경험할 수 있게 해달라고 간구했다.

이 책을 읽는 독자는 이제는 내가 토기장이 하나님을 언급하지 않아도 책을 읽으면서 토기장이신 하나님의 손길을 느낄 수 있을 것이다. 그렇다. 하나님께서는 나를 성령 사역자로 쓰시기 위해 그때 그렇게 성령과 관련된 수많은 책들을 읽게 하셨다.

그러나 하나님께서는 계속해서 나를 만나 달라는 기도에 응답해주시지 않았다. 그 어떤 영적인 체험도 주시지 않았다. 나중에는 방언의 은사만 주셔도 하나님께서 나를 만나주신 것으로 알고 성경 말씀을 확실히 믿겠다고 기도했음에도 불구하고 방언의 은사도 주시지 않았다.

그렇게 기도의 응답이 없으니까 목사의 길을 계속 가도 되는지 너무나 고민이 되었다. 성경 말씀에 대한 확신이 생기지 않는 것도 고민스러운 문제였지만, 더 큰 고민은 하나님께서 내 기도에 응답해주시지 않는 이유가 내가 목사가 되는 것을 원치 않기 때문인 것 같았기 때문이다.

그런 고민과 갈등 속에서 4학년이 되었다. 만약 목사가 되지 않을 거라면 더 늦기 전에 취업 준비에 들어가야 할 것 같았다. 그렇게 불안한 마음으로 고민하고 있던 차에 1학기 수업 시간에 목사가 되겠다는 결심을 내려놓게 만든 결정적인 사건이 생겼다.

그날 나는 목사의 길을 포기했다. '하나님의 침묵'의 시간을 인내하며 걸어가면서 이것은 끝이 막힌 동굴이 아니라 분명히 출구가 있는 터널일 것이란 믿음으로 살았지만, 결국엔 출구 없는 동굴 같아서 다른 길을 찾기로 한 것이다. 목사가 아닌 취업의 길을.

그런데 4개월쯤 지났을 때 하나님을 찾아 한 번 더 기도하고 싶은 마음을 갖게 만드는 사건이 교회에서 발생했다. 나는 그 일이 우연이 아니라고 믿는다. 하나님께서 낙심한 나를 일으켜 하나님을 다시 한번 더 찾게 하시려고 '하나님의 침묵'이 동굴이 아니라 터널일 수 있다는 희망의 빛을 주셨다.

그래서 마지막이라는 심정으로 다시 한번 하나님을 찾아 기도했는데, 놀랍게도 하나님께서 오랜 나의 기도에 응답해주셨다. 그 놀라운 기도 응답 이야기가 이 책 다음 장(떨기나무에 임하신 하나님을 만나다)에 펼쳐진다

마침내 '하나님의 침묵'의 터널을 통과했다. 역시 '하나님의 침묵'은 막힌 동굴이 아니라 출입문이 있는 은총의 터널이었다.

나는 이 사건을 통해 하나님을 믿는 자에게 있어서 인내가 얼마나 중요한가를 마음 깊이 새기게 되었다. 할렐루야!

'하나님의 침묵', 그 긴 터널을 지나다

"좋은 땅에 있다는 것은 착하고 좋은 마음으로 말씀을 듣고 지키어 인내로 결실하는 자니라"(눅 8:15).

"너희에게 인내가 필요함은 너희가 하나님의 뜻을 행한 후에 약속하신 것을 받기 위함이라"(히 10:36).

04

떨기나무에 임하신 하나님을 만나다

> 여호와의 사자가 떨기나무 가운데로부터 나오는
> 불꽃 안에서 그에게 나타나시니라
> 그가 보니 떨기나무에 불이 붙었으나
> 그 떨기나무가 사라지지 아니하는지라
> (출 3:2)

구원의 길은 과연 외길인가?

나는 앞에서 목사가 되겠다는 결심을 내려놓게 만든 결정적인 사건이 생겼다고 얘기했다. 대학 4학년 1학기, 신부님의 '그리스도 윤리' 수업 시간이었다(서강대학교는 가톨릭교회 소속 재단의 예수회가 세운 학교이다. 그래서 교수 중에 신부와 수녀가 많이 있었다.).

신부님은 "구원은 기독교에만 있는 것이 아니고 다른 종교에도 있다."고 말씀하셨다. 이 넓은 세상에 어찌 구원의 밧줄을 하나만 주셨겠느냐며, 하나님께서는 이곳저곳에 구원의 밧줄을 많이 만들어놓으셨다고 했다. 산 정상에 오르는 등산로가 하나만 있는 것이 아니듯 구원의 길도 기독교 하나만 있는 것이 아니고 다른 종교에도 있다고 설명했다.

이 강의를 들으면서 나는 큰 충격을 받았다. 내가 지금까지 교회에서 귀가 따갑도록 들은 것은 오직 기독교에만, 예수에게만 구원이 있고 다른 종교는 사탄이 만든 종교라고 들었는데, 신부님이 다른 종교에도 구원이 있다고 대학 강단에서 공개적으로 말했기 때문이다.

그렇지 않아도 대학에 들어와 여러 학문을 접하면서 구원이 오직 기독교에만 있다는 말에 의문이 생겼고, 예수님을 믿지 않는 사람은 그가 누구든 지옥에 가고, 다른 종교를 믿는 사람은 사탄을 섬기는 것이기에 더욱 확실하게 지옥에 간다는 말에 약간 반감도 일어나 내면의 갈등이 있었던 차였다.

신부님의 강의를 들으면서 구원에 관해서 좀 더 확실히 알고 싶어 질문했다.

"신부님, 그럼 요한복음 14장 6절 말씀(예수께서 이르시되 내가 곧 길이요 진리요 생명이니 나로 말미암지 않고는 아버지께로 올 자가 없느니라)을 어떻게 이해해야 합니까?"

신부님은 내 질문에 다음과 같이 대답했다.

"그 말씀을 문자 그대로 보지 마세요. 예수님이 말씀하신 뜻이 중요합니다. 예수님의 뜻은 예수님을 꼭 믿어야만 하나님께로 올 수 있다는 것이 아닙니다. 하나님께로 가려면 나로 말미암아야 한다는 말씀은 예수님의 가르침과 정신을 의미합니다. 그럼, 예수님의 가르침과 정신은 무엇인가요? 사랑입니다. 남을 위한 사랑, 이웃을 사랑하는 사람은 모두 예수님 안에 있는 것입니다. 또 예수님의 가르침과 정신이 무엇입니까? 평화입니다. 평화를 위해 일하는 사람은 모두 다 예수님 안에 있는 것입니다."

그땐 신부님의 답변이 공감되었다. 신부님은 당시 학생들 사이에서 신뢰와 존경을 받는 덕망 있는 교수셨다. 그런 분의 신념 어린 강의에 나는 절로 고개가 끄덕여지며 공감이 되었다.

갑자기 뒤에서 한 학생이 "신부님!" 외치며 이렇게 질문했다.

"그럼, 사도행전 4장 12절 말씀은 어떻게 이해해야 합니까?"
"사도행전 4장 12절 말씀이 무슨 말씀이지요?"
"'다른 이로써는 구원을 받을 수 없나니 천하 사람 중에 구원을 받을 만한 다른 이름을 우리에게 주신 일이 없음이라 하였더라'입니다."
"그 말은 누가 했나요?"
"베드로입니다."

신부님은 그 학생과 여기까지 대화한 후 인자한 표정으로 우리 모두를 바라보며 말했다.
"그렇습니다. 사도행전 4장 12절은 베드로가 한 말입니다. 베드로는 예수님을 사랑한 사람입니다. 베드로는 예수님을 사랑했기 때문에 그렇게 말한 것입니다. 여러분, 누구를 사랑해 보세요? 그러면 '나에게는 당신밖에 없습니다.'라고 말하게 됩니다."
그땐 신부님의 설명을 들으니 그동안 고민되었던 문제가 해결되는 기분이 들었다. 그렇지 않아도 오랫동안 기도했어도 성경이 하나님의 말씀이라는 것을 확신할 수 있는 어떤 응답도 받지 못했기에 존경하는 신부님의 성경 해석과 확신에 찬 말에 마음이 기울어졌다. 그래서 나는 그 날 신부님이 말한 종교 다원주의를 받아들였다.

종교 다원주의를 받아들인 그 날 나는 목사가 되겠다는 생각을 내려놓고 평범한 그리스도인으로 살기로 했다.

왜냐하면 내가 생각하는 목사는 오직 기독교에만 구원이 있다고 말해야 하는데 나는 그렇게 자신 있게 말할 수 없게 되었고, 8년여 동안이나 간절히 기도했음에도 불구하고 하나님이 아무런 응답을 해주지 않는 것은 하나님께서 내가 목사 되는 것을 원치 않는 증거라고 생각했기 때문이다.

(다행스럽게도 하나님께서 4개월이 지나지 않아 종교 다원주의가 잘못된 것임을 깨닫게 해주셔서 종교 다원주의를 버렸지만, 그 일은 나에게 중요한 교훈이 되었다. 어렸을 때 신앙 교육을 제대로 받지 않고 예수님을 인격적으로 만나지 못하면 대학에 들어가 폭넓은 학문을 접하는 순간 다 무너질 수 있다는 것이다.)

궤도 이탈과 회귀

목사가 되는 것을 포기한 후 즉시 취업 준비를 시작했다. 그동안 목사가 되기 위한 준비만 했지 취업 준비는 해본 적이 없었기에 눈에 불을 켜고 취업 준비에 들어갔다.

교회에서 하고 있던 봉사도 다 내려놓았다. 주일에도 오전 예배를 드린 후 오후에는 대학 도서관에 가서 공부했다. 1학기 종강과 동시에 학원에 가서 영어 공부에 매진했다. 항상 참석하던 청년부 신앙수련회도 빠졌다. 신앙수련회에 빠진 것은 그때가 처음이었다. 만약 내가 목사가 되는 것을 포기만 안 했다면 나는 당연히 그 신앙수련회에 참석했을 것이다.

그런데 내가 딱 한 번 빠진 신앙수련회에서 놀라운 일이 일어났다. 하나님께서 성령을 부어주신 것이다. 신앙수련회에 참석한 많은 청년이 방언의 은사를 받고 돌아왔다. 당시 청년회 회장은 나의 1년 후배로서 한국외국어대학교 영어과 3학년에 재학하고 있었다.

수련회에서 가장 먼저 방언의 은사를 받았는데 얼마나 강하게 받았는지 방언을 멈출 수가 없었다고 했다. 그래서 화장실에 가면서도 방언을 하고 화장실에서 볼일을 보면서도 방언을 했다고 말했다. (이 후배는 장로회신학대학교 신학대학원에 진학해서 목사가 되어 현재 서산 서광교회에서 목회하고 있다.)

한양대 1학년에 재학 중인 후배는 다른 사람들이 방언의 은사를 받는 것을 보고 자기도 방언 은사를 받고 싶어 간절히 기도했다. 기도 중 불덩어리 같은 것이 하늘 위에서 내려오는 것이 느껴져 더 열심히 기도하는데, 그 불덩어리가 머리 가까이에 왔다가 다시 올라가는 것이 느껴져서 다급한 마음으로 큰 소리로 "안 돼요."라고 외쳤다.

그런데 그 순간 혀가 이상하게 돌아가면서 방언을 하게 되었다고 신이 나서 말했다. 이 두 청년 외에도 여러 청년이 방언의 은사를 받고 돌아왔다.

전에는 그런 일이 한 번도 없었다. 그런데 딱 한 번 빠졌는데 내가 그렇게도 받고자 기도했던 방언의 은사를 많은 청년이 받고 온 것이다.

신앙수련회에 참가한 청년들의 간증을 들었을 때 이것이 우연이 아닌 것 같다는 생각이 들었다. 나를 향한 하나님의 뜻이 있는 것 같았다. 누가복음 18장 1-8절 말씀이 생각나면서 낙심한 것에 대한 회개를 하게 되었다.

하나님을 한번 더 찾고 싶은 강렬한 소원이 생겼다. 학원비를 다 날리고, 취업 준비를 위해 세운 여름 방학 계획이 다 망가진다 하더라도 마지막으로 하나님께 나 좀 만나 달라고 한번 더 기도하고 싶었다.

하나님, 저 좀 만나 주세요

청년부 신앙수련회에 불참한 것을 후회하면서, 대신 중등부 신앙수련회와 고등부 신앙수련회에 연이어 참석했다. 나로서는 이것이 마지막 기회라는 생각이 들었다.

만일 이번에도 하나님이 나를 만나주시지 않는다면 앞으로 목사가 되겠다는 생각은 절대 하지 않겠다고 굳게 다짐했다. 마지막이라는 절박감이 있었기 때문에 하나님을 찾고 기도하는 일에 게을리 할 수 없었다. 첫날부터 간절히 부르짖어 기도했다. 중등부 학생들이 미친 형이 왔다고 생각할 만큼 큰소리를 지르면서 기도했다.

"하나님, 저 좀 만나 주세요, 하나님께 한 약속을 지키고 싶습니다. 하나님께서 만나 주시면 약속한 대로 목사가 되어 하나님을 섬기겠습니다. 그러나 이번에도 만나 주시지 않으면 목사 되지 말라는 것으로 알고 목사가 되겠다는 생각을 완전히 내려놓겠습니다. 그러니 하나님, 저 좀 만나주세요. 방언의 은사를 주세요. 방언의 은사만 주셔도 하나님께서 저를 만나주신 것으로 하겠습니다."

하루가 지나고 이틀이 지나도 아무런 응답이 없었다. 이러다간 안 되겠다 싶어서 삼 일째 되는 수요일에는 금식까지 하며 기도했다.

그러나 아무런 소득 없이 중등부 수련회가 끝났다. 말할 수 없는 실망감이 몰려왔지만, 정신 줄을 놓고 있을 상황이 아니었다. 고등부 수련회 때에는 반드시 하나님의 응답을 받아야 했다.

"기도 응답을 위해 무엇을 하면 좋을까?" 고등부 학생들이 와서 사용하게 될 기숙사를 청소하면 주님이 기뻐하실 것 같았다. 그래서 20여 개 되는 방을 깨끗이 청소하면서 기도했다.

"하나님! 지금 보고 계시지요? 저 금식 중인데도 이렇게 청소하고 있습니다. 하나님! 어여삐 보시고 저의 기도에 꼭 응답해주세요."

청소가 끝난 뒤 하나님께 지은 죄를 회개하는 시간을 가졌다. 하나님의 은혜를 받으려면 회개 기도가 가장 중요하다는 것을 알고 있었기 때문이다.

회개 기도를 하는 중에 고등부 학생들이 도착했다. 이번에는 고등부 학생들 틈에 끼어서 간절히 부르짖으며 기도했다. 고등부 학생들은 중등부 학생들과는 다르게 큰 소리로 기도하는 학생들이 많아서 마음껏 기도할 수 있었다. 그러나 금식하고, 청소하고, 회개 기도까지 했는데도 하나님은 나의 기도에 응답하지 않으셨다. 수련회 첫째 날이 허무하게 지나갔다.

둘째 날 새벽, 오전, 오후 집회에서도 응답이 없기는 마찬가지였다. 저녁 시간이 되었다. 마음이 초조해졌다. 마음껏 부르짖어 기도할 수 있는 시간은 오늘 밤이 마지막이다.

정말 마지막 시간까지 와버린 것이다. 내일은 정리하는 분위기일 것이니 오늘 밤 기필코 기도의 응답을 받아야 한다고 생각했다.

드디어 저녁 집회 시간이 되었다. 저녁 집회는 캠프 파이어 순서가 있었기 때문에 야외에서 진행했다. 낮에 비가 내린 탓에 땅이 젖어 있어서 집회의 모든 순서는 서서 진행되었다.

캠프 파이어 순서까지 끝나고 드디어 마지막 기도라고 생각하는 기도 시간이 되었다. 교육 담당 전도사님이 "이제부터 자유롭게 기도하는 시간을 갖겠습니다. 주여, 세 번 부르고 큰 소리로 기도하겠습니다."

"주여! 주여! 주여!" 함께 부르짖으며 기도가 시작되었다. 나는 바닥에 무릎을 꿇었다. 땅이 젖어 있었지만, 기도 응답을 받을 수만 있다면 옷이 젖거나 더러워지는 것쯤은 아무렇지도 않았다.

두 손을 하늘을 향해 들고 정말 간절한 심정으로 하나님께 부르짖어 기도했다. 시간이 점점 흘러갔다. 기도 응답을 받고자 하는 간절함과 아울러 기도 응답이 없으면 어떻게 하나 하는 두려움으로 나는 몸부림을 치면서 기도했다.

얼마나 시간이 지났는지 알 수 없었다. 같이 기도하던 학생들의 기도 소리가 잦아들고 주위의 분위기가 기도를 마쳐야 한다는 암시를 주고 있었다. 그러나 나는 멈출 수도 포기할 수도 없었다.

"주여, 제발 나를 만나주세요."

애타게 부르짖었지만, 하나님은 끝까지 침묵하셨다. 아무것도 없었다. 삼십여 명의 학생 대부분 숙소로 들어가고 세 명의 여학생만 남아서 함께 기도하고 있었다.

'이렇게까지 했는데도 하나님의 응답이 없으니, 나는 목사가 될 사람이 아닌 것이 확실해. 이제 더는 목사가 되겠다고 한 약속으로 인해 고민하지 말아야지.'

내 나름 결론을 내린 후 숙소로 돌아왔다. 그런데 잠시 후 방을 함께 사용하고 있던 고등부 교사인 친구가 방에 들어오면서 흥분된 목소리로 말했다. 끝까지 남아서 기도하던 세 명 중에 여학생 한 명이 마침내 방언의 은사를 받았다고 했다. 그 여학생은 내가 오후 시간에 기도하는 것을 보고 방언의 은사를 받을 것 같은 느낌이 있어서 그 여학생에게 방언의 은사를 설명해주면서 너는 방언의 은사를 받을 수 있을 것 같으니 기도해보라고 권했던 학생이었다. 그렇게 내가 방언의 은사에 대해 가르쳐 준 학생이 진짜 방언의 은사를 받았다고 하니 한편으로는 놀랍고 다른 한편으로는 끝까지 남아 기도하지 못한 것이 후회막심이었다.

그래서 이미 늦었겠지만, 성령의 불이 떨어진 자리에 불씨가 남아 있을지도 모르니 다시 가서 부스러기 은혜라도 받아야겠다는 가나안 여인의 심정으로 자리를 박차고 일어났다. 그리고 기숙사 복도를 지나가는데 애들 숙소 중 방 하나에서 이상한 소리가 새어 나왔다. 무슨 소리인지 확인하고 싶었다. 그래서 가던 길을 돌이켜 소리 나는 방으로 갔다. 나중에 내가 깨달은 것은 모세에게 역사하신 하나님께서 그 순간 나에게 역사하신 것이었다.

"이에 모세가 이르되 내가 돌이켜 가서 이 큰 광경을 보리라 떨기나무가 어찌하여 타지 아니하는고 하니 그 때에 여호와께서 그가 보려고 돌이켜 오는 것을 보신지라 하나님이 떨기나무 가운데서 그를 불러 이르시되 모세야 모세야 하시매 그가 이르되 내가 여기 있나이다"(출 3:3-4).

재수라는 떨기나무에 성령님이 임하시다

방 안에는 고1 재수라는 학생과 고2 병호라는 학생이 있었다. 재수는 방안을 돌아다니며 이상한 말을 계속해서 읊조리고 있었고, 병호는 방바닥에 무릎을 꿇고 앉아 있었다. 재수가 하는 말은 내가 그토록 받고자 하는 방언이었다. 병호는 재수의 방언에 놀랐는지 두려움이 가득한 얼굴로 나를 올려다보며 말했다. "선생님, 애 좀 보세요. 무서워요."

아무래도 이 아이들과 함께 있어야만 할 것 같았다. 방에 들어갔다. 나는 먼저 두 학생에게 방언의 은사에 대해서 가르쳤다. 재수는 계속 방언을 하면서 내 말을 들었다.

"지금 재수가 하는 것은 이상한 것이 아니야. 이것은 방언의 은사라는 거야. 좋은 거야. 그런데 재수는 어떻게 방언의 은사를 받은 거니?"

병호가 대답했다. "둘이 함께 기도하고 있었어요. 그런데 재수의 신음하는 소리가 들려서 눈을 뜨고 봤는데 얼굴이 일그러지더니 이렇게 이상한 말을 하게 됐어요."

재수에게 물었다. "너는 어떻게 방언을 하게 된 거니?"

재수가 방언을 멈추고 대답했다. "형은 기도를 잘하는데 저는 기도가 잘 안 됐어요. 제 믿음이 너무나 부족하다는 생각이 들었어요. 그래서 믿음을 달라고 기도하는데 갑자기 이렇게 이상한 말을 하게 됐어요."
놀라운 것은 재수는 내 질문에 대답한 후 자기 의지와 상관없이 다시 또 방언을 이어갔다. 재수가 말하길, 자기 의지와 상관없이 어떤 힘에 이끌려 저절로 방언을 하게 된다고 했다. 내가 보니 윗입술이 좌우로 움직이면서 소리를 내고 있었다. 더욱 놀라운 사실은 자기 의지로 무슨 말을 하려고 하면 방언을 멈추고 말을 하는데, 말이 끝나면 자기 의지와 상관없이 자동으로 다시 방언이 이어졌다.

재수의 말을 듣는 순간 고린도전서 14장 22절이 생각났다. 그래서 성경을 펴서 두 학생에게 보여주며 설명했다. 그리고 말씀대로 통역을 위해서 기도하자고 제안했다.
"그러므로 방언을 말하는 자는 통역하기를 기도할지니"(고전 14:13).
통역을 위해 기도할 때 재수는 방언의 은사를 받았으니까 통역의 은사는 병호에게 주시라고 기도하자고 했다. 그래서 세 사람이 손을 잡고 합심해서 병호에게 방언 통역의 은사를 주시라고 기도했다. 한참 기도하고 있는데 방언으로 기도하고 있던 재수가 갑자기 기도를 멈추고 말했다. "선생님, 병호 형에게 안 주신대요." 말이 끝나자마자 재수는 자동으로 되듯이 다시 방언을 이어갔다.

놀랍게도 재수가 성령의 인도를 받고 있는 것 같았다. 어떻게 할까 고민하다가 조금 전 방언의 은사를 받은 여학생이 생각났다. 그래서 그 여학생에게 통역의 은사를 주시라고 기도하자고 말하고 셋이 또 손을 잡고 합심해서 기도했다. 한참을 기도하고 있는데 재수가 또 기도를 멈추고 말했다. "그 여학생에게도 안 주신대요." 말이 끝나자마자 이전처럼 재수는 자동적으로 다시 방언을 이어갔다.

그 말을 듣고 이번에는 나에게 주시라고 기도하자고 말하려는데 재수가 충격적인 말을 했다. "아무한테도 안 주신대요." 그 말을 듣는 순간 성령님이 내 마음을 아시고 재수를 통해 말씀하신 것을 알 수 있었다. 놀라웠다. 결국, 내 이름은 올리지도 못한 채 방언 통역을 위한 기도는 끝이 났다.

놀랍게도 재수는 성령님과 소통하고 있었다. 성경에 기록된 성령 받은 사람들에게 나타나는 일이 지금 내 눈앞에서 펼쳐지고 있었다. 성령님이 재수에게 임하셨다는 것을 확실히 알 수 있었다. 떨기나무에 하나님이 임하셨듯이 재수에게 성령님이 임하셨다. 떨기나무에 임하신 하나님이 모세에게 말씀하듯이 성령님은 재수를 통해 나에게 말씀하셨다. 내가 재수라는 떨기나무에 임하신 하나님을 만난 것이다!

재수는 방언 통역을 위한 기도가 끝나자 일어서서 방 안을 이리저리 돌아다니며 계속 방언을 했다. 나와 병호는 자리에 앉아 방언하는 재수를 바라보고 있었다. 한참 방언을 하고 있던 재수가 갑자기 말했다. "선생님, 제가 지금 주기도문을 하고 있어요." 그리고 또 방언을 계속하다가 다시 방언을 멈추더니 말했다. "선생님, 이번에는 제가 사도신경을 하고 있어요." 재수가 말하는 그 하나하나가 너무 놀라웠다. 성령님이 주기도문과 사도신경을 인정하신다는 것을 보여주고 있었다.

얼마 후 내 평생에 절대 잊을 수 없고, 내 평생 신앙의 지침이 되는 놀랍고도 기이한 일이 일어났다. 방언을 계속하고 있던 재수가 갑자기 성경을 들고 흥분된 목소리로 말했다. 그 성경은 글자가 위에서 아래로 쓰여 있는 성경이었다.

"선생님, 지금 제가 성경을 읽고 있어요! 제가 손가락으로 가리키는 대로 읽어요!"라고 말한 후 재수의 혀는 본인의 의지와 상관없이 방언을 계속했고, 재수는 신이 나서 성경 페이지를 넘겨 가며 손가락으로 성경 말씀을 따라갔다. 자기가 하는 방언이 자기 손가락이 가는 대로 성경 말씀을 읽는 거라고 했다. 다시 말해 방언으로 기도하는 것이 아니라 손가락이 가는 대로 방언으로 성경을 읽는다는 것이다. 내 눈에는 그 모습이 성령님이 재수를 사용해서 방언으로 성경을 읽는 모습으로 보였다.

나는 재수의 말과 행하는 모습을 보고 일반 책은 어떻게 읽는지 확인하고 싶었다. 마침 신앙수련회 핸드북이 눈에 띄었다. 재수에게 가까이 오라고 한 후 핸드북을 펴놓고 읽어 보라고 했다. 내가 펼친 면은 전도사님이 성경 공부를 위해 만든 교재였다.

'제1과 하나님의 사랑' 재수가 자기 말로 읽었다.
'1) 하나님은 사랑이십니다.' 역시 재수가 자기 말로 읽었다. 그러나 다음에 성경 구절이 나타나자 즉시 혀와 입술이 이전과 같이 움직이면서 방언을 했다.

(요일 4:16) "하나님이 우리를 사랑하시는 사랑을 우리가 알고 믿었노니 하나님은 사랑이시라 사랑 안에 거하는 자는 하나님 안에 거하고 하나님도 그의 안에 거하시느니라"

이 말씀을 방언으로 읽었다. 재수가 읽는 것 같지만 재수가 읽는 것이 아니라 성령님이 재수의 혀와 입술을 움직여서 방언으로 읽게 하셨다.

'2) 하나님의 사랑은 예수님을 통해 나타났습니다.' 다시 재수가 자기 말로 읽었다. 그러나 이어서 성경 구절이 나오니까 다시 또 재수는 방언으로 읽었다.

(요 3:16) "하나님이 세상을 이처럼 사랑하사 독생자를 주셨으니 이는 그를 믿는 자마다 멸망하지 않고 영생을 얻게 하려 하심이라"

이 말씀을 또 방언으로 읽었다. 이렇게 전도사님이 쓴 글이 나오면 재수가 자기 의지로 읽고, 성경 구절이 나오면 재수의 의지와 상관없이 혀와 입술이 움직이면서 방언으로 읽었다. 재수에게 임하신 성령님이 성경 말씀과 전도사님이 쓴 글을 구분하셨다. 참으로 소름이 끼칠 정도로 놀랍고도 신기했다.

하나님께서는 그날 그렇게 성경은 성령의 감동으로 기록된 하나님의 말씀이라는 것을 내게 확실하게 보여주시려고 퍼포먼스까지 행하셨다. 참으로 기막힌 하나님의 은혜였다.

하나님께서는 이렇게 나의 애타는 기도를 8년이 좀 지난 시점에 극적으로 응답해주셨다. 나를 만나 달라는 기도에 재수라는 학생을 떨기나무 삼아 임하셔서 만나주셨다. 성경 말씀이 하나님의 말씀이라는 것을 확신할 수 있게 해달라는 나의 기도에 재수를 통해 여러 퍼포먼스를 펼쳐 보이시기까지 하시면서 나의 기도에 확실하게 응답해주셨다.

나는 그 날 이후 성경은 성령의 감동으로 기록된 하나님의 말씀이라는 사실에 목숨을 거는 사람이 되었다. 그렇게 성경 말씀에 목숨을 걸고 믿고 가르치고 기도하다 보니 성경에 기록된 말씀들이 하나하나 이루어졌다. 진실로 성경은 살아계신 하나님이 말씀하신 책이다. 하나님은 지금도 성경대로 행하신다. 이 책을 읽는 독자들도 지금도 성경대로 행하시는 하나님을 만나게 되길 기도한다.

지금까지 말한 것은 그날 하나님께서 나를 만나주신 놀라운 이야기의 전반부에 해당한다. 후반부 이야기는 다음 장에 이어진다. 기대하시라.

05

신부님!
신부님 말씀은 틀렸습니다

> 예수께서 이르시되 내가 곧 길이요 진리요 생명이니
> 나로 말미암지 않고는 아버지께로 올 자가 없느니라
> (요 14:6)

종교 다원주의를 어떻게 볼 것인가?

앞 장에서 나는 하나님께서 나의 오랜 기도에 응답하시고 나를 만나주신 놀라운 이야기의 전반부를 말했다. 이제는 그 후반부를 말하고자 한다. 후반부 이야기는 내가 '종교 다원주의'를 철저하게 배격하고 '오직 예수'를 외치는 사람이 되게 된 이야기다.

앞 장에서 말한 대로 나는 중등부 신앙수련회에서 아무런 기도의 응답을 받지 못했다. 그래서 중등부 학생이 돌아간 후 간절한 심정으로 은혜받을 준비를 했는데, 그 준비 중 회개와 관련된 이야기를 여기에서 하려고 앞 장에서는 간단히 언급했다.

그날 나는 요한복음을 읽어가면서 회개하는 시간을 가졌다. 요한복음 1장부터 읽어가면서 말씀에 비추어 회개할 것이 있으면 말씀 읽는 것을 멈추고 회개했다. 그렇게 회개하면서 성경을 읽어나가다가 요한복음 14장 6절 말씀을 읽은 후 깊은 고민에 빠졌다.

"예수께서 이르시되 내가 곧 길이요 진리요 생명이니 나로 말미암지 않고는 아버지께로 올 자가 없느니라"(요 14:6).

이 말씀 앞에서 고민하게 된 이유는 나는 이미 신부님의 가르침을 받아들여 다른 종교에도 구원의 길이 있다고 믿고 있었는데, 교회에서 오랫동안 예수님 외에는 구원의 길이 없다는 분명한 가르침을 받아서 그랬는지는 몰라도 아무래도 회개해야 할 것만 같았다.

당시 머리로는 회개할 이유를 찾지 못했지만, 마음에서 우러나오는 느낌을 무시할 수 없었다. 어찌할꼬 고민하다 일단 회개하는 것이 좋겠다는 생각을 하고 종교 다원주의를 받아들인 것을 회개했다.

"하나님, 다른 종교에도 구원이 있다는 말을 받아들이고 믿은 것을 회개합니다. 용서해주세요. 예수님 외에는 구원의 길이 없다고 믿겠습니다."

그러나 이것은 진심으로 한 회개가 아니었다. 하나님을 만나기 위해 회개해야만 할 것 같아서 형식적으로 회개를 한 것이었다. 그런데 그날 하나님께서는 내가 형식적인 회개를 한 것을 강하게 책망하시고, 진심으로 회개할 수 있는 은혜를 베풀어주셨다.

내가 재수를 통해 성령님께서 행하시는 놀라운 영의 세계를 경험하고 있을 때 교육 담당 전도사님이 큰소리로 외쳤다. "취침. 모든 학생은 대화를 중단하고 취침한다."

그런데 재수는 전도사님의 대화 중단 명령에도 불구하고 방언을 멈추지 못하고 방에 서서 서성거리며 계속 방언을 했다. 복도에까지 들릴 정도였다. 아니나 다를까 전도사님이 재수의 방언 소리를 듣고 방문을 열고 재수를 향해 화난 표정으로 말했다.

"자지 않고 뭐 하는 거야? 그만하고 빨리 자!"
"멈춰 지지가 않아요."
"뭐가 안 된다는 거야? 그만하고 빨리 자!"
"안 돼요."

재수가 울상이 되어 말했다. 그 모습을 보면서 그대로 두면 안 되겠다는 생각이 들었다. 전도사님이 재수에게 일어난 일을 이해하지 못하고 있었다. 그래서 전도사님께 말했다. "전도사님! 내가 재수를 내 방에 데려가서 함께 자겠습니다. 내게 맡겨주세요." 다행히 전도사님은 그렇게 하라고 허락해주었다. 그렇게 해서 재수를 내 방으로 데려갈 수 있었다.

내 입에서 너를 토하여 버리리라

재수는 내 방에서도 계속 방언을 했다. 그런 재수를 바라보면서 생각했다. "오늘 밤을 그냥 넘어갈 수 없다. 지금 하나님께서 저 아이에게 임하셨다. 나도 저 아이처럼 성령을 받아야 하고, 방언의 은사를 받아야 한다. 그러면 하나님께 한 약속을 지킬 수 있다." 그래서 재수에게 가까이 오라고 하고 간곡히 부탁했다.

"재수야, 나를 위해 기도해다오. 나도 너처럼 성령을 받고 싶다. 너처럼 방언의 은사도 받고 싶다. 그러니 나와 손잡고 함께 기도하자."

고맙게도 재수는 내 손을 잡고 방언으로 간절히 기도해주었다. 취침 시간이기에 큰 소리로 기도하면 안 되는데도 불구하고 재수는 큰 소리로 온 힘을 다해 기도했다. 재수가 하는 방언은 본인의 의지와는 상관없이 성령에 붙잡혀서 하는 방언이었기에 조용히 하라고 말릴 수 없었다. 잠자고 있는 사람들이 제발 듣지 못했으면 하고 바라면서 재수와 함께 계속 기도했다.

그런데 재수가 방언으로 간절히 기도하다가 목에 뭐가 걸렸는지 갑자기 "악~!" 소리를 내며 기도를 멈췄다. 잠깐 쉬었다가 다시 방언으로 기도했는데 또 "악~" 소리를 내며 기도를 멈췄다. 다시 기도하다 "악~" 소리를 내며 멈추고, 다시 기도하다 "악~" 소리를 내며 멈추고 하길 반복했다. 그러더니 결국엔 나 보고 손을 놓아달라고 했다. "선생님, 손 좀 놓아주세요. 힘들어요."

그러나 나는 재수의 손을 놓을 수가 없었다. 지금 성령님이 재수에게 임하셔서 함께 하고 있기에 재수가 손을 놓아달라고 한 것이 재수의 말 같지가 않고 성령님의 말씀 같았다. 손을 놓기 싫었다. 얍복강 가에서 기도하던 야곱처럼 주님이 내 기도에 응답해주시기 전까지는 손을 놓고 싶지 않았다. 그러나 제자가 손을 놓아달라고 하니 어찌하랴. 할 수 없이 놓아주었다.

손을 놓자 재수는 창틀에 걸터앉아 방언을 이어나갔다. 나는 혼자서라도 기도해봤지만 답답하기만 했다. 그래서 좀 시간이 지난 후 다시 재수에게 간곡하게 부탁했다. "재수야, 이리 와. 한 번 더 기도하자. 나도 너처럼 성령을 받아야 해. 도와주렴." 고맙게도 재수는 내 요청에 또 응해주었다. 그래서 두 번째로 재수와 손을 잡고 기도했다.

그때 나의 심정은 정말 절박했다. "내가 재수와 같은 은혜를 받고자 기도한 것이 몇 년이냐?" 이 기회를 놓칠 수 없었다. 그래서 정말 간절한 마음으로 절규하듯이 기도했다. "하나님, 저에게도 성령을 부어주세요. 저에게도 방언의 은사를 주세요."

그러나 아무것도 느낄 수 없었다. 울고 싶은 심정이었다. 재수는 첫 번 기도할 때보다 더 심하게 "악~" 소리를 냈다. 나중에는 "악~" 하며 토할 것 같은 모습을 보였다. 그러다 또 손을 놓아달라고 할 것 같아 마음이 불안해져서 무슨 잘못을 했는지도 모르고 무조건 하나님께 잘못했다고 외치면서 제발 나에게도 성령을 달라고 기도했다.

"하나님, 잘못했습니다. 용서해주세요. 앞으로 잘할게요. 저에게도 성령을 주세요. 방언의 은사를 주세요." 절규하듯이 기도했다. 그러나 안타깝게도 재수가 도저히 견딜 수 없는 것 같은 모습과 격앙된 소리로 말했다.

"선생님! 도저히 안 되겠어요. 손 좀 놔주세요. 선생님 손만 잡으면 토할 것 같아요."
"악~, 정말 안 되겠어요. 진짜 토할 것 같아요. 제발 손 좀 놔주세요."

이 말을 듣는 순간 나는 망치로 머리를 두들겨 맞은 것 같은 충격 속에서 말씀 한 구절이 생각났다. 성령의 강한 역사였다. 말씀은 라오디게아 교회에 하신 말씀이었다.

"내가 네 행위를 아노니 네가 차지도 아니하고 뜨겁지도 아니하도다 네가 차든지 뜨겁든지 하기를 원하노라 네가 이같이 미지근하여 뜨겁지도 아니하고 차지도 아니하니 내 입에서 너를 토하여 버리리라"(계 3:15-16).

이 말씀이 생각나면서 "아~ 내가 라오디게아 교회구나."라는 깨달음이 왔다. 그 이유는 내가 종교 다원주의를 받아들였기 때문이라는 것이 직관적으로 깨달아졌다. 두려운 마음이 들었다. 그래서 그 자리에서 진심 어린 회개의 기도를 드렸다.

"하나님, 잘못했습니다. 종교 다원주의를 받아들인 것을 회개합니다. 예수님 외에 다른 종교에도 구원의 길이 있다고 믿었던 것을 용서해주세요. 형식적으로 회개했던 것도 용서해주세요."

그렇게 회개의 기도를 드리면서 하나님께 3일 금식을 약속했다. 3일간 금식하면서 철저하게 회개해야겠다는 마음이 들었기 때문이다. 그날 밤 기도는 그렇게 나의 죄를 깨닫고 끝났다. 벌써 날이 새고 기상 소리가 들렸다. 재수가 일어나서 자기 방으로 돌아갔다. 새벽 기도에 참석하기 위해 복도를 지나는데 재수의 방문이 열려 있고 재수는 창틀에 걸터앉아 방언을 계속하고 있었다. 나를 보자 말하길 조금 전까지는 주기도문과 사도신경을 했는데 지금은 주기도문만 하게 된다고 말했다.

10여 분 후 재수가 내 곁에 와서 앉으면서 자기의 한 손으로 윗입술을 잡아 위로 올리면서 말했다. "선생님, 이것 보세요." 내가 보니 윗입술 안쪽 치아가 닿는 부위의 피부 껍질이 모두 벗겨져 있었다. 밤새도록 윗입술이 움직이면서 치아와 마찰이 일어나 벗겨진 것이었다. 그것을 보니 재수가 밤새도록 방언을 한 것은 자신이 한 것이 아니라 성령에 의한 것이었음을 한번 더 확신할 수 있었다.

나는 재수가 방언으로 인해 벗겨진 자기의 윗입술을 내게 보여 준 것이 우연이 아니라고 믿는다. 그날 밤 재수에게 일어난 일은 하나님께서 행하신 일임을 확증해주는 표적이라고 믿는다.

나는 재수에게 임하셔서 나를 만나주신 하나님의 은혜로 인해 세 가지 사실을 확실히 믿게 되었다.
첫째, 성경에 기록된 영의 세계는 실재하는 세계이다.
둘째, 성경은 사람의 책이 아니라 성령의 감동으로 된 하나님의 책이다.
셋째, 종교 다원주의는 잘못된 것이다. 예수님 외에는 구원의 길이 없다. 누구든지 구원받으려면 성경에 기록된 대로 예수님을 믿어야만 한다.

만약 내가 대학 4학년 때 나를 가르쳐주신 신부님을 다시 만난다면 나는 신부님께 다음과 같이 말할 것이다.

"신부님! 신부님 말씀은 틀렸습니다. 종교 다원주의는 잘못된 것입니다. 구원의 길은 오직 하나, 예수님을 믿는 것 외에 다른 길은 없습니다."

06

성령 하나님이 빛으로 임하셔서 나를 만나주시고 대화를 시작하다

> 내가 아버지께 구하겠으니 그가 또 다른 보혜사를
> 너희에게 주사 영원토록 너희와 함께 있게 하리니
> 그는 진리의 영이라 세상은 능히 그를 받지 못하나니
> 이는 그를 보지도 못하고 알지도 못함이라
> 그러나 너희는 그를 아나니 그는 너희와 함께 거하심이요
> 또 너희 속에 계시겠음이라
> (요 14:16-17)

말씀에 굳게 서서 주의 종의 길을 가다

중·고등부 신앙수련회에서 살아계신 하나님을 만난 이후 나의 믿음은 이전과는 완전히 달라졌다. 성경 말씀이 하나님의 말씀이라는 강한 확신이 생겼고, 말씀에 목숨 걸고 살겠다는 결단이 생겼다. 하나님께서 내 기도에 응답해주시고 나를 만나 주셨으니 하나님께 약속한 대로 흔들림 없이 주의 종의 길을 걸어갈 것을 굳게 결심했다.

토기장이신 하나님께서는 이렇게 나를 새롭게 하신 후 바로 다음 해에 장로회신학대학교 신학대학원(M.Div.)에 입학하게 해주셨고, 하나님

이 예비하신 아름다운 여성과 결혼도 하게 하셨다.

　더욱 놀라운 것은 신대원 3학년 재학 중에 CAS 선교회 회원들을 통해 교회를 개척하게 하신 것이다. CAS 선교회는 대학 1학년 때 10여 명의 남·여 청년들이 영혼 구원과 세계 선교의 비전을 품고 만든 동아리로서 당시 나의 인생과 신앙에 중요한 부분을 차지하고 있었다. 하나님께서는 그런 CAS 선교회 회원들을 통해 신대원 1학년 때부터 교회 개척으로 몰아가더니 결국엔 신대원 3학년 재학 중에 교회를 개척하게 하셨다.

　1990년 5월 5일, 나에게는 역사적인 날이다. 그날 나는 내 인생에서 가장 위대한 일을 했다. 기쁨의교회를 개척한 것이다. 부천에서 허름한 맨션 건물 지하를 보증금 5백만 원, 월세 20만 원에 임차해 기쁨의교회 창립 예배를 드렸다.

　교회를 개척하고 나니 말씀을 전하고 가르치는 시간이 많아졌다. 주일 예배, 수요 예배, 금요 기도회, 새벽 기도회, 심방 등 여러 모임을 통해 끊임없이 말씀을 전하고 가르쳐야 했다. 그러면서 성도들의 문제를 상담해주고 기도해줘야 했고, 길거리에 나가 전도도 해야 했다.
　담임 목회자로서 사역하면 할수록 성령 충만을 받고 능력 받는 것이 더욱 절실해졌다. 이젠 내가 책임져야 할 성도가 생겼으니 성도를 위해서라도 능력을 받아야만 했다. 이전보다 더 간절한 마음으로 성령 충만과 능력을 달라고 기도할 수밖에 없었다.

성령님이 빛으로 임하시다

교회를 개척한 지 햇수로는 3년째, 실재는 만 2년이 되어가는 1992년 3월 어느 날, 나의 '평생 소원'이 이루어지는 엄청난 일이 일어났다.

지하상가 20여 평 되는 카타콤 같은 성전에서 기도하고 있었다. 처음 개척한 곳은 바닥에서 물이 올라오고, 천정에서는 이곳저곳에서 물이 떨어지고, 공기는 습하고 냄새나는 등 너무 문제가 많았다. 그래서 교회를 이전하게 해달라고 눈물로 기도한 지 약 1년 만에 응답받고 신축 건물로 이전했다.

신축 건물로 이전한 지 1년 정도 되어가고 있을 때, 그날도 강단 십자가 아래서 성령 충만과 능력을 달라고 간절히 기도하고 있었다.

"하나님! 저에게도 성령을 충만히 부어주세요. 영의 세계를 열어주세요. 성령 하나님과 인격적으로 만나 대화할 수 있게 해주세요. 성령을 기름 붓듯 부어주세요. 성령이 아니고는 목회를 못 하겠습니다. 하나님, 제발 저에게도 성령을 부어주세요. 하나님의 말씀이 저에게 이루어지게 해주세요."

그때 갑자기 하늘에서부터 태양 빛과 같은 빛이 내게 비추는 것이 느껴졌다. 쌀쌀한 봄날, 따사로운 햇살이 살갗에 닿듯이 너무나 따듯하고 기분이 좋은 느낌이었다.

수면 위에 햇빛이 비칠 때 반짝반짝 빛나듯 내 몸에서 그런 빛이 감싸고 있는 듯했다. 너무나 좋은 나머지 눈을 뜰 수 없었다. 그 신비한 현상을 온몸으로 느끼면서 기도했다.

"오~ 주여! 이것이 무엇입니까?"

나는 그 신비한 빛 가운데 계속 머물고 싶었다. 몇 분이 흘렀는지 모른다. 어느 순간 빛이 사라졌다. 자리에서 벌떡 일어나 주변을 둘러봤다. 성전 안은 그대로였다. 나에게 일어난 일이 무엇인지 너무나도 궁금했다.

며칠 후 성경을 읽던 중에 말씀 한 구절이 마음에 와닿는 순간, 그날에 따사로운 햇살을 경험했을 때와 같은 현상이 몸에 나타났다.

어느 날은 성도님과 대화 도중 주님의 마음을 전해주는 순간에 갑자기 그런 현상이 동일하게 나타났다. 어떤 때는 찬양을 부르다가 마음이 감동될 때 그런 현상이 나타났다. 태양 빛과 같은 빛이 위에서 비추는 현상은 그날 이후 없었지만, 몸에 느껴지는 현상은 하나님과 관계있는 말씀이나 찬양, 기도 중에 종종 나타났다.

성령 하나님이셨다! 성령이 나에게 임재(臨在, presence)하심을 나타내는 현상이었다.

마침내 하나님께서 내 기도에 응답하셨다. 나도 위에서 부어주시는 성령을 받은 것이다. 그때부터 성령이 내 안에 계시는 것을 내 몸으로 느낄 수 있게 되었다.

같은 듯하나 조금씩 다른 현상들도 나타났다. 뱃속이 따뜻해지거나 뜨거워지는 적도 있었고, 한쪽 손이 따뜻해지거나 열이 나는 경우도 있었다. 가슴이 따뜻해지거나 뜨거워지는 일도 있었고, 이마가 따뜻해지거나 뜨거워지기도 했고, 등줄기에 뜨거운 기운이 느껴지기도 했다.

요한복음 14장 16-17절 말씀이 나에게 이루어진 것을 내 몸으로 알 수 있게 되었다.

"내가 아버지께 구하겠으니 그가 또 다른 보혜사를 너희에게 주사 영원토록 너희와 함께 있게 하리니 그는 진리의 영이라 세상은 능히 그를 받지 못하나니 이는 그를 보지도 못하고 알지도 못함이라 그러나 너희는 그를 아나니 그는 너희와 함께 거하심이요 또 너희 속에 계시겠음이라"(요 14:16-17).

"와우!" 참으로 놀랍고 신비했다. 이 말씀뿐만 아니라 성경에 기록된 성령 하나님과 관련된 말씀들이 이 시기를 기점으로 하나씩 하나씩 나에게 이루어졌다.

성령 하나님이 나를 만나주시고 대화를 시작하다

내 안에 오신 성령은 예수님이 말씀하신 대로 인격체이셨다. 나는 성령 하나님이 내 안에 계심을 몸으로 느낄 수 있었고 그분과 대화할 수 있었다. 성령 하나님은 정말로 나에게 말씀하셨다. 인간의 언어로 다 표현할 수는 없지만 나는 그분이 내 안에 계심을 느낄 수 있었고, 그분이 말씀하시는 것을 들을 수 있었다.

성령께서 나와 소통하는 방법은 일반적인 대화 형태만 있는 것이 아니라 무엇을 말하고자 하는지 순간적으로 알게 하시는 직관적 깨달음, 몸으로 느끼게 하시는 신체적 방법, 감정으로 느끼게 하는 방법 등 다양했다.

성령 하나님이 내 안에 계시고 내가 성령과 대화를 하다니 정말 놀라운 일이고, 신비한 일이며, 감격 그 자체였다. 그분이 내 안에 계신다는 것은 만물을 창조하신 여호와 하나님이 계신 것과 같다. 왜냐하면 성령은 여호와 하나님에게서 나오는 하나님의 영이기 때문이다(요 15:26).

성령 하나님이 내 안에 계신다는 것은 예수님이 계신 것과 같다. 왜냐하면 예수님도 성령으로 예수님을 믿는 자 안에 들어오시기 때문이다.

여호와 하나님이 내 안에 계시고, 예수님이 내 안에 계시다니, 이 얼마나 놀랍고도 신비한 일인가?

성경은 우리가 성령 하나님을 인격적으로 만나기 전에도 예수님을 믿는 자 안에 성령이 들어와 계시다는 것을 말하고 있지만, 그것을 단순히 믿고 신앙생활 하는 것과 실제 경험하는 것은 완전히 다른 차원이다. 독자들이 이 책을 통해 예수님을 믿는 자 안에 찾아오신 성령님을 인격적으로 만나게 되길 기도한다.

나의 하나님은 여러분의 하나님이고, 우리 모두의 하나님이시다. 하나님은 그분을 믿고 기도하는 사람에게는 누구에게나 신실하시다.

"기도는 기쁨으로 충만한 어메이징 스토리를 만든다!"

"구하라 그리하면 받으리니 너희 기쁨이 충만하리라"(요 16:24).

성령 하나님께 들은 말씀 1 "성전 꽃꽂이를 하게 하라"

내가 성령 하나님을 인격적으로 모시고 동행하게 된 그즈음 우리 교회 성도 중 결혼한 지 여러 해가 되어감에도 아기가 생기지 않아 고민하던 성도님이 있었다.

그 성도님은 아기를 갖기 위해 40일 작정 기도를 하고 있었고 나도 중보 기도를 하고 있었다. 20일째 되는 날, 그 성도님을 위해 기도하고 있는데 몸에 성령이 임하시는 현상이 나타나면서 마음에 다음과 같은 느낌이 왔다.

"최승희 성도에게 성전 꽃꽂이를 하게 하라."

그 말씀을 듣는 순간 직관적으로 '아~ 하나님께서 최승희 성도님의 기도에 응답하셔서 아기를 주시려고 하는구나'라는 생각이 들었다.

그래서 기쁜 마음으로 그분을 교회로 불러 "꽃꽂이를 할 수 있나요?"라고 물었다. 놀랍게도 성도님은 "할 수 있어요. 꽃꽂이 강습도 받았어요"라고 대답했다.

나는 최 성도님에게 기도 중 받은 성령의 감동에 대해 전해주고 성전 꽃꽂이를 권유했다. 성전 꽃꽂이로 주님을 섬길 때 하나님께서 아기를 주실 것이라는 예언의 말도 했다.

5개월쯤 됐을 때 나는 그분에게서 임신했다는 기쁜 소식을 들었다.

나는 이 일을 통해 성경 말씀대로 하나님께서는 우리가 교회에서 봉사하는 일들을 다 보고 계시며, 그 수고를 따라 상으로 갚아주신다는 것을 확실히 알게 되었다. 그리고 하나님께서 최 성도님에게 꽃꽂이를 하게 하라고 하신 말씀을 통해 우리가 무슨 일로 하나님을 섬기기 원하시는지, 하나님의 뜻이 있다는 것도 확실히 알게 되었다.

성령 하나님께 들은 말씀 2 "안 집사에게 강사를 모시게 하라"

교회 창립 2주년을 위해 기념 부흥회를 열게 되었다. 강사님 숙소를 일단 모텔로 정하고 부흥회를 준비하고 있었는데 왠지 강사님을 모텔로 모시는 것에 대해 마음이 불편했다.

그래서 모텔로 모시는 것보다는 우리 성도님 중에 누군가가 강사님을 자기 집에 모셨으면 좋겠다는 생각이 들었다. 그러나 당시 우리 성도는 10여 가정이었고, 모두 젊은 사람들이었으며 가난한 사람들이었다. 성도님 사정을 훤히 알고 있기에 광고도 못 하고 있었다.

그런데 부흥회 한 주 전, 이제는 모텔을 예약할 때가 되어 전화기 앞에 앉아 혼잣말로 "오~ 주여, 정말 모텔로 해야 하나요? 우리 성도님 중에는 없을까요?"라고 말하며 한숨을 쉬는데 갑자기 성령 하나님이 임하시는 것이 몸으로 느껴지면서 내면에서 음성이 들렸다.

"안 집사에게 강사를 모시게 하라."

그녀는 당시 두 살쯤 된 어린 딸을 둔 젊은 부부였고, 우리 교회에 등록한 지 몇 달 안 된 성도였다. 내 생각에는 그녀가 강사를 모시기는 쉽지 않을 것 같았다. 그러나 성령의 감동이 있었기에 그분에게 전화해서 교회에 잠깐 오라고 했다. 그리고 조심스럽게 말했다.

"집사님, 혹시 이번 부흥회 강사님을 집에 모실 수 있나요?"

내 말이 끝나자마자 안 집사님의 얼굴이 밝아지면서 말했다.

"전도사님, 그렇지 않아도 강사님을 하루라도 모시고 싶어서 이불을 빨려고 홑청을 뜯다가 왔어요."
안 집사님의 말을 듣고 너무 기뻤다.

"아~ 그래요? 그럼, 하루만 모시지 말고 삼일 다 모시도록 하세요."

그렇게 해서 안 집사님이 강사님을 온전히 모셨다. 나중에 그녀의 얘기를 들어보니, 어머니 권사님께서 교회에 부흥회가 열리면 자주 강사를 집에 모셨다는 것이다. 그래서 허름하고 좁은 집이었지만 강사를 하루라도 모시고 싶은 마음에 이불을 빨고 준비한 후 나에게 말하려고 했다고 한다.

안 집사님은 집에서 혼자 마음속에 품은 생각이었는데, 하나님이 아셨다. 놀라웠다. 성령의 인도를 받으니 하나님께서 성경대로 행하고 있음을 확실히 알 수 있었다.

성령 하나님께 들은 말씀 3 "이 책을 선물하라"

1992년 8월, 인천항에 둘로스호가 입항했을 때 일이다. 그때 배 안에서 열린 집회에 참석한 후 전시된 책을 보고 있는데 갑자기 성령 하나님이 임하시는 것이 느껴지면서 내적인 음성이 들렸다.

"지금 보고 있는 이 책을 박홍찬 집사에게 선물하라. 내가 할 일이 있다."

나는 성령의 말씀대로 그 책을 사서 교회에 돌아와 박 집사님을 불러 둘로스호에서 성령 하나님이 나에게 하신 말씀을 들려주고, "하나님께서 집사님을 선교사로 부르는 것 같습니다"라고 말하며 책을 선물했다. 박 집사님은 앞에서 언급한 안 집사님의 남편이다.

2주일쯤 지난 후 박 집사님 부부가 나를 찾아와서 말했다.

"책을 읽을 때 하나님께서 제가 군에서 제대할 때 신학을 해야겠다고 결심했던 것과 아내가 중학생 때 선교사가 되겠다고 서원한 것을 생각나게 하셨습니다. 그것 때문에 하나님께서 전도사님에게 책을 사서 저에게 선물하라고 말씀하신 것 같습니다. 책을 읽은 후 아내와 함께 기도하면서 선교사가 될 것을 결정했습니다. 신학교에 가겠습니다. 잘 인도해주세요."

그때 박 집사님은 고려대학교를 졸업하고 현대해상화재보험에 근무하던 중 승진해서 영업소 소장으로 나갈 준비를 하고 있었다. 그러나 자신을 향한 하나님의 뜻을 깨닫자 즉시 사표를 제출하고 선교사로 나갈 준비에 들어갔다.

1994년 장로회신학대학교 신학대학원에 입학하였고, 이후 장로회신학대학교 대학원과 아세아연합신학대학원에서 공부하면서 선교사로 나갈 준비를 했다. 그런데 1998년 네팔 선교사로 막 나가려는 순간 IMF 사태로 인해 선교지의 문이 닫혀버렸다.

그런 상황에서 어떻게 해야 할지 하나님의 뜻을 알기 위해 기도하던 박 집사님을 하나님께서는 아브라함의 순종을 보신 후 이삭 대신 양으로 번제를 드리게 하신 것처럼 네팔 선교 대신 한국에서 목회하게 하셨다. 현재 죽전 성지교회의 담임 목사로서 주님의 교회를 잘 섬기고 있다.

성령 하나님께 들은 말씀 4 "그들이 결정한 대로 하라고 해라"

박 집사님과 같은 시기에 허 집사님 부부가 기쁨의교회에서 함께 신앙생활하고 있었다. 그는 폐렴으로 인해 직장 생활을 중단하고 치료에 힘쓰고 있었고, 나는 담임 목회자로서 기도 시간마다 그의 건강 회복을 위해 기도하고 있었다.

하루는 기도 중에 성령 하나님이 임하시는 것이 느껴지면서 큰 감동이 있었다.

"허 집사에게 금식 기도를 하라고 해라."

성령의 감동이 임할 때 직관적으로 하나님께서 허 집사님을 치료해주시려고 금식 기도를 하라고 하신다는 생각이 들었다. 그래서 그분을 교회에 불러 내가 성령 하나님께 들은 말씀을 전해주었다.

내 말을 듣고 허 집사님은 담당 의사를 찾아가 상담하고 돌아와 "의사가 하지 말라고 합니다. 금식하면 위험할 수 있답니다"라고 말하며, 어떻게 하면 좋겠냐고 물었다. 그래서 걱정되면 안 해도 된다고 말했다. 우리가 성령의 말씀을 들었을 때 성경은 항상 분별하라고 하셨고, 그분이 주신 것 같지 않으면 버리면 된다고 말해주었다. 내가 성령 하나님께 받은 말씀은 더더욱 집사님의 생명과 관련된 일이니까 집사님의 책임하에 두고 잘 분별해서 결정하라고 말해주었다.

며칠 후 그는 내게 찾아와 말하길 부부가 의논했다고 하면서 전도사님이 전해준 말씀대로 하기로 했으니 며칠 금식하면 좋을지 말해달라고 했다. 그래서 우리 서로 기도해서 하나님의 인도를 받아보자고 하고 나는 강단에서 기도하고, 허 집사님 부부는 유아실에서 기도했다.
한참 기도하고 있는데 성령이 내게 임하셔서 말씀하셨다.

"허 집사 부부가 결정했다. 그들이 결정한 대로 하라고 해라."
성령 하나님의 말씀을 들은 후, 잠시 기도를 멈추고 유아실을 바라보니 부부가 대화하고 있었다. 부부를 불러 결정했냐고 물었더니 허 집사님이 조심스럽게 대답했다.
"기도해서 응답받은 것은 아니고요, 우리 부부가 의논해서 결정했습니다. 3일 금식하기로 했습니다."

나는 허 집사님 부부에게 내가 들은 성령의 말씀을 전해주고, 3일 금식을 잘 해보라고 했다. 결과가 어떻게 되었을까?
그는 하나님의 은혜 속에서 3일 금식 기도를 잘했고, 금식 기도 후 건강이 눈에 띄게 좋아지더니 얼마 지나지 않아서 깨끗이 치료되었다.

나는 이 일을 통해 성령님의 인도를 받는 것이 얼마나 중요한가를 다시 한번 느낄 수 있었다. 의사의 말은 금식이 위험하다고 했지만, 성령님의 인도를 정확하게 받았더니 하나님께서 책임져주셨다. 그리고 성령님의 인도를 받았더니 사람이 의논해서 결정한 것이 하나님의 뜻대로 된 것인지 아닌지도 알 수 있었다. 무엇보다도 중요한 것은 성령님의 인도를 받으니 목회자로서 성도가 하나님의 은혜 받도록 도울 수 있다는 것이다.

이 외에도 성령 하나님의 음성을 들은 것이 많다. 그분의 말씀을 듣고 그 말씀대로 순종했을 때 항상 놀라운 일이 일어났다. 이 책 곳곳에 그 놀라운 이야기들이 가득 담겨 있다.

07

병을 고치고 귀신을 쫓아내는 능력을 받다

> 믿는 자들에게는 이런 표적이 따르리니
> 곧 그들이 내 이름으로 귀신을 쫓아내며
> 새 방언을 말하며 뱀을 집어올리며
> 무슨 독을 마실지라도 해를 받지 아니하며
> 병든 사람에게 손을 얹은즉
> 나으리라 하시더라
> (막 16:17-18)

성령은 받았는데 능력은 왜 나타나지 않을까?

성령 하나님과 인격적인 만남이 이루어지고 소통하게 되면서 나의 신앙생활과 목회는 활력이 넘쳐나게 되었다. 성경 말씀에 대한 믿음이 더 깊어지게 되었고 기도하는 것이 신이 났다.

교회 부흥에 대한 열망도 커져서 교회 창립 2주년 기념으로 부흥회를 열었다. 말씀과 성령으로 충만한 성회였고 많은 성도가 은혜를 풍성히 받았다.

조 집사님도 그 가운데 한 분이다. 그녀는 부흥회에서 방언의 은사를 받았다. 방언의 은사를 받은 후 집사님은 기도의 사람이 되었다. 교회에서뿐만 아니라 집에서도 틈나는 대로 기도했다.

어느 날 조 집사님으로부터 부탁을 받고 심방을 했다. 집사님은 집에서 기도하던 중에 기이한 일이 생겼다고 하면서 스케치북 두 권을 내밀며 말했다.

"집에서 방언으로 기도하고 있었는데 갑자기 책상 위에 있는 스케치북을 가져다 앞에 놓으라는 느낌을 받았어요. 그래서 스케치북을 가져다 앞에 놓았는데 이번에는 펜을 집으라는 음성이 들려서 펜을 집었어요. 그 순간 저의 의지와 상관없이 어떤 힘이 제 손을 이끌어서 스케치북에 글을 쓰게 했어요. 쓰고 또 쓰고 계속 쓰게 했어요."

조 집사님의 말을 들어보니 영서(靈書)를 쓴 것이었다. 영서는 영으로 쓴 글씨라는 뜻이다. 방언에 빗대어 방서라고도 한다. 놀랍게도 집사님이 방언의 은사를 받더니 이번에는 영서까지 썼다. 그러나 이런 영적인 일이 일어났을 때 성경에 보면 모든 영을 다 믿지 말고 그 영이 하나님께 속하였는지 분별하라고 하셨다. 그래서 집사님에게 요한일서 4장 1절 말씀을 보여주면서 말했다.

"이 영서가 하나님께 속한 것인지 아닌지 기도하겠습니다. 분별할 때까지 영서를 쓰지 마세요."

그런 후 영서가 쓰인 스케치북 두 권을 가지고 교회로 돌아와서 스케치북을 앞에 펴놓고 주님께 여쭈었다.

"하나님, 이것이 성령 하나님의 것입니까? 아니면 사탄의 것입니까? 누구의 것인지 알려주세요."

주님께 묻고 기도하면서 성령 하나님의 뜻을 기다리고 있는데 성령이 임하시는 것이 느껴지면서 내적인 음성이 들렸다.

"그것은 성령을 가장해 속이는 악한 영이 한 것이다. 사탄에게 속한 것이다."

너무나 감사하게도 성령 하나님께서 조 집사님이 받은 영서에 대해서 분별할 수 있도록 말씀해주셨다. 다음날 집사님의 집에 다시 심방을 갔다. 전날에는 사모와 갔었는데 이번에는 사모와 김 집사님을 데리고 갔다. 그녀는 성령의 은사와 능력을 강하게 받은 성도였다. 지금은 사모가 되어 주님을 섬기고 있다.

조 집사님에게 말했다.

"집사님이 쓴 영서는 성령 하나님의 것이 아니라 성령을 가장해 속이는 악한 영이 한 것입니다. 사탄의 것입니다."

내 말을 들은 조 집사님이 두려운 표정을 지으며 말했다.

"그래요? 그럼, 어떻게 하죠?"

"기도를 받아야 합니다. 기도를 받고 영서를 쓰게 한 악한 영을 쫓아내야 합니다."

"알겠습니다. 기도해주세요."

그래서 그날 나는 악한 영을 쫓아내는 사역을 하게 되었다. 먼저 하나님께 악한 영을 쫓아낼 수 있도록 도움을 청하는 기도를 하고, 이어서 영서를 쓰게 한 악한 영을 예수님의 이름으로 대적하며 집사님에게서 나오라고 명령했다. 그러나 아무런 반응이 없었다. 아무런 반응이 없어도 예수님의 이름으로 계속 명령했다. 10분 정도 명령했는데도 아무런 반응이 없었다.

그래서 명령을 중단하고 예수님의 십자가의 보혈과 관련된 찬송과 사탄을 대적하는 찬송을 힘 있게 불렀다. 그리고 다시 하나님께 간절히 기도한 후 영서를 쓰게 한 악한 영을 예수님의 이름으로 대적하며 집사님에게서 나오라고 명령했다.

그렇게 찬송과 기도, 명령을 반복하면서 한 시간 가까이 악한 영을 대적하며 나오라고 명령했다. 그러나 집사님에게는 아무런 반응도 나타나지 않았다. 아쉽게도 나는 그날 영서를 쓰게 한 악한 영을 쫓아내지 못했다. 마음이 무너지는 것 같았다. 성령을 충만히 받았는데 어떻게 된 것인지 이해할 수가 없었다.

나는 그날 나의 능력 없음을 뼈저리게 느끼고 조 집사님을 성령의 은사와 능력을 강하게 받은 김 집사님에게 맡겼다. 3일 후 김 집사님에게서 전화가 걸려왔다.

"전도사님! 마침내 영서를 쓰게 한 악한 영을 쫓아냈습니다."

나는 김 집사님의 보고를 받고 한편으로는 기뻤지만 다른 한편으로는 슬펐다. 기뻤던 이유는 내가 영을 분별하기 위해서 기도했을 때 들은 성령님의 말씀이 맞았기 때문이다. 슬펐던 이유는 김 집사가 쫓아낼 수 있었던 귀신을 나는 쫓아내지 못했기 때문이다. 그 슬픈 마음을 품고 하나님께 나아가 기도했다.

"하나님, 어떻게 이럴 수가 있습니까? 김 집사님은 악한 영을 쫓아냈는데 저는 왜 쫓아내지 못했습니까? 하나님, 저에게도 병을 고치고 귀신을 쫓아낼 수 있는 능력을 주세요."

주님의 긍휼을 구하며 간절히 기도했다. 그러나 그런 간절한 기도를 드렸음에도 불구하고, 오랫동안 병을 고치고 귀신을 쫓아내는 능력은 나타나지 않았다. 참으로 이해할 수 없었다.

성령 하나님이 내 안에 계심을 몸으로도 느끼고 있었고, 성령을 인격적으로 만나 소통하고 있었으며, 성령이 내게 말씀하시는 것을 듣고 순종했을 때 기적과 같은 놀라운 일들이 일어나고 있는데 왜 병을 고치고 귀신을 쫓아내는 능력은 나타나지 않을까?

성경에서 답을 찾다

내가 왜 악한 영을 쫓아내지 못했는지에 대한 답은 너무나 가까이 있었다. 그러나 이 답을 찾기까지 거의 15년이나 걸렸다. 하나님께서 깨닫게 하시지 않으면 보고도 깨닫지 못하고 들어도 깨닫지 못한다. 그러므로 우리는 깨닫게 하시는 은혜를 받기 위해서 기도해야 한다. 너무나 감사하게 하나님께서 나의 기도를 들으시고 사도행전 1장 8절 말씀에 그 답이 있다는 것을 깨닫게 하셨다.

"오직 성령이 너희에게 임하시면 너희가 권능을 받고 예루살렘과 온 유대와 사마리아와 땅 끝까지 이르러 내 증인이 되리라 하시니라"(행 1:8).

이 말씀에는 동사가 셋이 등장하는데, 각각의 동사 시제는 다음과 같다.

임하시면(ἐπελθόντος): 부정과거(不定過去/aorist)
받고(λήμψεσθε): 미래
되리라(ἔσεσθέ): 미래

예수님의 말씀은 장차 일어날 일에 대한 말씀이므로 언뜻 생각하면 세 개의 동사가 모두 미래 시제로 보이는데 성령 받는 것을 의미하는 '임하시면'은 미래 시제가 아니다. 이미 일어난 사건을 의미하는 과거 시제다. 이 말의 의미는 성령을 받는 것이 먼저 이루어져야 능력 받는 일도 일어나고, 예수님의 증인되는 일도 일어난다는 것이다.

그리고 '받을 것이다'와 '될 것이다'는 문장의 주동사(미래형)이고 '임하시면'(부정과거분사)은 분사이다. 분사는 주동사의 상황을 보조하는 기능이고, 문장의 핵심 내용은 주동사로 진행된다. 그렇기에 사도행전 1장 8절은 성령이 임하는 상황이 되면 그 결과 능력을 받고 증인 되는 과정이 있다는 말이다.

주목할 것은 문법 구조상 성령이 임하는 것과 권능을 받는 것의 시간적 간격은 저자의 초점이 아니라는 점이다. 단지 성령이 임하는 것과 이후 과정을 연결해서 말한 것뿐이다. 그러므로 성령이 임하시면 시간적으로 '동시에' 능력을 받고 '동시에' 증인이 되어야 하는 해석이나 적용은 적절치 않다.

그런데 나는 성령이 임하면 '동시에' 능력을 받게 되고, 예수님의 증인

되는 일이 이루어질 것으로 생각했었다. 실제로 간증을 들어보면 성령을 받으면서 동시에 능력도 받았다는 간증이 많다.

그러나 '동시에'라는 의미만 있는 것이 아니라 '그 후에' 의미도 있다. 나의 경우가 '그 후에' 케이스에 해당한다.

나는 하나님께서 나에게 성령을 부어주심을 온몸으로 느끼고 성령과 인격적으로 만나 대화하며 성령 하나님의 가르침과 인도를 받았음에도 불구하고 병을 고치고 귀신을 쫓아내는 능력은 나타나지 않았다. 심지어 성령께 마음과 생각이 지배당할 정도의 성령의 충만함을 받았을 때도 병을 고치고 귀신을 쫓아내는 능력은 나타나지 않았다.

그런데 2004년도 교회 창립 14주년 기념 주일을 기점으로 병을 고치고 귀신을 쫓아내는 능력이 나타났다. 그뿐 아니라 베드로와 요한이 사마리아 교회 성도들에게 성령 받게 하고, 바울 사도가 에베소에서 만난 열두 명쯤 되는 사람들에게 성령 받게 한 것처럼 나에게도 그런 능력이 나타났다. 하나님께서 성령의 능력을 구한 나의 간절한 기도에 드디어 응답해주셨다. 1992년, 빛으로 임하신 성령을 받은 지 12년 만에 능력을 받은 것이다.

능력을 받은 지 3년쯤 되었을 때 처음으로 부흥강사로 초청을 받아 세종시에 있는 교회에 가서 주의 복음을 전했으며, 그 교회를 시작으로 전국을 다니며 부흥회를 인도하고 있다.

능력을 받은 지 6년이 되었을 때 마침내 캄보디아에 가서 복음을 전했으며, 캄보디아를 시작으로 전 세계를 다니며 주의 복음을 전하고 있다.

사도행전 1장 8절 말씀이 내게 이루어졌다. 토기장이신 하나님께서 나를 쓰시려고 먼저 성령을 충만하게 부어주시고, 12년 동안 여러 모양으로 빚으시더니 마침내 능력을 주셨다.

그 12년 동안 하나님께서 나를 어떻게 빚으셨는지, 그리고 능력을 받은 후 어떤 일이 일어났는지 증언하고자 한다.

예수님처럼 40일 금식을 하다

빛으로 임하신 성령을 받은 후 4개월쯤 지났을 때, 어느 날 설교를 준비하다가 누가복음 4장 1-14절 말씀을 읽게 되었다. 그 말씀을 읽는 순간 눈이 번쩍 뜨이며 40일 금식 기도를 해야겠다는 마음이 생겼다.

누가복음 4장 1절에 보면 예수님은 요단강에서 세례 요한에게 세례를 받으셨을 때 성령을 충만히 받았다. 그런데도 성령께서는 예수님의 등을 떠밀다시피 해서 광야로 보내 40일 금식 기도를 하게 하셨고, 예수님은 40일 금식 기도 후에 성령의 능력으로 갈릴리에 가서서 놀라운 능력을 행하시며 복음을 전파하셨다.

"아~ 그렇구나." 번뜩이는 섬광처럼 순간 깨달아지는 것이 있었다. 좋은 목사가 되기 위해 하나하나 준비하면서 예수님처럼 40일 금식 기도를 언젠가는 해야겠다고 생각하고 있었는데, 때마침 누가복음 4장 1-14절 말씀을 통해 큰 깨우침을 받고 40일 금식 기도를 실천에 옮기게 되었다. 성령님께서 예수님을 이끄신 것처럼 나를 이끄셨다고 믿는다.

1992년 10월 5일(월), 철원에 있는 대한수도원에서 40일 금식 기도를 시작했다. 수도원에는 장기 금식자를 위한 숙소가 따로 외진 곳에 있었다. 당시 장기 금식자는 나 혼자였다. 40일 동안 외진 곳에서 외롭게 홀로 지내며 기도했다.

위기는 금식 첫째 날 저녁부터 찾아왔다. 창자가 꼬이는 듯 배가 아파 왔다. 견딜 수가 없었다. 밤새 잠을 자지 못하고 아픈 배를 부여잡고 끙끙 앓았다. 당장이라도 금식을 중단하고 싶었다. 그러나 한 달 전부터 교회에 광고하고 시작한 금식 기도이고 설교할 목사님까지 모셔놓았기에 중단할 수 없었다. 아픈 배를 움켜잡고 하나님께 도와달라고 간절히 기도했다. 감사하게도 새벽쯤에 고통이 좀 덜하여 살만해졌다.

밤에 그렇게 아프고 고통스러웠는데 낮에는 괜찮았다. 편안한 마음으로 성경책을 읽고 산에 올라가 기도도 할 수 있었다. 마침 산 중턱에 기도하기에 알맞은 바위굴이 있어서 그곳을 기도처로 정하고 기도할 때는 항상 기도 굴에 가서 기도했다. 그런데 밤이 되자 또 배가 아파 왔다. 첫째 날보다 더 심하게 아팠다. 창자가 뒤틀리는 것 같았다. 아픈 배를 움켜잡고 금식을 중단할 궁리를 하다가 그럴 수 없다고 외치며 하나님께 도와달라고 기도했다. 기도하다 다시 또 금식을 중단할 궁리를 하고, 그러다 다시 또 기도하기를 반복하다 보니 어느새 아침이 되었다.

신기하게도 아침이 되면 괜찮아졌다. 나중에 영의 세계를 깨닫고 보니 내 안에 있는 더러운 영이 나를 금식 기도에 실패하게 하려고 고통을 준 것이었다.

나도 모르는 사이에 사탄과 싸우고 있었다. 그것은 고통을 동반한 치열한 영적 전쟁이었다. 감사하게도 하나님께서는 나도 모르는 사이에 내가 사탄과의 영적인 싸움에 승리하도록 돕고 계셨다.

3일째 되는 날부터 고통이 조금씩 약해졌고 잠도 편안히 잘 수 있게 되었다. 기도도 힘 있게 할 수 있게 되었고 성경을 읽으면서 은혜도 많이 받았다.

그런데 금식 기도 1주일이 넘어가니 다시 또 힘든 시간이 찾아왔다. 몸에 힘도 없고 배도 많이 아팠다. 그래도 다행스러운 것은 금식 초기처럼 그렇게 고통스럽지는 않았다. 그리고 2~3일 힘든 시간을 보내고 나면 3~4일은 괜찮았다.

위기는 30일이 지나면서부터 찾아왔다. 하루하루가 정말 견디기 힘들었다. 33일이 지나면서부터는 너무나 고통스러웠다. 시간은 너무나 더디게 갔다. 성경에 하루가 천 년 같고 천 년이 하루 같다는 말씀이 있는데 그 말씀이 실감이 날 정도로 하루가 길게 느껴졌다.

당장이라도 금식을 중단하고 싶었다. 도저히 더는 못 할 것 같았다. 미칠 것 같았다. 극도의 고통이 찾아왔다. 그럼에도 불구하고 끝까지 버티면서 40일 금식을 완성한 것은 오직 하나, 성령의 능력을 받아서 예수님처럼 주의 일을 하고자 하는 간절한 소망 때문이었다.

그렇게 간절한 마음으로 목숨을 건 40일 금식 기도를 했으니 하나님께서 당연히 기도에 응답해주셔야 할 것 같은데, 하나님께서는 아무런 능력도 주시지 않았다. 40일 금식 기도를 하기 전과 한 이후 달라진 것이 하나도 없었다. "세상에~ 이럴 수가 있나?" 탄식이 나올 정도로 하나님께 대한 실망감이 컸다. 더 이상 아무 기도도 하고 싶지 않을 정도로 실망감이 컸다.

그렇게 그때는 실망감이 컸지만, 나중에 하나님께 쓰임 받으면서 깨달은 것은 그때 기도에 대한 응답이 없었다고 해서 기도한 것이 소용없게 된 것이 아니라 하나님께서 내 기도를 한쪽에 쌓아 놓고 계시면서, 기도 응답을 받을 수 있는 그릇 만드는 일을 하셨다는 것이다.

하나님의 그릇으로 쓰임 받으면서 회고해보니까 나에게 일어나는 많은 일들이 내가 그때 기도했던 것들이었다.

예를 들어, 40일 금식 기도를 하는 동안 내가 기도하는 기도굴에 세계 지도를 붙여놓고, 지도에 있는 나라들을 손가락으로 가리키며 "이곳에도 복음을 전하게 해주시고, 저곳에서도 복음을 전하게 해주세요."라고 기도했는데, 2010년도부터 내가 기도한 대로 세계 열방을 다니며 복음을 전하고 있다. 2020년 기준으로 19개 나라에서 복음을 전했다.

그리고 우리나라 정치, 경제, 사회, 문화, 교육 등 모든 영역에서 하나님께 쓰임 받는 일꾼들을 키우게 해달라고 기도했는데, 2008년부터 '다니엘 캠프'를 통해 전국의 중·고등학생들과 청년들을 가르치고 있고, 2010년부터는 '사무엘 캠프'를 통해 전국의 어린이까지 가르치고 있다.

기도는 하나도 헛되지 않았다. 다만 그때는 내가 아직 하나님께서 쓰실 그릇으로 빚어지지 않았기 때문에 하나님께서 응답하지 않으셨던 것이었다.

네가 믿으면 하나님의 영광을 보리라

빛으로 임하신 성령을 받은 지 12년, 성령 하나님은 12년 동안 나를 하나님이 쓰실 그릇으로 계속 빚으셨다. 그리고 마침내 하나님의 때가 되었는지 2004년 5월 2일(주일), "교회 창립 14주년 기념 주일"을 기점으로 나의 기도에 응답해주셨다. 성령의 능력을 주신 것이다.

하나님께서 어떻게 성령의 능력을 주셨는지 말하고자 한다. 이 이야기는 성령의 능력뿐 아니라 하나님의 은혜 받고자 기도하는 모든 사람에게 도움이 되리라 믿는다.

성경에 보면 하나님께서 은혜 베푸시는 원칙이 크게 두 가지다. 첫 번째는, 기도하는 사람에게 직접 은혜를 베푸신다. 두 번째는, 하나님이 쓰는 사람을 통해 기도하는 사람에게 은혜를 베푸신다. 그러므로 하나님의 은혜를 받고자 하는 사람은 하나님께 직접 받으려고만 하지 말고, 내가 받고자 하는 은혜와 관련해서 하나님이 쓰는 사람이 누구인지 찾아봐야 한다. 그리고 찾았으면 겸손한 자세로 그 사람에게 배우고, 축복을 받아야 한다.

하나님께서 나의 간절한 기도에 응답하실 때 두 번째 방법으로 나를 인도하셨다.

2004년 4월 26-30일, 나는 사랑하는 친구 박요셉 목사님(좋은 교회, 대한예수교장로회 통합 교단 부천노회장 역임)의 소개와 권면을 받고 류영모 목사님(일산 한소망교회, 대한예수교장로회 통합 교단 총회장)이 주 강사로 인도하는 세미나에 참석했다. 첫 시간부터 끝나는 시간까지 매시간 많은 은혜를 받았다. 주 강사인 류영모 목사님을 통해서도 많은 은혜를 받았지만, 장로회신학대학교 신학대학원에서 함께 공부했던 권병학 목사님(안산 하늘빛내리는교회)과 손철구 목사님(고양 홍익교회) 등 친구들의 특강에도 큰 은혜를 받았다.

나의 신학교 동기들이 내가 받고자 그렇게도 애쓰고 있는 성령의 능력을 받아 베드로와 바울처럼 사역하고 있었다. 강의할 때 성령의 능력을 실제 보여주면서 말씀을 전했다. 강사들이 행하는 능력을 보면서 내게도 그런 능력을 부어달라고 간절히 기도했다. 그리고 겸손한 마음으로 강사들로부터 안수 기도를 받았다. 류영모 목사님의 안수 기도뿐만 아니라 친구들에게도 부탁해서 안수 기도를 받았다.

4월 29일(목), 저녁 시간으로는 세미나 마지막 날이었다. 오늘 밤에는 반드시 능력을 받으리라는 각오를 다지며 집회 장소로 걸어가는데 갑자기 성령 하나님이 내게 임하셔서 요한복음 11장 40절 말씀을 주셨다.

"예수께서 이르시되 내 말이 네가 믿으면 하나님의 영광을 보리라 하지 아니하였느냐 하시니"(요 11:40).

이곳 세미나에서 보고 들은 대로 행하라는 의미였고, 내가 하나님을 믿고 행하면 하나님의 영광을 보게 될 것이라는 말씀이었다. 그래서 가던 길을 멈추고 하나님의 말씀에 순종하겠다고 기도드렸다.

교회에 돌아와 하나님께 들은 말씀을 본문 삼아 설교를 준비해서 5월 2일, 교회 창립 14주년 기념 감사 예배 시간에 담대하게 선포했다. "이제 우리 교회는 하나님의 영광을 보게 될 것입니다." 그리고 세미나에서 보고 들은 것을 설명하고, 목요일에 성령 하나님께 받은 말씀을 전해주었다.

그런데 놀랍게도 그날부터 나에게서 성령의 능력이 나타나기 시작했다. 성령님이 주신 말씀에 순종했을 뿐인데 그때부터 병든 자를 위해 기도하면 그 자리에서 성령의 능력으로 치료되는 기적이 나타나고, 귀신들이 쫓겨나가는 일들이 일어났다. 그 몇 가지 사례를 제시하고자 한다.

성령의 능력으로 행한 일 1 -악한 영을 분별하고, 쫓아내다-

교회 집사 중에 방언하면서 예언하는 은사를 받은 집사님이 한 분 있었다. 우리 교회에 등록하기 전에 받은 은사였다.

성령 사역을 시작하면서 그 집사님이 받은 은사를 교회에서 사용해도 되는지 알고자 하나님께 기도했다. 그런데 성령 하나님이 임하시면서 뜻밖에 대답을 하셨다.

"방언하며 예언할 때 성령을 가장해 사탄이 역사한다."

12년 전 조 집사님이 받은 영서에 관해 여쭈었을 때 사탄에게 속한 것이라고 영분별을 해주셨듯이 이번에도 영분별을 해주셨다.

성령 하나님의 말씀을 듣고 그 집사님을 교회에 불러 내가 받은 말씀을 전해주었다. 그리고 성령을 가장해서 역사하는 악한 영을 쫓아내야 하니 삼일 금식을 하고 기도를 받으라고 했다.

집사님은 나에게 자신에게 악한 영이 역사한다는 근거가 무엇이냐고 물었다. 나는 근거는 없고, 성령 하나님이 나에게 하신 말씀을 믿을 뿐이라고 했다.

그녀는 자신이 받은 은사를 통해 맺은 아름다운 열매들을 얘기하며 사탄이 역사한다는 근거를 말해주지 않으면 기도를 받을 수 없다고 거부했다. 그리고 약 한 달 정도 우여곡절이 있었지만, 결국엔 내 말에 순종하고 기도를 받게 되었다.

나는 집사님의 머리에 안수하고 방언할 때와 방언하며 예언할 때 역사하는 악한 영을 대적하며 집사님에게서 나오라고 명령했다. 여러 번 그렇게 명령한 후 집사님에게 방언을 해보라고 했다.

집사님은 소리 내서 방언하더니 "방언이 잘 되네요."라고 말했다. 그럼, 이번엔 전에 하던 대로 방언하면서 예언을 해보라고 했다.

그녀는 평소에 하던 대로 방언을 하다가 예언에 들어갔다. 그런데 "내가 얘를 죽이러 왔지. 죽일 거야"라고 말했다. 그 순간 너무 놀라 온몸에 소름이 돋았다. "이놈, 잡았다. 이번에는 반드시 쫓아낸다."라고 각오를 다지며 악한 영을 쫓아내는 영적인 싸움에 들어갔다.

집사님은 자기 입에서 그런 말이 나오는 순간 너무 놀라 까무러칠 뻔했다고 악한 영을 쫓아낸 후 말했다.

악한 영은 쉽게 나오지 않았다. 집사님의 입을 통해 죽이겠다고 말하고, 못 나간다고 말하면서 한 시간 넘게 버텼다.

"내가 너 외로울 때 친구가 되어주었고, 너를 사람들 앞에서 높여 주었는데 왜 나를 쫓아내려고 하느냐? 쫓아내지 말아줘."라고 말하며 사정하기도 했고, "이제부터는 아무 짓도 안 하고 가만히 있을 테니 쫓아내지만 말아줘."라고 말하며 타협하기도 했으며, "나를 계속 쫓아내면 얘를 죽일 거야"라고 협박하며 집사님의 혀를 실제로 깨물도록 역사하기도 했다.

그러나 두 시간 정도 되는 끈질긴 싸움 끝에 악한 영은 결국 예수님의 이름 앞에 굴복하고 집사님에게서 나왔다.

악한 영을 쫓아낸 후 집사님은 성령으로 하는 사역이 두렵다고 하면서 약 6개월 동안 방언과 예언을 전혀 하지 못했다. 그러나 7개월째 되는 어느 날 성령 하나님이 집사님에게 임하셔서 방언과 예언의 은사를 새롭게 해주신다는 말씀과 함께 두려움에서 벗어날 수 있도록 은혜를 베풀어주셨다. 그 후 방언과 예언뿐만 아니라 성령의 능력도 더 충만하게 받아서 빌립 집사와 같은 평신도 사역자가 되어 이 책을 쓰고 있는 지금까지 교회를 잘 섬기고 있다.

12년 전에는 성령의 인도를 받아 조 집사님의 영서가 성령을 가장한 사탄의 것임은 분별했지만 악한 영을 쫓아내지는 못했었다. 그러나 이번에는 영분별도 하고 악한 영도 쫓아냈다.

성령의 능력으로 행한 일 2 -병을 고치고 귀신을 쫓아내다-

교회 청년 중에 25세 된 여자 청년이 있는데 그 청년은 알레르기 비염으로 심하게 고생하고 있었다. 약 3년 전에 발병했는데 약을 먹어도 전혀 낫지를 않아서 항상 약봉지를 가방에 넣고 다녀야 했다. 심할 때는 약을 먹어도 효과가 없을 정도였고, 비염 때문에 편히 누워서 잠을 잘 수 없을 정도였다.

성령의 능력을 받은 후 그 청년을 위해 기도해주었다. 그 청년은 중3 때부터 내가 가르치고 있는 청년으로서 당시 우리교회에서 신앙생활을 가장 열심히 하는 청년이었다. 먼저 그 청년과 상담하면서 부모와 선조가 조상 제사를 열심히 드린 죄로 인해 악한 영이 그 청년 안에서 훼방할 거리를 얻게 한 것으로 생각되었다. 그래서 3일 금식 기도할 것과 자신을 살펴 지은 죄가 있으면 회개하면서 부모와 선조가 우상을 섬긴 죄도 회개하라고 했다.

나는 부모와 선조가 우상을 섬긴 죗값을 그 청년이 받았다고 말하는 것이 아니다. 죄의 배후에는 악한 영들이 역사한다. 악한 영들은 사람 밖에서 또는 그 사람 안에 들어가서 죄짓도록 마음과 생각에 영향을 끼친다. 그뿐만 아니라 도둑질하고 죽이고 멸망시키는 일을 한다.

악한 영들은 어떤 사람 안에 들어가면 그 사람 안에서 떠나지 않으려는 경향이 있다. 그리고 그 사람이 죽으면 그 집안 식구들 속에 들어가는 경향이 있음을 경험상 보게 된다. 특히 직계 자녀들 속에 들어가는 경향이 있다. 그래서 어떤 사람 안에서 악한 영들이 역사할 때 그 사람의 부모와 선조들에게 어떤 악한 영들이 역사했을지 살펴보는 것은 중요하다.

나는 그 청년과 상담하면서 조상을 섬기게 하는 우상 숭배의 악한 영들이 들어와 역사할 수 있다고 생각했다. 그래서 그 악한 영들이 역사할 수 있는 근거를 제거하고자 3일간 금식하며 기도하면서 자신의 죄뿐만 아니라 부모와 선조들이 지은 죄도 회개하라고 했다.

3일 금식 기도가 끝난 후 그 청년을 위한 기도 사역에 들어갔다. 그 청년 안에 도둑처럼 들어가 역사하고 있을 것으로 예상한 제사를 받아먹는 영을 예수님의 이름으로 대적하면서 나오라고 명령했다.

내 생각이 맞았다. 몇 분 지나지 않아 갑자기 악한 영이 울음을 터트리면서 정체를 드러냈다. 그리고 청년의 입을 사용해서 말을 했다.

"예수님의 이름으로 명한다. 제사를 받아먹는 악한 영은 우리 청년 안에서 나오라."

'나는 나가면 안 된다. 나는 애를 죽여야 한다.'

"왜 죽여야 하느냐?"

'얘는 우리나라를 망하게 할 것이다.'

"알레르기 비염은 왜 주었느냐?"

'성경 읽는 것을 막아야 한다. 기도하는 것을 막아야 한다.'

"너는 실패했다. 예수님의 이름으로 명하노니 나오라."

'안 돼. 나는 얘 할아버지도 죽였고, 할머니도 죽였고, 삼촌도 죽였다. 얘도 서른 살 되기 전에 죽일 것이다.'

"너는 죽일 수 없다. 우리 청년은 예수님의 피 값으로 사신 하나님의 것이다. 이 청년에게서 나오라."

악한 영과의 싸움은 거의 1시간 동안 계속되었다. 마침내 악한 영을 쫓아냈다. 기도 사역이 끝난 후 청년의 알레르기 비염은 기적처럼 깨끗이 치료되었다.

나는 악한 영이 했던 말 중에 할아버지도 죽였고, 할머니도 죽였고, 삼촌도 죽였다는 말이 궁금해서 그 청년에게 어떻게 된 것인지 물었다.

청년은 말하길 할아버지가 40대에 병으로 죽고, 할아버지가 죽은 후 몇 년 지나지 않아서 할머니도 병으로 죽었으며, 삼촌은 20대에 죽었다고 했다. 영적 세계에 들어가 보니 집 안에 있었던 그 불행한 일들 모두가 사탄이 한 일이었다. 예수님께서 세상에 오신 이유 중 하나가 바로 그런 사탄의 일을 멸하기 위해서다.

악한 영이 하는 말을 액면 그대로 믿으면 안 된다. 왜냐하면 악한 영은 거짓의 영이기 때문이다. 그렇다고 해서 악한 영이 하는 말 전부가 거짓은 아니다. 성경에도 보면 악한 영이 사실을 말할 때도 있기 때문이다. 그러나 악한 영 본성이 거짓의 영이기에 악한 영이 하는 말을 전부 믿으면 안 되고 잘 분별해야 한다.

"이는 우리로 사탄에게 속지 않게 하려 함이라 우리가 그 계책을 알지 못하는 바가 아니로라"(고후 2:11).

어떤 신학자는 누가복음 4장 41절 말씀을 근거로 악한 영에게 말할 기회를 주면 안 되고 말하지 못하도록 막아야 한다고 주장한다. 그러나 예수님께서 귀신에게 말함을 허락하지 않은 것은 "이는 자기를 그리스도인 줄 앎이러라"라는 이유가 있었기 때문이다. 그리고 가다라 지방에 가서서 귀신들린 거라사인을 치료하실 때는 악한 영에게 "네 이름이 무엇이냐?"라고 물어보기도 하시며 대화하신 후 쫓아내셨다. 그 대화가 우리에게 많은 영적인 유익을 준다.

나는 하나님의 은혜로 목회자와 선교사를 포함해서 어른부터 어린아이에 이르기까지 수백 명이 넘는 사람들을 위해 악한 영을 직접 대적하며 쫓아내는 사역을 감당했다. 그런 사역들을 통해 내린 결론은 악한 영이 말하는 것을 일절 금지하는 것보다는 적절하게 통제하면서 말하게 하는 것이 유익하다는 것이다.

우리 청년을 위해 악한 영을 쫓아낼 때 악한 영이 한 말은 성경 말씀을 확증해주는 말들이었다. 덕분에 나에게 많은 유익이 되었다. 그리고 우리 청년은 악한 영이 두려워한 대로 하나님의 나라를 위해 사탄의 나라를 정복하는 전사가 되었고, 교회를 위해 일하는 좋은 일꾼이 되어 이 책을 쓰고 있는 지금까지 교회를 잘 섬기고 있다.

성령의 능력으로 행한 일 3 -방언의 은사를 받게 하다-

교회 집사 중에 은행에 근무하는 집사님이 한 분 있는데 하루는 그 집사님에게 전화를 걸어 퇴근 후 교회에 와서 방언의 은사를 받으라고 했다.

그녀는 "저는 믿음도 부족하고 기도도 잘하지 못하는데 어떻게 방언의 은사를 받을 수 있어요? 난 안 될 거에요."라고 말했다.

내가 하라는 대로만 하면 받을 수 있으니까 걱정하지 말고 교회에 오라고 권유했다. 집사님은 내 말에 순종하는 마음으로 교회에 와서 기도를 받았다.

놀랍게도 그날 하나님께서는 "집사님에게 방언의 은사를 주세요."라고 구하는 내 기도에 응답하셔서 바닷물이 출렁이듯이 집사님의 몸이 위아래로 출렁거리게 하는 기이한 현상까지 경험케 하면서 방언의 은사를 주셨다.

기도가 끝난 후 집사님은 "와~ 신기하네요. 정말 놀랍습니다."라고 말하며 흥분을 감추지 못했다. 집사님의 몸에 일어나는 기이한 현상을 보면서 나 역시 하나님이 하시는 일에 감탄을 금할 수 없었다.

하나님께서는 이렇게 교회 창립 14주년 기념 주일을 기점으로 병을 고치고 귀신을 쫓아내는 능력과 더불어 성경에 기록된 갖가지 은사를 넘치도록 부어주셨다. 그날을 기점으로 나의 목회와 사역은 이전과는 완전히 다른 차원으로 변화되었다. 하나님의 말씀을 절대 믿고 기도하는 기도는 결단코 헛되지 않는다는 사실을 목회 현장을 통해 생생하게 경험하게 되니 얼마나 감사한지 모른다.

08

교회를 세우는 자가 되다

> 폐하시고 다윗을 왕으로 세우시고
> 증언하여 이르시되
> 내가 이새의 아들 다윗을 만나니
> 내 마음에 맞는 사람이라
> 내 뜻을 다 이루리라 하시더니
> (행 13:22)

내게 만들어진 비포 앤 애프터(Before & After)

인류 역사에 '예수님의 탄생'이라는 전환점이 있듯이 각 사람에게도 중요한 전환점이 있다. 나의 인생의 가장 중요한 전환점은 스무 살에 예수님께 몸을 바친 사건이다. 그리고 나의 목회와 사역의 가장 중요한 전환점은 마흔다섯 살에 맞이한 교회 창립 14주년 기념 주일이다. 그래서 나는 나의 목회와 사역은 교회 창립 14주년 이전과 이후로 나누어 말하곤 한다. 이를테면 창립 14주년 이전 시대를 엘리 시대, 이후 시대를 사무엘 시대로, 이전 설교 및 가르침을 서기관의 Old Teaching, 이후를 예수님의 New Teaching으로, 이전 목회를 회당장 목회, 이후를 예수님 목회로 구분해서 말한다.

이처럼 교회 창립 14주년 기념 주일을 기점으로 하나님은 나를 이전과는 완전히 다른 차원의 목회와 사역을 하게 하셨다.

이전에는 성경 안에 예수님을 모셔놓고 성경 말씀을 가르치고 전했다면 이후에는 성경 밖으로 나오신 예수님을 보여주면서 가르치고 전할 수 있었다. 이전에는 말로 가르치고 전하는 것이었다면 이후에는 거기에 더하여 따르는 표적을 보여주면서 가르치고 전하게 되었다.

예를 들어, 빌립이 사마리아에 가서 복음을 전할 때처럼 할 수 있게 되었다.

"빌립이 사마리아 성에 내려가 그리스도를 백성에게 전파하니 무리가 빌립의 말도 듣고 행하는 표적도 보고 한마음으로 그가 하는 말을 따르더라 많은 사람에게 붙었던 더러운 귀신들이 크게 소리를 지르며 나가고 또 많은 중풍병자와 못 걷는 사람이 나으니 그 성에 큰 기쁨이 있더라"(행 8:5-8).

모든 그리스도인이 갖춰야 하는 세 가지 능력

나는 예수님의 제자다운 제자가 되고자 하는 사람은 그의 직분과 상관없이 모든 그리스도인은 세 가지 능력을 받아야 한다고 생각한다. 그리고 그가 누구든 하나님께 기도하면 받을 수 있다고 믿는다.

첫째, 예수님과 함께 하며 가르침을 받을 수 있는 능력

둘째, 하나님의 말씀을 잘 전할 수 있는 능력

셋째, 병을 고치고 귀신을 쫓아낼 수 있는 능력
이 세 가지 능력과 관련된 말씀은 마가복음 3장 14-15절 말씀이다.

"이에 열둘을 세우셨으니 이는 자기와 함께 있게 하시고 또 보내사 전도도 하며 귀신을 내쫓는 권능도 가지게 하려 하심이러라"(막 3:14-15).
"Then He appointed twelve, that they might be with Him and that He might send them out to preach, and to have power to heal sicknesses and to cast out demons."(Mark 3:14-15, nkjv).

이 말씀에 보면 예수님께서 제자를 선택하신 이유가 세 가지다.

첫째, 예수님과 함께 있게 하려는 것이다.
예수님께서는 왜 제자들이 예수님과 함께 있게 하려고 했을까? 가르치려고 했을 것이다. 그럼, 지금 우리가 예수님과 함께 하면서 가르침을 받으려면 어떻게 해야 할까? 성령 하나님을 인격적으로 만나고 성령과 소통할 수 있는 능력이 있어야 한다.

둘째, 전도하러 보내기 위해서다.
전도는 하나님의 말씀을 전하는 것이다. 따라서 전도하려면 내가 전할 하나님의 말씀을 잘 알고 있어야 하고, 전할 때는 효과적으로 잘 전할 수 있는 능력이 있어야 한다.

셋째, 귀신을 쫓아내는 능력을 얻게 하려는 것이다.
그런데 킹 제임스 번역본을 보면 '병을 고치고 귀신을 쫓아내는 능력

(power to heal sicknesses and to cast out demons)'이라고 되어있다. 그리고 예수님께서 제자들을 파송하실 때 주신 능력을 보면 병을 고치는 능력과 귀신을 쫓아내는 능력이었고, 예수님을 믿는 자에게 따르는 표적도 병을 고치는 능력과 귀신을 쫓아내는 능력이다. 그러므로 성경 전체 문맥을 통해 생각해보면 예수님의 제자다운 제자가 되려면 귀신을 쫓아내는 능력과 병을 고치는 능력을 갖추어야 한다.

이 세 가지 능력과 관련해서 나를 스스로 살펴보면 다음과 같다.

첫째, 서른세 살에 태양 빛과 같은 빛이 나에게 비치며 따사로운 햇살이 온몸을 감싸는 듯한 신비한 체험을 동반한 성령 체험이 있었고 그때부터 성령 하나님과 인격적으로 만나 소통하며 성령의 가르침과 인도를 받고 있다.

둘째, 나는 태중 신앙으로서 어렸을 때부터 교회에서 자라며 많은 교육과 훈련을 받았고, 스무 살에 목사가 되어 세계를 다니며 복음을 전하겠다는 목표를 두고 성실하게 준비했다.

셋째, 마흔다섯 살에 교회 창립 14주년 기념 주일을 기점으로 병을 고치고 귀신을 쫓아내는 능력을 받았다.

이렇게 나는 예수님의 제자로서 갖춰야 할 세 가지 능력을 갖추지 못한 채 목회를 시작했지만, 나의 간절한 기도에 응답해주신 하나님의 은혜로 목회를 시작한 지 14년 만에 갖추게 되었다. 물론 완벽하게 갖추었다는 것이 아니라 기본은 갖추었다고 말하는 것이다.

능력을 받은 후 찾아온 큰 시험을 이겨내다

나는 그때 목회 경력도 14년이나 되었고, 예수님의 제자로서 갖춰야 할 것도 어느 정도 갖췄으니 이제는 나의 목회와 사역이 활짝 피어날 것으로 생각했다. 교회도 부흥하고, 강사로도 초청받게 될 것으로 기대했다. 그러나 꽃 피는 계절은 고사하고 고난과 역경의 계절이 찾아왔다. 사탄의 시험이었다.

나는 성령의 능력을 받은 후, 믿는 자 안에 도둑처럼 들어와 도둑질하고 죽이고 멸망시키는 악한 영들의 역사를 보면서 그동안 영적 세계를 너무나 모르고 있었다는 것과 성도들을 제대로 가르치지 못하고 돌보지 못했다는 자책감이 들었다. 담임 목사로서 성도들에게 너무나 미안하고 죄송하기까지 했다. 그래서 간절한 심정으로 악한 영을 쫓아낼 때 일어난 일들을 설교 시간마다 얘기했다. 그러면서 말씀대로 살자, 기도하자, 성령의 능력을 받아서 악한 영을 쫓아내자며 외쳤다.

나의 마음은 그렇게 뜨거웠지만, 성도들은 나의 갑작스러운 변화에 잘 적응하지 못했다. 나의 마음이 뜨겁다 보니 설교 시간이 길어졌는데, 그것도 성도들에겐 시험 거리가 되었다. 교회에 시험이 찾아왔다. 나의 변화에 적응하지 못하겠다고 하면서 교회에 나오지 않는 성도들이 생겼다.

교회의 중직자들이 찾아와 이전의 목사님이 좋았다고 하면서 지금처럼 하지 말고 이전처럼 해달라고 간곡히 요청했다. 장로님 중 한 분은 만약 이전처럼 하지 않고 지금처럼 계속하면 교회를 떠나겠다고 말하기도 했다.

장로님과 성도들의 요청을 듣고 너무나 고민이 되었다. "어떻게 할 것인가?" 머리를 싸매다시피 할 정도로 고민하면서 하나님께 기도했다. 결론은 교회를 하나님께 맡기고 오직 하나님 한 분만 바라보자는 것이었다. 바울이 갈라디아서 1장 10절에 한 말씀을 가슴에 새겼다.

"이제 내가 사람들에게 좋게 하랴 하나님께 좋게 하랴 사람들에게 기쁨을 구하랴 내가 지금까지 사람들의 기쁨을 구하였다면 그리스도의 종이 아니니라"(갈 1:10).

지금 나에게 일어나는 일은 하나님께서 교회를 새롭게 하시는 거라는 확신이 있었다. 내가 하나님을 기쁘시게 하면 하나님께서 반드시 나를 책임져주실 것을 믿었다. 교회는 궁극적으로 내 교회가 아니고 하나님의 교회이므로 교회를 하나님께 맡기기로 하고 나는 더욱 기도에 힘쓰며 성령 하나님의 가르침과 인도하심에 집중했다. 그리고 더 많이 배워야 할 필요성을 느끼고 그때부터 열심히 배우러 다녔다. 약 2년간을 거의 매주 배우러 다녔다. 성령의 능력을 강하게 받고 사도행전적인 사역을 하는 곳을 찾아다니며 열심히 배웠다.

그렇게 교회를 하나님께 맡기고 매주 열심히 배우러 다니고 있던 2006년 5월 10일, 성령께서 임하셔서 이렇게 말씀하셨다.

"이제 성도들을 돌아보거라. 그리고 성도들을 많이 축복해 주어라. 예수님의 이름으로 하는 축복은 능력이 있다. 예수님의 이름으로 축복할 때 영적 세계가 움직인다."

성령 하나님의 말씀을 듣고 성도들을 돌아보니 반절이 남아 있었다. 그 남은 반절의 성도를 하나님께서 남겨주신 그루터기로 생각하고, 남은 성도들과 함께 교회 창립 14주년 기념 주일에 선포한 대로 성령이 강력하게 역사하는 교회, 하나님의 영광이 나타나는 교회를 세우기 위해 간절히 하나님께 부르짖으며 기도했다.

내 교회를 세울 준비가 되었다

2006년 7월 18일(화) 밤 10시 30분경, 성령 하나님으로부터 놀라운 말씀을 들었다.

그날 나는 다음 주로 예정된 교회 신앙수련회를 위해 서산에 있는 기도원에 홀로 가서 청소한 후 교회로 돌아오고 있었다. 운전하면서 새로운 교회를 세우기 위해 어떻게 목회를 해야 할 것인지 생각도 하고 기도도 하면서 주님의 가르침과 인도하심을 구했다.

"하나님, 교회를 새롭게 하고 싶습니다. 지금까지 16년은 준비 과정이었던 것 같습니다. 교회를 다시 개척한다는 심정으로 교회 이름도 바꾸고 제2의 개척 선언을 하고 싶은 마음입니다. 교회 이름은 어떤 것이 좋겠습니까? (이런 이름, 저런 이름을 말함) 하나님, 교회를 부흥시키려면 어떻게 해야 합니까? (이렇게 하면 좋을지, 저렇게 하면 좋을지 생각나는 대로 말함) 하나님, 어떻게 하면 좋겠습니까? 말씀해주세요. 가르쳐주세요."

간절한 마음을 담아 주님의 가르침과 인도하심을 구했다. 그때 갑자기 성령이 임하시는 것이 몸으로 느껴졌다. 하던 생각을 멈추고 주님께 집중했다. 성령 하나님께서 나에게 말씀하셨다.

"네가 이제는 교회가 무엇인지 알게 되었다. 네가 이제는 내 교회를 세울 준비가 되었다."

이 말씀은 나와 성령 하나님과의 관계에서 내 상황에 맞게 들려주신 것이다. 앞에서도 말했듯이 독자들은 이 말에 전혀 매일 필요가 없다. 자유롭게 생각하면 된다. 인정하고 싶으면 인정하고, 인정하고 싶지 않으면 인정하지 않아도 된다.

나는 이 말씀을 듣고 나를 향한 하나님의 뜻을 깨달았다. 그때 나는 이 말씀을 듣고 얼마나 기뻤는지 모른다. 하나님께 감사드리고 또 감사드렸다. 분명히 그날 차 안에서 하나님께서 나를 '교회를 세우는 자'로 기름을 부으셨다고 믿는다.

저도 바울처럼 배우겠습니다

이 일과 관련해서 내가 하나님께 드린 기도가 있다. 교회를 개척하고 3개월 정도 되었을 때 교회 개척을 중단할지, 아니면 혼자서라도 계속해야 할지 결단해야 하는 상황에 직면했다.

1990년 5월 5일, 부천에서 교회를 창립할 수 있었던 이유 중 하나는 교회 개척에 함께 하겠다는 사람이 청장년 20여 명이 모였기 때문이다. 그런데 그 20여 명 모두 내가 서울에 살면서 교회 개척 준비를 할 때 모인 사람들이었다. 정작 교회를 부천에 개척하니 많은 성도가 교회가 멀어서 주일 예배 한 번도 제대로 드리지 못했다.

상황이 그리되니 교회를 개척하는 것이 정말 하나님의 뜻인지 아닌지 확인하고 싶었다. 만약 하나님의 뜻이라면 나 혼자서라도 교회 개척을 계속하고, 아니라면 하루라도 빨리 중단하는 것이 좋겠다고 생각했다. 그래서 하나님께 기도하고 결정하고자 오산리최자실기념금식기도원에 들어갔다. 하나님께서 응답하시기 전에는 돌아오지 않을 생각이었다. 그런데 첫날 저녁 시간 집회에서 강사 목사님이 설교하려고 읽은 빌립보서 4장 11-13절 말씀에서 크게 깨우침을 받았다.

그것은 배웠다는 말씀이었다. 바울이 모든 그리스도인에게 힘을 주는 빌립보서 4장 13절 말씀을 할 수 있었던 것은 주님의 능력을 책상에서 배웠기 때문이 아니라, 사역 현장에서 몸으로 직접 부딪히면서 배웠기 때문이었다. 능력 주시는 예수님 안에 있어 보니 모든 것을 할 수 있는 힘이 나오더라는 체험적 고백이었다. 즉 자신의 삶으로 증명한 말씀이었다.

물론 바울이 그런 말을 하도록 감동을 주신 분은 하나님이다. 하나님께서 바울의 체험적 고백을 사용하신 것이다. 그래서 빌립보서 4장 13절 말씀이 힘이 있고, 많은 사람들이 큰 감동을 받는다는 사실을 깨닫게 되었다. 그 깨달음이 내 마음을 뜨겁게 했다. 나도 바울처럼 하고 싶은 간절한 소원이 일어났다. 그래서 하나님께 기도했다.

"하나님, 저도 바울처럼 배우겠습니다. 사역 현장에서 배우겠습니다. 바울을 가르쳐주신 것처럼 저도 가르쳐주세요. 그래서 저도 바울과 같이 내 삶으로 증명된 설교를 하게 해주세요. 사람을 감동시키는 말을 하게 해주세요. 이제부터 하나님께 배우는 자세로 목회하겠습니다."

그렇게 결단의 기도를 하고 교회에 돌아와 성도들에게 내 결심을 전하고 끝까지 함께 하겠다는 청년 두 명과 함께 교회 개척을 다시 시작했다.

나는 그때부터 항상 겸손히 하나님께 배우는 자세를 가지려고 했다. 그랬더니 앞에서 간증한 것처럼 하나님께서 가르쳐주시고, 성경 말씀이 하나하나 나에게 이루어지게 하셨다. 그리고 16년 되었을 때 하나님께서는 마침내 나를 '하나님의 교회를 세우는 자'로 인정해주시고 성령의 기름을 부어주셨다.

그 일이 있고 얼마 지나지 않아 그해 12월 초 역사적인 제1회 치유 성회가 시작되었다. 그리고 이어서 다니엘 캠프와 사무엘 캠프, 개교회 부흥회, 지역연합성회, 해외 성회, 해외 다니엘 & 사무엘 캠프, 국제성령치유컨퍼런스 등 사역이 계속 확장되었다. 이 모든 성회와 캠프는 하나님의 교회를 세우는 사역이다.

하나님께서는 내가 섬기는 교회도 사도행전 9장 31절 말씀처럼 교회가 평안하여 든든히 서가고 주를 경외함과 성령의 위로로 진행하여 수가 더 많아지게 하셨다.

나는 지금 예수님의 제자로서 대한민국과 세계 열방을 다니며 하나님의 말씀을 전하고, 교회 세우는 일을 하고 있다. 너무나 행복하고 기쁘다!

예수님께서 "구하라 그리하면 받으리니 너희 기쁨이 충만하리라"(요 16:24)라고 말씀하셨는데, 정말 기쁨이 충만한 삶을 살고 있다. 기도는 기쁨을 만드는 강한 원동력이다.

교회를 세우는 자로서 맺은 아름다운 열매 1 -이옥화 목사님-

4차 치유 성회에 참석한 목사 중에 안산 예정교회 이옥화 목사님이 있다. 이 목사님은 성회에 참석할 당시 교회의 존폐 위기 속에 있었다.

남편이 갑자기 교통사고로 세상을 떠나는 바람에 남편이 하던 사업이 망하게 되었고, 채권자들은 그녀의 교회까지 찾아와 험악한 행동을 하며 채무 이행을 요구했다.

채무 이행을 할 수 없었던 목사님은 어쩔 수 없이 20여 명 되던 교회 문을 닫고 목회를 내려놓으려 했다. 그런 교회의 존폐 위기 상황에서 동료 목사의 소개로 4차 치유 성회에 참석했다. 그녀는 성회에서 예수님의 제자가 갖춰야 할 세 가지 능력을 갖추게 되었고, 이사야 41장 15절 말씀대로 이전과는 완전히 다른 새 타작기로 변화되었다. 예수님처럼 뉴 티칭을 할 수 있게 되었고, 회당장 목회가 아닌 예수님의 목회를 할 수 있게 되었다.

성회 참석 후 이 목사님의 교회는 매년 놀랍게 부흥되었다. 목사님이 매년 년 말에 나를 부흥회 강사로 초대해서 본인의 1년 목회를 결산하고 새해를 준비하였기에 1년에 한 번씩 예정교회를 방문했는데, 갈 때마다 교회가 부흥되어 있었다. 그리고 이 목사님은 전국을 다니며 교회를 부흥시키는 유명 부흥사가 되었다.

성회 참석 후 7년째 되었을 때 교회는 200여 명으로 부흥되었다. 그리고 보증금 1천만 원에 사용하고 있던 낡은 상가 건물 지하에 있는 카타콤 같은 성전을 벗어나 아름답게 지어진 새 성전을 20억에 매입하고 들어갔다.

2013년부터 안산 예정교회는 개척교회 부흥의 모델이 되고 있다. 이 목사님은 2020년부터 2021년까지 한국기독교여성부흥협의회 대표회장으로서 한국 교회를 이끌었으며, 현재 수많은 목회자를 교육하고 있고, 세계를 다니며 복음을 전하고 있다.

교회를 세우는 자로서 맺은 아름다운 열매 2 -오우석 목사님-

40차 치유 성회에 참석한 목사 중에 전주 성신교회 오우석 목사님이 있다. 그는 성회에 참석할 당시 1-2년 전부터 교회에 찾아온 시험으로 인해 성도들이 하나둘 떠나가면서 전도의 동력을 잃어버리고 침체 된 상태에 직면하게 되었다.

그전까지는 전도하는 목사로 유명했었다. 전도로 교회 개척 5년 만에 100명 성도로 부흥시켰고, 땅 218평을 매입하여 단층이지만 90평 성전에 19평 사택을 건축했다. 그런데 교회에 시험이 오면서 성도들이 하나둘 교회를 떠나는 일이 생겼다. 목사님이 능력이 없다고 하면서 떠나고,

영적인 권위가 없다고 하면서 떠났다. 교회 성도는 50여 명 아래까지 떨어졌다.

그 모습을 보면서 마음에 큰 상처와 함께 전도의 동력을 잃어버리고 영적인 침체에 빠지게 되었다.

바로 그때 친구 목사님의 권유로 40차 치유 성회에 참석했다. 치유 성회에서 목사님은 예수님의 제자가 갖춰야 할 세 가지 능력을 갖추게 되었고, 성령과 능력을 충만히 받아 예수님의 뉴 티칭을 할 수 있게 되었으며, 회당장 목회가 아닌 예수님의 목회를 할 수 있게 되었다.

성회 참석 후 다시 힘을 내서 전도하기 시작했다. 이번에는 전도하는 현장에서 병든 자를 고치고 귀신을 쫓아내는 등 능력 전도를 했다. 전도 현장에서 일어난 놀라운 간증들이 엄청나게 많다. 전도 현장에서 기도받고 치료된 사람들이 교회에 등록했다.

목사님의 변화된 모습을 보고 교회를 떠나갔던 성도들이 다시 돌아오는 감격스러운 일도 일어났다. 교회는 다시 부흥하기 시작했다.

성도들에게는 회당장 목회가 아닌 예수님의 목회를 했다. 성도들에게 문제가 생기면 성령의 능력으로 문제의 배후에 있는 악한 영들을 쫓아 주고 문제를 해결해주었다. 그러자 성도들은 목사님에게서 나타나는 성령의 능력을 보고 목사님의 영적인 권위를 인정하고 목사님께 순종하며 목사님을 자랑스러워했다.

이 책을 쓰고 있는 지금은 재적 성도 200여 명이 넘는 교회로 부흥되었다. 코로나19 기간에도 전도를 멈추지 않은 결과 2021년 한 해 동안 40여 명이나 되는 많은 영혼을 전도했다.

하나님께서는 역시 전도하는 사람을 기뻐하신다. 목사님이 이렇게 열심히 전도하니까 하나님께서 두 가지 큰 선물을 주셨다.

하나는, 아들을 주셨다.

목사님은 딸 하나를 낳고 그 딸이 스무 살이 될 때까지 아기를 낳지 못했다. 그런데 아기를 낳지 못하는 분을 전도하기 위해서 그 집을 찾아가 예수님의 이름으로 아기를 갖지 못하게 만드는 악한 영을 쫓아내고 아기를 갖게 해달라고 간절히 기도했는데 옆에서 "아멘, 아멘" 하던 사모님이 아기를 갖게 되는 기적 같은 일이 일어났다.

그래서 딸 낳고 더는 아기를 낳지 못할 줄 알았는데 20년 만에 아들을 낳은 것이다. 전도하다 받은 상이다.

기도 받은 그 사람도 아기를 갖게 되었고 교회에 등록해서 신앙생활을 잘하고 있다.

다른 하나는, 아름다운 새 성전을 주셨다.

새 성전은 이전의 성전보다 훨씬 좋은 성전이다. 전에는 1층 단층 건물이었는데, 새 성전은 3층 건물에 엘리베이터도 있고 주차장도 넉넉하다. 그것도 기적 같은 일인데 새 성전에 들어간 지 1년쯤 되었을 때 그 지역에 대단위 아파트를 짓고자 하는 건설회사의 간곡한 부탁으로 매입금액의 다섯 배를 받고 매각했다. 그리고 교회 부흥에 더 좋은 지역에 있는 땅을 현 성전 부지보다 3배가 넘게(767평) 매입하고 2024년 입주를 목표로 건축을 추진 중이다.

드라마 같은 데서나 일어날 법한 일이 오우석 목사님에게 일어났다. 하나님은 지금도 기적의 하나님이시다. 오우석 목사님도 이옥화 목사님처럼 수많은 개척교회 목회자들에게 모델이 되고 있다. 앞으로 개척교회 목회자들뿐만 아니라 교회 부흥을 바라는 모든 목회자에게 큰 영향을 끼치게 될 것을 믿는다.

성회에 참석한 목회자 중 많은 목회자가 이옥화 목사님과 오우석 목사님처럼 놀랍게 교회 부흥을 이뤄냈다. 하나님께서 기회 주시면 그분들의 이야기만 뽑아서 책으로 쓰고 싶다.

모든 목회자 중에 지극히 작은 자보다 더 작은 나에게 은혜 베푸사 내가 섬기는 교회를 넘어 전국 방방곡곡을 다닐 뿐 아니라 세계를 다니며 하나님의 교회를 세우게 하신 하나님께 감사와 찬양과 영광을 올려 드린다.

2부
성경 말씀이 이루어지다

"이는 비와 눈이 하늘로부터 내려서 그리로 되돌아가지 아니하고 땅을 적셔서 소출이 나게 하며 싹이 나게 하여 파종하는 자에게는 종자를 주며 먹는 자에게는 양식을 줌과 같이 내 입에서 나가는 말도 이와 같이 헛되이 내게로 되돌아오지 아니하고 나의 기뻐하는 뜻을 이루며 내가 보낸 일에 형통함이니라"(사 55:10-11)

01

하나님의 말씀은 반드시 이루어진다

이에 예수께서 그들에게 말씀하시되
이 글이 오늘 너희 귀에 응하였느니라 하시니
(눅 4:21)

교회 설립 비전이 20년 만에 이루어지다

2010년 5월 2일, 교회 창립 20주년 기념 주일을 기점으로 나의 목회와 사역은 또 다른 변화를 맞이하게 되었다. 선교의 문이 활짝 열렸다.

그날 오전에는 교회 창립 20주년 기념 예배를 드리고 오후엔 교인들의 전송을 받으며 우리 부부는 기쁨의교회 성도 12명과 함께 인천국제공항으로 달려갔다.

교회를 개척할 때부터 꿈꾸며 기도해온 비전이 이루어지는 감격스러운 날이었다. 비전 선포 후 20년 만에 나가는 첫 번째 해외 선교였으니 혼자만으로도 감사했을 텐데 아내, 교회 성도, 협력사역자 목회자, 다니엘 비전스쿨 제자 등 39명의 동역자와 함께했다. 그야말로 감격 그 자체였다. 기도가 만들어낸 놀라운 역사였다.

'첫 번째 해외 성회' 수개월 전부터 감격 속에 살았다. 내 나이 서른한 살, 신학을 공부한 것은 겨우 2년, 그러나 선교에 대한 열망 때문에 무모한 줄 알면서도 주님께 바친 몸이니 주님께 인생을 모두 걸자는 심정으로 교회를 개척했다. 그 후 개척교회 목회자들이 겪는 온갖 고생을 하며 힘든 시간을 보냈다. 한때는 이렇게 고생만 하다가 목회가 끝날 것 같은 절망의 시간도 있었다.

교회를 시작했을 때는 강대상에 지구본을 올려놓고 빙빙 돌려가면서 세계 선교의 비전을 선포하며 꿈을 품고 기도했었는데, 개척 후 6년부터는 교회부터 부흥시켜 놓고 선교에 관해 얘기해야지 더는 창피해서 말을 못 하겠다고 생각하고 지구본을 강대상에서 내려놓았다. 그리고 혼자만 기도하고 성도들에게는 드러내놓고 선교를 말하거나 추진하지 못했다. 그러나 교회 창립 14주년 기념 주일을 기점으로 성령과 능력을 충만히 받은 후부터 다시 선교의 비전을 담대하게 선포하게 되었고, 17년째부터 하나님께서 나와 우리 교회를 한국 교회를 위해 쓰시는 것을 보고 목양실에 처박아놓았던 지구본을 다시 꺼내 강대상에 올려놓았으며, 교회 창립 20주년 기념 주일을 기점으로 마침내 교회를 설립할 때 꿈꿨던 비전이 이루어지기 시작했다. 기도를 시작한 지 20년 만에 응답을 받은 것이다. 20년 만에 꿈이 이루어지게 되었으니 내 마음이 어떠했겠는가! 하늘을 날 것만 같았다.

교회 창립 20주년 기념 예배를 앞에 둔 한 주간 동안은 기도할 때마다 이번 주일 예배는 특별한 예배이니 성령 하나님께서 주시는 말씀으로 설교하고자 간절히 기도했다.

금요일 밤, 금요 기도회가 끝난 후에도 홀로 성전에 남아 이번 주일 예배 시간에 선포할 말씀을 달라고 기도했다. 그런데 밤 12시경 기이한 일이 나에게 일어났다. 배에서부터 위로 올라오는 세미한 소리가 있었다. 그래서 느낌을 따라 입을 열어 조용히 말해보았다.

"하나님의 말씀은 이루어진다."

말이 끝나자마자 또 배에서 똑같은 소리가 올라왔다. 이번에는 좀 더 높은 소리였다. 나는 배에서 올라오는 소리 그대로 입으로 말했다.

"하나님의 말씀은 이루어진다."

말이 끝나면 또 배에서 똑같은 소리가 앞에 말한 소리보다 좀 더 높아진 소리로 올라왔다. 그렇게 반복되더니 나중에는 더 크게 말할 수 없을 정도의 큰 소리로 고함치듯 외치게 되었다.

"하나님의 말씀은 이루어진다."

성령의 역사였다. 성령 하나님께서 참으로 기이한 방법으로 나에게 말씀하셨다. 그래서 '하나님의 말씀은 이루어진다'를 교회 창립 20주년 기념 예배 설교 제목으로 삼았다. 본문 말씀은 이사야 55장 9-13절을 택했다.

설교를 준비하는데 성령으로 충만해짐을 느꼈다. 설교할 때도 성령의 충만함 속에서 설교했다.

나는 그때부터 '하나님의 말씀은 이루어진다'를 내 사역의 표어로 삼았다. 그리고 성회 때마다 외치고 있다. 표어를 외친 지 얼마 지나지 않아 하나님께서는 표어의 다른 쪽도 채워주셨다.
손은 손등과 손바닥이 있어 온전케 되듯 하나님의 말씀도 두 쪽이 하나를 이루어 온전케 되는 경우가 많다.
'하나님의 말씀은 이루어진다'와 '하나님의 말씀은 이루어내는 말씀이다'는 손등과 손바닥 같다. 두 표어가 짝을 이루어 하나로 온전케 된다.

'하나님의 말씀은 이루어지는 말씀이지만, 또한 이루어내는 말씀이다.'

이 말 속에는 하나님의 말씀은 하나님과 하나님을 믿는 사람이 함께 이루어내는 것이라는 의미가 담겨 있다.
그것을 실제 경험하는 곳이 기도다. 나는 기도를 통해 많은 말씀을 이루어냈다. 하나님께서 내 기도에 응답하셔서 말씀이 이루어지게 하신 과정과 말씀이 이루어지면서 일어나게 하신 일들은 모두 놀랍고 섬세하고 정확하다.

이 책 2부에는 나에게 이루어진 성경 말씀 중에서 일곱 개를 뽑아 기록했다. 이 일곱 개 이야기를 통해서 독자들도 성경 말씀을 이루어내는 일에 도전하게 되길 바란다.

말씀을 이루어내는 과정이 쉽지는 않을 것이다. 포기하고 싶은 마음이 들어오면 예수님의 씨 뿌리는 비유의 말씀을 생각하라. 75%는 말씀을 이루어내지 못했지만, 말씀을 이루어낸 25%의 사람들이 있다. 씨, 즉 말씀에는 문제가 없다. 중요한 것은 말씀을 품은 사람이다.

독자 여러분은 말씀을 이루어내지 못한 사람들을 바라보지 말고, 믿음으로 말씀을 이루어낸 기도의 사람들을 바라보기 바란다. 그리고 하나님을 믿고, 성경을 절대 믿기 바란다.
성경은 이루어지는 말씀이다. 나에게 이루어졌듯이 독자 여러분에게도 반드시 이루어질 것이다.

02

예수님의 뉴 티칭이 이루어지다

> 예수께서 꾸짖어 이르시되
> 잠잠하고 그 사람에게서 나오라 하시니
> 더러운 귀신이 그 사람에게 경련을 일으키고
> 큰 소리를 지르며 나오는지라
> 다 놀라 서로 물어 이르되
> 이는 어찜이냐 권위 있는 새 교훈이로다
> 더러운 귀신들에게 명한즉 순종하는도다 하더라
> (막 1:25-27)

예수님의 뉴 티칭(New Teaching)

예수님의 뉴 티칭(New Teaching)은 마가복음 1장 27절에 나온다. 한글개역 성경에는 '새 교훈'으로 번역했는데, NIV 성경에서 'New Teaching'으로 번역했다.

"The people were all so amazed that they asked each other, 'What is this? A New Teaching—and with authority! He even gives orders to evil spirits and they obey him.'"(Mark 1:27)

'뉴 티칭'은 유대인들이 예수님의 가르침에 놀라워하면서 한 말이다. "What is this? A New Teaching!" 유대인들이 말한 이 말의 의미는 예수님의 가르침은 지금까지 자신들을 가르쳐왔던 서기관들과 다르다는 것이다.

"그들이 가버나움에 들어가니라 예수께서 곧 안식일에 회당에 들어가 가르치시매 뭇 사람이 그의 교훈에 놀라니 이는 그가 가르치시는 것이 권위 있는 자와 같고 서기관들과 같지 아니함일러라"(막 1:21-22).

그럼, 서기관의 가르침과는 달랐던 예수님의 뉴 티칭(New Teaching)은 어떤 티칭이었을까?

첫째는, 예수님의 티칭은 영적인 권위가 있는 가르침이었다.

예수님께는 서기관에게는 없는 영적인 권위가 있었다. 하나님의 말씀을 전하는 자의 권위(ἐξουσία)는 하나님이 주신 권위다. 하나님의 말씀을 전하는 자가 권위가 있다는 말은 하나님께서 함께하고 있다는 것을 듣는 사람들이 느낀다는 의미다.

둘째는, 예수님의 티칭은 말로만 가르친 것이 아니라 가르치는 것을 성령의 능력으로 실제 보여주고 경험시켜 주는 가르침이었다.

말씀을 가르치는 자에게 영적인 권위가 있다는 말과 가르치는 것을 성령의 능력으로 실제 보여주고 경험시켜 주는 능력과는 불가분의 관계다. 마치 동전의 양면과 같다.

권위(ἐξουσία)는 힘이다. 권위가 있는 사람은 힘을 보여줄 수 있어야 하고, 사람들은 힘을 보면 권위를 인정한다.

마가복음 1장 21-27절 말씀에 보면 예수님께서 말씀을 전하고 있을 때 갑자기 회중석에 있던 사람 중 한 사람이 큰 소리로 말했다. 그 사람이 말한 것이 아니라 그 사람 안에 있던 귀신이 정체를 드러내고 그 사람의 입을 통해 말한 것이다.

그 순간 예수님이 그 사람 안에서 말하고 있는 귀신을 쫓아냈다. 귀신을 쫓아내는 힘을 보여준 것이다. 그리고 그 사건은 서기관들이 가르칠 때는 일어나지 않던 일이었다. 말로만 듣던 일이었다. 그런데 말로만 듣던 일이 실제 일어난 것이다.

그것을 보고 사람들이 말한 것이다.

"다 놀라 서로 물어 이르되 이는 어찜이냐 권위 있는 새 교훈이로다 (What is this? A New Teaching—and with authority!) 더러운 귀신들에게 명한즉 순종하는도다 하더라"(막 1:27).

예수님의 뉴 티칭을 보여주는 대표적인 사례 중 하나는 빌립이 사마리아에 가서 하나님의 말씀을 전할 때다. 빌립은 말로만 하나님의 복음을 전한 것이 아니라 성령의 능력으로 복음이 진짜라는 것을 보여주면서 전했다.

사마리아 사람들이 빌립이 전하는 말만 듣고 한마음이 되어 빌립을 따른 것이 아니다. '그리고'가 있었다. 빌립이 전하는 말을 듣고 '그리고' 행하는 표적도 보았기에 한마음이 되어 빌립의 말을 전적으로 따르게 된 것이다. '그리고'가 있는 것이 뉴 티칭이다.

"무리가 빌립의 말도 듣고 행하는 표적도 보고 한마음으로 그가 하는 말을 따르더라 많은 사람에게 붙었던 더러운 귀신들이 크게 소리를 지르며 나가고 또 많은 중풍병자와 못 걷는 사람이 나으니 그 성에 큰 기쁨이 있더라"(행 8:6-8).

안타까운 것은 지금 많은 목회자에게는 '그리고'가 없다. 서기관적 티칭을 하고 있다. 나 역시 목회를 시작하고 14년 동안은 '그리고'가 없었다. 그래서 앞에 기술한 것처럼 40일 금식 기도를 포함해서 오랫동안 간절히 기도했는데 너무나 감사하게 하나님께서 내 기도에 응답해주셨다.

나도 예수님의 뉴 티칭(New Teaching)을 하게 되다

나에게 뉴 티칭(New Teaching)이 시작된 것을 알리는 상징적 사건이 일어난 날은 2004년 7월 11일, 주일 저녁 예배 시간이었다.

예언도 하고, 예언의 은사도 받게 하다

설교를 마친 후 기도 사역에 들어가면서 "지금부터 30분간 기도하는 시간을 갖겠습니다. 기도 받기 원하는 성도님은 강단 앞으로 나오세요. 기도해드리겠습니다."라고 말했다. 성도들 대부분이 강단 앞으로 나와 기도를 받았다.

한 분 한 분 정성을 다해 기도하던 중 남 권사님을 위해 기도하려고 안수했을 때 놀라운 일이 일어났다. 갑자기 성령이 나에게 임하시면서 말씀하셨다.

"남 권사에게 예언의 은사가 임했다. 이제부터 선포하라고 해라."

성령 하나님의 말씀을 듣고 남 권사님에게 말해주었다. "주님께서 말씀하시길, 권사님에게 예언의 은사가 임했다고 합니다. 이제부터 선포하라고 하십니다."라고 전해주었다. 예언을 한 것이다.

내가 남 권사님에게 한 예언은 놀랍게 이루어졌다. 나중에 그녀가 자신에게 일어난 신비한 영적인 일을 흥분된 표정으로 간증했는데 듣는 나도 놀라서 입이 다물어지지 않을 정도였다.
강력하게 예언의 은사를 받은 것이다. 사람을 보면 자기 의지와 상관없이 그 사람을 향한 성령 하나님의 마음이 느껴졌고, 어떤 때는 자기 의지와 상관없이 성령에 이끌려 그 사람에게 예언하는 일도 일어났다.

약 1개월 정도 지나면서 그런 강력한 성령의 임재와 본인의 의지와 상관없이 성령에 이끌려 예언하게 되는 현상은 사라졌지만, 그녀가 본인의 의지로 누군가를 위해 예언하려고 하나님께 기도하면 성령 하나님께서 예언할 수 있도록 역사해주셨다. 그때 이후 18년이 지난 지금까지 받은 은사를 소멸하지 않고 예언 사역을 잘하고 있다.

남 권사님은 예언의 은사를 받은 후 더욱 간절히 하나님께 기도하며 교회를 섬기더니 병을 고치며 귀신을 쫓아내는 능력도 강하게 받았다. 그래서 내가 치유 성회를 하게 되었을 때 예언 사역과 치유 사역, 축귀 사역 등으로 성회를 함께 섬기는 귀한 사역자가 되어 지금까지 성회를 섬기고 있다. 2013년 5월에는 장로의 직분을 받아 하나님께 쓰임 받고 있다. 지금도 그때 있었던 얘기를 할 때면 정말 신비스럽고 놀라웠다고 말한다. 하나님께서는 지금도 성경 말씀대로 행하고 계신다.

예언에 대해 말이 나왔기에 오해가 없게 하도록 간단히 예언에 관해 설명하고자 한다. 내가 말하는 예언은 성경을 기록한 기자들이 받은 정경적 계시 수준에서 말하는 것이 결코 아니다. 고린도전서 14장에서 말씀하고 있는 은사 중 하나를 의미한다.

바울 사도는 신령한 은사를 사모하라고 하면서 "특별히 예언을 하려고 하라"(고전 14:1)고 하셨다. 왜냐하면 예언하는 자는 사람에게 말하여 덕을 세우며 권면하며 위로하고, 교회의 덕을 세우기 때문이라고 했다(고전 14:3-4).

예를 들어, 내가 남 권사님에게 한 예언은 그녀의 신앙의 덕을 세우고 교회의 덕을 세우는 열매를 맺었다. 내가 이 책에서 간증한 다른 예언들도 모두 아름다운 열매를 맺은 예언들이다. 예언은 참으로 유익하다. 예언을 하면 할수록 더욱더 예언의 은사를 사모하고 기도하게 된다. 바울 사도가 왜 "신령한 것을 사모하되 특별히 예언을 하려고 하라"(고전 14:1)고 했는지 전적으로 공감한다.

독자들이 이 책을 통해 하나님은 지금도 성경 말씀대로 행하고 계시다는 것을 믿고 신령한 것을 사모하며 기도하게 되길 바란다. 특히 예언을 위해 기도하게 되길 바란다.

예언과 관련해서 주의할 것 두 가지만 말하고자 한다.

첫 번째는, 누군가로부터 예언을 받으면 반드시 자기 책임하에 두고 분별하라는 것이다.

왜냐하면 예언하는 사람이 항상 완전하게 성령의 말씀을 듣는 것은 아니기 때문이다. 사람이기에 잘못 들을 수 있다. 그러므로 예언을 받은 사람은 예언한 사람이 잘못 들었을 수도 있다는 것을 알고 하나님으로부터 왔는지, 아니면 그 사람의 혼으로부터 왔는지, 아니면 사탄으로부터 왔는지 분별해야 한다. 성경도 누군가 예언을 하면 듣는 사람은 분별하라고 말씀하고 있다.

(고전 14:29) 예언하는 자는 둘이나 셋이나 말하고 다른 이들은 분별할 것이요

예언이나 영적인 것을 분별하는 것이 정말 중요한 이유 중 하나는 세상에는 사탄에게 속한 거짓 선지자들도 있기 때문이다.

"사랑하는 자들아 영을 다 믿지 말고 오직 영들이 하나님께 속하였나 분별하라 많은 거짓 선지자가 세상에 나왔음이라"(요일 4:1).

성경에 이렇게 분명히 말씀하고 있음에도 불구하고 나보다 영적인 사람이라고 해서 무조건 믿고 그 사람이 말해준 예언을 분별하지 않고 따라가게 되면 큰 낭패를 당할 수도 있다는 것을 명심하라.

두 번째는, 받은 예언을 성경 말씀대로 기도하며 분별했을 때 하나님이 주신 예언이 아니라고 믿어지면 과감하게 버리기 바란다. 여러분이 성경 말씀대로 말씀 안에서 기도하며 분별했고, 하나님이 주신 것이 아니라고 판단되어 버렸다면 그 사람이 해 준 예언은 여러분과 아무 상관이 없는 것이니 매이지 말기 바란다.

그러나 만약 예언이 죄를 책망하는 예언이고, 여러분이 실제로 그런 죄를 짓고 있다면 예언을 분별하려고 하기보다는 즉시 회개하는 것이 좋다. 죄를 회개하는 것은 어떤 이유로 이루어지든지 하나님의 뜻이고 본인에게 유익하기 때문이다.

그리고 목회자가 기도하면서 권면한 것이면 그것이 예언이든 아니든 성도는 목회자의 말에 순종하는 것이 유익하다. 왜냐하면 예언보다 더 위에 있고 절대적인 권위가 있는 성경에서 "너희를 인도하는 자들에게 순종하고 복종하라"(히 13:17)고 말씀하셨기 때문이다.

투자금을 회수하게 하라

성도가 목회자의 말에 순종하는 것이 얼마나 중요한지를 알려주는 사례 하나를 소개한다.

한 권사님이 집사일 때 있었던 이야기다. 그녀는 지금 교회의 평신도 사역자로서 교역자처럼 교회를 섬기고 있다. 그때에도 매일 출근하다시피 하면서 교회를 섬겼다.

한 집사님이 어느 날 좋은 투자처가 있어서 돈을 투자했다고 하면서 기도해달라고 부탁했다. 교회 일에 전적으로 헌신한 분이 계속 교회 일만 할 수 있도록 기도해달라고 부탁하니 자연스럽게 간절히 기도하게 되었다. 그런데 약 3개월쯤 지났을 때 성령이 임하셔서 말씀하셨다.

"투자를 계속하면 얼마 지나지 않아서 재정적인 큰 타격을 입을 것이다. 투자금을 회수하게 하라."

성령 하나님의 말씀을 들었을 때 사도행전 27장 10절에 기록된 바울 사도의 말과 그 이후에 일어난 사건이 생각났다. 즉시 그녀를 교회에 불러서 기도 중에 받은 말씀을 전해주며 투자금을 회수하라고 권면했다. 집사님은 투자금에 대한 수익을 현재 보고 있고, 전망도 너무 좋다고 하면서 현실과 너무 다른 내 권면에 항의하듯이 말했다. 그러나 그녀는 기본 신앙이 튼실한 분이었다. 내 말에 동의 되지는 않았지만, 성경 말씀대로 담임 목사의 말에 순종하여 투자금을 회수하기 시작했다. 한 번에 다 회수할 수 없어 매달 회수할 수 있는 최대 금액으로 회수했다. 5개월쯤 되었을 때 대형 사고가 터졌다. 회사가 부도가 난 것이다. 다행히 집사님은 투자금을 거의 다 회수했고 이미 얻은 수익금이 있어서 재산상 손실을 보지 않았다.

한 집사님이 투자금을 회수한 것은 나의 예언 때문이 아니었다. 담임 목사가 한 권면이었기에 성경 말씀대로 순종한 것이다. 그것이 그녀에게 하나님의 은혜를 받게 했다.

이처럼 우리의 모든 신앙생활의 규범은 성경이다. 성경이 최고의 권위를 갖는다. 성경 말씀대로만 잘 살아도 우리는 하나님의 은혜와 축복을 풍성히 받을 수 있다. 그럼에도 불구하고 나의 수많은 경험에 의하면 정확한 예언은 그 예언을 받은 사람에게 크게 유익하다는 점이다. 그래서 나는 예언을 잘 가르칠 수만 있다면 예언하는 것을 활성화할 때 우리의 신앙생활을 더 풍성하게 만들 수 있다고 믿는다.

내 생애 처음으로 예수님처럼 귀신을 쫓아내다

더 놀라운 일은 그 후에 일어났다. 강단 앞으로 나온 성도들을 다 기도해 준 후 예배당을 살펴보니 네 명이 앞으로 나오지 않고 자리에 앉아 기도하고 있었다. 그들을 볼 때 우리를 찾아오신 예수님이 생각나서 양을 사랑하는 목자의 마음으로 그들에게 찾아가 기도해주었다. 그것이 나에게 엄청난 축복이 될 줄이야!

네 명 중 이 집사님을 위해 기도해 줄 때 내 평생 잊을 수 없는 놀라운 일이 일어났다.

당시 그의 나이는 30대 후반으로 부부가 주일 학교 아동부 교사와 성가대원으로 섬기고 있는 신실한 성도였다. 그는 방언으로 뜨겁게 기도하고 있었다. 얼마나 열심히 기도하고 있었는지 얼굴이 시뻘게질 정도였다. 머리에 안수하고 기도해주는 순간 집사님이 큰 소리로 "악~" 소리를 지르며 쓰러졌다.

마치 고압 전기에 감전된 사람처럼 큰소리를 지르며 쓰러졌는데 그와 같이 큰소리를 지르며 쓰러진 것은 처음 있는 일이었다. 성령을 강하게 받았나보다 생각하고 강단으로 올라가 마무리 기도를 하고 예배를 마쳤다.

여기서 한 마디 짚고 넘어가고 싶은 것이 있다. 나는 일명 '성령 안의 넘어짐'이라는 사역을 일부러 하지는 않는다. 그러나 이런 경우처럼 내 뜻과 상관없이 성령께서 하실 때가 있다. 그리고 성경에 기록된 성령의 다양한 나타남을 설명하고 실제 보여줄 때가 있는데, 이때 기도 받는 사람 중에 넘어지는 사람이 많이 있다. 그렇게 성령이 하시는 경우에는 나는 성령의 역사를 제한하지 않는다.

예배를 마친 후 성도들과 인사하려고 예배당 입구로 가는데 집사님이 예배당 바닥에 쓰러진 채로 누워있었다. 직감으로 집사님에게 무엇인가 영적인 일이 일어난 것을 알 수 있었다. 그래서 저녁 예배에 참석한 성도들에게 이 집사님을 위해 함께 기도해야 할 것 같다고 말하고, 교회 장의자를 앞으로 밀고, 의자 위에 있는 레자 방석을 바닥에 깔았다. 그런 후 예배당 바닥에 쓰러져 누워있는 집사님을 들어서 방석 위로 옮겼다. 그 순간 집사님이 말도 안 되는 이상한 말을 하기 시작했다. 직감적으로 집사님이 하는 말이 아니라 귀신이 집사님의 입을 사용해서 말하는 것임을 알 수 있었다.

졸지에 예정에도 없던 축귀 사역을 하게 되었다. 이렇게 정체를 드러낸 귀신과 정면으로 마주해서 영적으로 싸우게 된 것은 처음이었다.

속으로 "드디어 시작됐구나."라고 생각하고 성도들에게 집사님을 가운데 두고 둥글게 앉게 했다.

먼저 마귀와의 영적 싸움에 승리하게 해달라고 하나님께 간절히 기도한 후 성도들에게 "마귀들과 싸울지라 죄악 벗은 형제여"라는 찬송을 비롯해 마귀를 대적하는 찬송, 예수님의 십자가의 피의 능력을 찬양하는 찬송을 계속해서 부르게 했다.

나는 예수님의 이름으로 귀신에게 집사님에게서 나오라고 명령했다. 권사님 한 분은 이 집사님의 가슴에 십자가를 계속 그었고, 또 다른 분은 "예수님의 피, 예수님의 피"라고 말하며 집사님의 몸에 예수님의 피를 뿌리는 시늉을 했다.

교회에서 처음 일어난 일이라 모두 놀라고 긴장했지만, 각자 배운 대로 열심히 귀신과 싸웠다.

누워있는 집사님은 가만히 있는 것이 아니라 계속 몸을 움직이면서 떠들었다. "너희들은 안 돼. 그래 봤자 소용없어. 난 안 나가." 등 많은 말을 했는데, 처음 당하는 일이라 그때는 녹음하거나 기록할 것을 생각하지 못했다.

이때의 일을 교훈 삼아서 이후 귀신을 쫓아내는 사역을 할 때는 반드시 기록으로 남겼다.

비록 귀신이 한 말을 기록하진 못했지만, 귀신이 나를 향해 한 말은 지금도 생생하게 기억하고 있다. "야~ 너, 네가 이곳 대빵이구나. 대빵! 너도 안 돼. 너도 나를 쫓아낼 수 없어."라고 조롱하듯이 말했다.

그 말을 듣고 한편으로는 기분이 나빴지만, 다른 한편으로는 기분이 좋았다. 귀신이 나를 대빵이라고 불러주었기 때문이다.

귀신은 계속 떠들기만 하고 나가려고 하지 않았다. 귀신이 나오지 않으니까 '정말 귀신이 말한 대로 쫓아내지 못하면 어떻게 하지?'라는 염려가 들기도 했지만, 교회 창립 14주년 기념 주일을 맞아 성령께서 나에게 하신 말씀을 생각하면서 염려를 물리치고 계속 귀신에게 나오라고 명령했다.

내가 귀신에게 나오라고 명령할 때마다 그는 침을 뱉었다. 곱게 뱉는 것이 아니라 고개를 좌우로 돌리면서 거칠게 침을 뱉었다. 그때는 왜 침을 뱉는지 몰랐다. '더러운 귀신이라서 그런지 더럽게 침을 뱉는구나.'라고만 생각했다.

귀신을 쫓아낸 후 집사님이 "목사님이 '귀신아, 나오라'고 명령할 때마다 귀신이 침을 뱉으면서 나갔어요."라고 말해줘서 의문이 해소되었지만, 당시에는 귀신이 나가는 현상임을 몰랐기 때문에 시간이 갈수록 초조해졌다.

귀신은 계속해서 "안 나가, 안 나가, 너희들은 안 돼, 너희들은 소용없어, 얘를 죽일 거야, 교회에 못 다니게 할 거야, 하나님의 일을 못 하게 할 거야."라는 말들을 하면서 침만 뱉고 있었다.

시간은 벌써 밤 10시 30분을 지나고 있었다. 1시간을 넘게 사역한 것이다. 이대로 계속할 수는 없었다. 어떻게든 끝내야 한다고 생각했다. 그래서 모험을 시도했다. 한 번도 해보지 않은 영적인 원리를 사용해서 귀신을 쫓아내기로 했다.

그 원리는 성경에 근거해서 상상하고, 상상한 것을 믿고 행하면, 영적인 세계에서는 믿는 대로 된다는 원리다.

집사님 안에 있는 귀신을 뱀으로 상상했다. 그리고 내 손을 집사님의 목에 가까이 대고 뱀의 목을 잡는 상상을 함과 동시에 손으로 뱀의 목을 잡는 손짓을 하면서 말했다.

"귀신아, 내가 네 목을 잡았다."

그 순간 놀라운 일이 일어났다. 집사님이 누군가에게 목을 잡힌 듯 괴로운 표정을 지으며 "악~"했다. 그 모습을 본 순간 영적인 세계가 움직이고 있다는 것을 알았다.

그래서 이번에는 붙잡고 있는 귀신을 입을 통해 집어 올린다고 상상하면서 손짓과 함께 말했다.

"귀신아, 입을 통해 나올지어다."

그 순간 또 놀라운 일이 일어났다. 내 손을 집사님의 입에서부터 위로 서서히 들어 올렸을 때 집사님이 "아~" 하면서 내 손을 따라 고개를 들고 따라 올라왔다. 그 모습을 보면서 "이거 어디까지 들어 올리지?"라고 생각하는데 불현듯 뱀은 길이가 한정되어 있다는 생각이 들었다. 그래서 뽑아버려야겠다는 생각을 하고 잡아 뽑는 시늉을 하며 말했다.

"예수님의 이름으로 명령한다. 귀신아, 나와."

그 순간 다시 놀라운 일이 일어났다. 정말로 귀신이 뿌리가 뽑히듯 나갔는지 입을 앞으로 내밀며 "악" 소리를 내더니 고개를 뒤로 젖히며 머리를 내려놓았다.

성경에 있는 영적인 원리를 따라 했는데 그대로 된 것이다. 놀라웠다. 성경이 말씀하는 영적 세계는 모두가 진짜였다.

사역 후 "또 될까?"라고 생각하면서 두 번째 동일하게 했는데 놀랍게도 처음처럼 똑같이 되었다. 세 번째도, 네 번째도 예수님의 이름으로 명령하는 대로 똑같은 현상이 나타났다.

네 번째 더러운 귀신을 잡아서 뽑아낸 다음 집사님의 얼굴을 보니 귀신에게 붙잡혀 있던 모습이 사라지고 본래의 모습으로 돌아온 것 같았다. 그래서 감사 기도를 드린 후 "집사님, 이제 정신이 드세요? 정신이 들었으면 일어나보세요."라고 말했는데, 내 말이 끝나자마자 그가 누웠던 자리에서 일어나면서 말했다.

"목사님! 고맙습니다."

이렇게 2004년 7월 11일, 주일 저녁 예배 시간에 내가 의도하지 않았음에도 나의 안수 기도를 받은 이 집사님에게서 귀신이 정체를 드러냈고, 나는 모든 성도들이 지켜보는 자리에서 그 귀신을 쫓아냈다. 그리고 그때부터 이 책을 쓰고 있는 지금까지 계속해서 성령의 능력으로 귀신을 쫓아내고 있다. 물론 귀신만 쫓아내는 것이 아니라 성경에 기록된 갖가지 성령의 능력을 나타내면서 하나님의 말씀을 가르치고 전파하고 있다.

몇 년 후 하나님께서 이 사건은 마가복음 1장 21-27절 말씀과 같은 의미가 있는 성령의 역사임을 깨닫게 해주셨다. 다시 말해 마가복음 1장 21절 이하에 기록된 말씀을 보면 예수님께서 가르치는 것이 서기관들과는 다른 권위가 있었다고 하시면서 실제 보여준 권위를 기록했는데, 그것은 회당에서 말씀을 듣던 사람 중 한 사람에게서 귀신이 정체를 드러냈고, 예수님께서 그 귀신을 쫓아내신 사건이었다.

그것을 보고 그 자리에 있던 유대인들이 예수님의 티칭(teaching)을 서기관들의 티칭(teaching)과 비교해서 뉴 티칭(New Teaching)이라고 부르게 되었는데, 주일 저녁 예배 시간에 일어난 그 사건은 바로 나에게 예수님의 뉴 티칭(New Teaching)을 할 수 있는 은혜가 임했다는 것을 보여준 의미 있는 성령의 역사였다는 것이다.

이 깨달음을 통해 나는 내가 14년 동안 한 것은 서기관적 설교나 가르침이었고, 그때부터 예수님이 보여준 설교나 가르침을 하게 되었다는 것을 알게 되었다. 그리고 하나님께서 나를 통해 행하시는 일 중 하나가 서기관처럼 하고 있는 하나님의 종들을 예수님처럼 할 수 있도록 가르치고 돕는 사역이라는 것을 알게 되었다. 토기장이이신 하나님께서 나를 빚어 쓰시는 일이다. 모든 것이 전적인 하나님의 은혜임을 고백한다.

예수님의 뉴 티칭(New Teaching)을 할 수 있게 됨에 따라 나의 목회와 사역은 새로운 국면으로 접어들었다. 치유 성회를 통해 많은 목회자와 성도들을 가르치게 되었고, 신학교 교수들 모임에서도 말씀을 가르쳤다.

다니엘 캠프를 통해 전국의 청소년들과 청년들을, 사무엘 캠프를 통해 전국의 주일 학교 어린이를 가르쳤다. 해외 선교 사역도 활짝 열렸다. 말로만 가르치지 않고 영적인 권위를 갖고 실제 영의 세계를 보여주기도 하고 경험시켜 주기도 하면서 가르치니까 어떤 집회에서든지 큰 은혜가 임했다.

　예수님의 뉴 티칭은 사도들이나 빌립 같은 특별한 사람만 할 수 있는 것이 아니다. 내가 증인이듯이 하나님의 말씀을 붙잡고 기도하는 사람에게는 누구나 이루어질 수 있다.
　실제로 내가 인도하는 치유 성회에 참석한 목회자들은 성회 참석 후 대다수 목회자가 예수님의 뉴 티칭을 한다. 평신도 사역자도 예수님의 뉴 티칭을 한다.

　"기도는 말씀을 내 것이 되게 만든다!"

03

사탄에게 묶인 자를 풀어주는 자가 되다

> 그러면 열여덟 해 동안 사탄에게 매인 바 된
> 이 아브라함의 딸을 안식일에
> 이 매임에서 푸는 것이 합당하지 아니하냐
> (눅 13:16)

24년 동안 귀신들려 앓으며 기울어진 목을 치료하다

내가 인도하는 54차 치유 성회(2013. 5. 6.-9)에 참석한 사람 중에 김은혜 청년(가명, 여, 24세)이 있다. 은혜는 선천적으로 고개가 오른쪽으로 20도쯤 기울어져 있었다. 다음은 이 청년의 간증문 내용이다.

"저는 24살의 송○○교회를 다니고 있는 여자 청년 김○○입니다. 24년 동안 오른쪽으로 고개가 기운 채로 살았습니다. 머리는 늘 기울어져 있었고, 그게 저한테는 정상처럼 느껴졌습니다. 어렸을 때부터 비뚤어진 고개 때문에 친구들에게 놀림 받거나 거절당하기가 일쑤였습니다. 그 놀림이 싫어 엄마에게 왜 이렇게 날 낳았느냐고 원망도 했습니다. 극도의 스트레스를 받았을 때도 있었습니다. 엄마는 그런 저를 고쳐주기 위해서 이 병원 저 병원 다녀봤는데 의사들의 말은 원인을 알 수 없다고 하면서 고칠 수 없다는 거였습니다. 만약 고치려고 수술하게 되면 잘못될 수 있다고 했습니다."

이같이 신체적인 장애로 고통받던 청년이 친구의 손에 이끌려 치유 성회에 참석했다. 3일째 되는 수요일 저녁 시간에 250여 명의 참석자가 지켜보는 자리에서 이 청년을 강단 위에 올라오게 해서 치유 사역을 했다. 나는 이것을 '공개 치유 사역'이라고 부른다.

공개 치유 사역을 위해 앞 시간에 열왕기하 5장에 나오는 게하시와 그 자손들에게 생긴 나병에 대해서 강의했다.

나아만의 나병이 하나님의 능력으로 치료된 후 게하시에게 나아만이 앓던 나병이 생기고 게하시의 자손들에게까지 이어지게 되었는데, 그것은 3차원 세계에서 이루어진 전염 현상이 아니라 4차원 세계에서 이루어진 영적인 것일 수 있다고 설명했다.

"질병을 주는 영들이 있습니다. 그러므로 나병을 주는 영도 있다고 봐야 합니다. 모든 질병 속에 악한 영들이 역사하는 것은 아닐 것입니다. 그러나 성경을 보면 전부는 아니지만 많은 질병의 배후에 악한 영이 역사합니다. 이처럼 나아만의 나병 배후에도 질병의 영이 역사하고 있었다고 볼 수 있습니다.

만약 그렇다면 나아만이 하나님의 능력으로 치료받을 때 나아만에게 역사하고 있었던 질병의 영이 쫓겨났다고 볼 수 있습니다. 그리고 그 쫓겨난 질병의 영은 다시 들어갈 사람을 찾고 있었을 것입니다. 그러다 마침 게하시가 나아만을 찾아와서 죄를 범하니까 그 죄를 근거로 게하시에게 들어갔을 것입니다.

만약 실제로 그렇게 되었다면, 엘리사가 게하시에게 한 말을 근거로 추론해보면 게하시에게 들어간 나병의 영이 1차적으로 게하시에게 나병을 주었고, 2차적으로 게하시의 씨를 통해 자손에게도 들어가서 나병을 주는 것으로 볼 수 있습니다.

이런 경우 나병의 저주를 완전히 끊으려면 십자가에서 우리를 위해 저주를 받으심으로써 우리를 죄와 저주로부터 속량해주신 예수님의 대속의 은혜를 힘입어 나병을 주고 있는 질병의 영을 예수님의 이름으로 대적하고 쫓아내야 하는 것입니다."

이 같은 내용의 영적인 원리를 설명한 후 영적 실제를 보여주기 위해 은혜 청년을 강단 앞으로 나오게 했다. 앞에서 말한 예수님의 뉴 티칭(New Teaching)으로 가르치기 위해서다.

나는 청년을 위해 기도한 후 청년 안에서 고개를 굽게 만든 귀신을 예수님의 이름으로 대적하면서 나오라고 명령했다. 3분 정도 명령했을 때 악한 영은 정체를 드러내고 청년의 입을 통해 말했다.

"안 나갈 거야. 죽일 거야. 안 나가~. 얘는 고칠 수 없어. 못 고칠 거야. 못 나가. 싫어."

악한 영은 이와 같은 말들을 하면서 청년 안에서 나가지 않으려고 버텼다. 나는 성회 참석자들에게 중보 기도를 해달라고 요청하고 계속 악한 영을 대적했다. 그 결과 고개를 굽게 만든 악한 영은 축귀를 시작한 지 24분만에 청년에게서 나왔다.

공개 사역이 끝난 후 청년에게 고개가 어떤지 확인해보라고 했다. 모두 숨을 죽이고 지켜봤다. 청년은 고개를 움직이며 확인해보더니 떨리는 목소리로 말했다.

"목사님, 치료됐어요."

청년의 말이 끝남과 동시에 여기저기서 할렐루야 소리와 함께 박수 소리가 터져 나왔다. 은혜 청년도 감격에 겨워 얼굴을 두 손으로 감싸고 눈물을 터트렸다.

24분! 24분 걸렸다. 24분이면 고칠 수 있는 것을 24년 동안 한쪽으로 고개가 기울어진 채 살았다. 이 얼마나 안타까운 일인가!

성경에 대한 지식이 부족했기 때문이다. 악한 영이 은혜 청년의 부모와 선조들 때부터 집안에 들어와 혈통을 통해 청년에게 들어와 고개를 묶고 있었지만, 청년은 그러한 영의 세계를 잘 모르고 있었다.

그러다 보니 하나님께 고쳐달라고 기도만 했지, 한 번도 악한 영을 대적하고 쫓아내려고 하지 않았다. 그러면서 고쳐주지 않는 하나님만 원망하고 있었다.

교회에서 영적인 세계에 대해 올바로 배우지 못했기 때문이다. 이 말은 목회자가 잘 가르치지 못했다는 의미다. 그러므로 은혜 청년의 고통의 시간은 진리의 말씀과 영의 세계를 제대로 가르치지 못한 목회자에게 책임이 있다고 해도 과언이 아닐 것이다.

나도 교회를 개척한 후 14년 동안은 그러한 영의 세계를 잘 몰랐다. 그러나 감사하게도 하나님께서 나에게 병을 고치고 귀신을 쫓아내는 능력을 부어주신 후 성도들 안에 역사하고 있는 악한 영들에 대해서 알게 하셨다.

지금은 예수님께서 하신 것처럼 성도들에게 질병을 비롯한 어떤 문제가 생겼을 때 먼저 그것이 악한 영의 역사인지 아닌지 살펴본다. 악한 영이 도둑처럼 들어가 역사하고 있는 문제는 악한 영들을 쫓아내고 성도들을 풀어주고 자유케 하는 사역을 한다. 진리의 말씀을 아는 것은 예나 지금이나 정말 중요하다.

"너는 진리의 말씀을 옳게 분별하며 부끄러울 것이 없는 일꾼으로 인정된 자로 자신을 하나님 앞에 드리기를 힘쓰라"(딤후 2: 15).

다행스럽게도 방송실에서 은혜 청년의 공개 치유 사역 전체를 녹화해서 보관하고 있다. 성회에 참석하면 공개 사역 전부를 볼 수 있다.
은혜 청년은 약 3개월 후 나에게 간증문을 보내주면서 어렸을 때 찍은 사진과 치유 받은 후 찍은 사진을 나에게 보내주었다.

"…하나님은 그렇게 고통받고 힘들어하는 저를 고쳐주셨습니다. 성경에 나오는 많은 고침 받은 사람들처럼 나도 고침을 받았습니다. 사역이 끝나고 고개를 드는데 참을 수 없는 감동과 감격이 있었습니다. 하나님이 나를 사랑하신다는 것이 생생하게 느껴졌습니다. - 중략 - 이제 저는 하나님이 저에게 직접 행하신 일들을 나누고 싶습니다. 하나님을 더 깊이 알고 싶고, 능력 있는 하나님의 사람이 되고 싶습니다."

예수님 목회와 회당장 목회

은혜 청년을 위한 치유 사역은 누가복음 13장 10-17절에 기록된 예수님의 치유 사역처럼 나도 치유 사역을 할 수 있게 되었다는 것을 보여주는 대표적인 사례다.

이 말씀에서 나는 '예수님 목회'와 '회당장 목회'가 있음을 깨달았다.

예수님이 안식일에 가서 말씀을 전한 회당에 18년 동안 병을 앓고 있는 여자 성도가 있었다. 그 병을 살펴보니 '강직성 척추염'에 해당하는 병이었다. 그 병으로 인해 이 여자는 척추가 점점 꼬부라졌고, 18년째가 되었을 때는 조금도 펼 수 없을 정도로 병이 심해져 있었다.

18년 동안 그 여자는 분명히 하나님께 기도했을 것이다. 그리고 회당장도 회당 공동체를 책임진 사람으로서 그 여자를 위해 기도했을 것이다. 그러나 그 여자는 치료받지 못하고 있었다. 그럼, 하나님께서 치료해주길 원치 않았던 병이었을까? 그렇지 않았다는 것을 예수님의 치료를 통해 정확히 알 수 있다.

하나님은 그녀가 치료받고 건강하길 원하셨다. 그런데도 회당장은 자기 성도를 치료해주지 못하고 있었다.

우리가 생각할 때 18년 동안이나 질병으로 고통받고 있던 자기 성도가 예배드리러 와서 치료를 받았으니 당연히 기뻐해야 할 것 같은데, 성경에 보면 회당장은 기뻐하지 않고 오히려 화를 냈다.

율법에 근거하면 안식일에 일하면 안 되는데, 회당장이 보기에 예수님께서 안식일에 병 고치는 일을 했기 때문이다. 그러나 예수님이 하신 일은 회당장이 판단한 것처럼 병 고치는 일을 함으로 안식일 법을 어긴 것이 아니었다.

사람 눈으로 보기에는 병 고치는 일을 한 것 같았으나 실제는 영의 세계를 다스린 것이다. 여자의 병이 귀신으로 인한 것임을 아시고, 귀신을 쫓아내심으로써 사탄의 묶임으로부터 풀어주신 것이다.

"열여덟 해 동안이나 귀신 들려 앓으며 꼬부라져 조금도 펴지 못하는 한 여자가 있더라"(눅 13:11).

"그러면 열여덟 해 동안 사탄에게 매인 바 된 이 아브라함의 딸을 안식일에 이 매임에서 푸는 것이 합당하지 아니하냐?"(눅 13:16).

이렇게 예수님은 여자의 병의 원인이 귀신이라는 것을 아시고 귀신을 쫓아냈으며, 여자는 귀신이 쫓겨나는 순간 18년 동안 앓아오던 병을 깨끗이 치료받았다. 자유케 된 것이다.

내가 생각할 때 회당장은 여자 성도의 병이 귀신에 의한 것임을 알지 못했다. 영적인 세계를 너무 몰랐다. 그래서 귀신을 쫓아내면 치료될 수 있는 병을 치료해주지 못했다.

나는 회당장을 보면서 교회 창립 14주년 이전의 나의 모습을 생각했다. 14년 동안 나는 회당장처럼 몸이 아픈 사람을 치료해줄 수 있는 능력도 없었고, 영의 세계도 잘 몰랐다. 회당장 목회를 하고 있었던 것이다.

나는 성경을 말로만 가르치는 것을 '서기관적 티칭', 하나님이 주신 영권으로 성경을 믿을 수 있도록 보여주고 경험하게 하면서 가르치는 것을 '예수님의 뉴 티칭'으로 구분한다. 그리고 회당장처럼 철저하게 성경 중심으로 성도를 가르치고 돌보지만 성도들에게 일어나는 삶의 문제들을 해결해주지 못하는 목회를 '회당장 목회', 예수님처럼 성도들의 삶의 문제까지 해결해주는 목회를 '예수님 목회'라고 구분해서 부른다.

나에게 성령의 능력을 기름 붓듯 부어주시며 진리의 말씀을 깨닫게 하셔서 예수님의 뉴 티칭과 예수님 목회를 할 수 있도록 은혜 베풀어주신 하나님께 무한 감사를 드린다.

40여 년 뒷골을 아프게 하던 귀신을 쫓아내다

교회 성도 중에 권사로 교회를 섬기다가 전도사로 사역하고 있는 박 전도사님이 있다.

그녀는 40대 초반에 예수님을 믿은 후 크고 작은 여러 가지 병을 치료받았다. 그리고 갖가지 성령의 은사와 능력을 받아 주님의 일을 잘하고 있었다. 그런데 40여 년 된 고질적인 질병이 하나 있었다. 뒷골이 은근히 무겁고, 당기는 병이었다. 치료를 위해 많은 기도를 했음에도 불구하고 응답을 받지 못하고 있었다.

내가 성령의 능력을 받고 성도들을 치료해주자 전도사님이 자신을 위해서도 기도해달라고 요청했다. 그래서 치유 사역을 하게 되었는데 사역하는 중에 40여 년 전, 무당을 찾아갔을 때 들어온 귀신이 뒷골에 붙어서 주는 병이라는 것을 알게 되었다.

그렇게 질병의 근본적인 원인을 알고 그때 들어온 영을 대적하고 쫓아내자 즉시 40여 년 동안 앓고 있던 병이 깨끗이 치료되었다.

4차원 세계에서 사탄이 도둑처럼 들어와 40여 년 동안 하나님의 여종을 묶고 있었던 것을 풀어주니 3차원 세계에서 병이 깨끗이 치료되었다.

기도의 용사 홍 목사님의 묶인 것을 풀어주다

2013년 12월 61차 치유 성회에 참석한 목회자 중에 홍 목사님이 있었다. 그는 나와 같은 대한예수교장로회 통합 교단에 속한 목사이고, 25년차 목회를 하고 있을 때 치유 성회에 참석했다.

당시 그는 6년 전에 성령의 충만함을 받고 매일 다섯 시간 이상 기도 생활을 하고 있었다. 처음 2-3년은 강력하게 역사하는 성령에 이끌려 밥 먹는 시간 말고는 하루 종일 기도하기도 했다. 기도할 때 조용조용 기도하기보다는 큰 소리로 부르짖는 기도를 많이 했다.

한 번은 기도 중에 아랫배가 찢어지는 것 같은 통증이 생기더니 기도하려고 하면 배가 아파 더는 기도할 수 없었다. 할 수 없이 기도를 중단하고 병원에 갔는데 의사가 엑스레이를 찍은 것을 보고 놀라는 표정으로 말했다.

"목사님, 병원에 오기 전 뭘 하셨나요?"
"기도하다 왔습니다."

"아랫배 근육이 파열되었습니다."

이렇게 홍 목사님은 기도하다 아랫배 근육이 파열될 정도로 기도에 집중했고, 기도하다 체력이 고갈되어 숨을 쉴 수 없어 쓰러지는 바람에 119에 실려 병원에 간 적이 있을 정도로 전심으로 기도했다.

그렇게 성령에 이끌려 기도하고 있었음에도 20년째 만성 위염과 지독한 편두통에 시달리고 있었다. 만성 위염으로 커피 한 잔을 마실 수 없었고, 김치 한 조각을 먹을 수 없었다. 목회자실 책상에는 항상 약봉지가 쌓여있었고, 볼 일이 있어 출타할 때는 가방에 약부터 챙겨야 했다.

그것이 홍 목사님에게는 항상 고민이었다. 아랫배 근육이 파열될 정도로 기도하고, 기도하다가 탈진으로 쓰러져 119에 실려 갈 정도로 기도하는데도 불구하고 왜 만성 위염과 편두통은 치료되지 않을까?

그 문제가 치유 성회에 참석해서 해결되었다. 악한 영 때문이었다. 악한 영에 의해 질병으로 묶여 있었다. 성회에 참석해서 악한 영 때문이라는 것을 깨닫고 질병의 영을 쫓아내는 치유 기도를 받았다. 본인도 질병의 영을 대적하며 쫓아냈다. 그때부터 위염과 편두통이 사라지기 시작하더니 세 번째 성회 참석 후에는 깨끗이 치료되었다.

풀어주어라. 그리고 다니게 하라

요한복음 11장 44절에 보면 예수님이 죽은 나사로를 살리신 후 제자들에게 명하신 말씀이 있다.

"풀어 놓아 다니게 하라"(요 11:44). 이 말씀은 "풀어주어라. 그리고 다니게 하라."라고 번역할 수 있다.

그러면 무엇을 풀어주라는 말씀인가?

이 본문의 1차적인 문맥의 의미는 나사로가 죽었을 때 묶였던 끈을 풀어주라는 말씀이다. 그럼에도 이 본문을 입체적, 영적인 의미로 살펴보고 오늘의 우리의 삶에 적용해 본다면 사망의 권세를 잡은 사탄이 묶고 있는 것을 풀어주라는 뜻으로도 해석할 수 있다고 본다.

그런 맥락에서 누가복음 13장 10-17절 말씀을 보면 예수님께서 풀어주는 사역의 시범을 보여주신 것이다.

성령을 받으면 예수님처럼 할 수 있다고 하셨는데(요 14:12), 정말로 나도 예수님처럼 풀어주는 자가 되었다. 풀어주는 자로서 행한 수많은 일은 책 몇 권을 써도 부족할 정도로 많다. 덕분에 목회자로서 보람도 느끼고 사랑과 존경도 많이 받았다.

진리의 말씀을 바로 알고 성령의 능력 받아 사탄에게 묶인 사람들을 풀어주는 일은 목회자뿐만 아니라 성도들에게도 매우 중요하다는 것을 독자들이 이 책을 통해 알았으면 좋겠다.

예수님을 믿는 자에게도 악한 영이 있을까?

이 책을 읽으면서 다음과 같은 질문이 생기는 독자가 있을 것이다.

"예수님을 믿는 자 안에는 성령이 계시고, 몸은 하나님이 계신 성전이 되는데 어떻게 악한 영이 들어올 수 있을까?"

이 질문에 대해 간단하게 설명하면 다음과 같다. 자세한 것은 두 번째 책에 쓰고자 한다.

첫째, 성경 어디에도 "예수님을 믿는 자 안에는 성령이 계시니까 악한 영은 들어올 수 없다."라는 말씀은 없다.

둘째, 시편 139편 7절 말씀에 의하면 이 우주 속에 주의 영, 즉 성령이 계시지 않은 곳이 없다고 했다. 즉 '무소부재'하신 하나님이다. 그러므로 만약 믿는 사람 안에 성령이 계시므로 악한 영이 들어올 수 없다는 주장이 맞는다면 우주 안에도 악한 영이 있을 수 없다고 말해야 한다. 그러나 그렇게 말하는 사람은 없다. 바른 신학 안에 있는 사람은 누구나 세상에 악한 영이 있다고 말한다.

셋째, 마태복음 12장 43-45절 말씀에 의하면 악한 영은 사람 안에 들어가기도 하고 나오기도 하는데, 이 말씀을 보면 예수님을 믿지 않는 사람에게만 해당한다는 말씀이 없다. 악한 세대를 살아가는 비그리스도인과 그리스도인 모두에게 해당한다고 보는 것이 맞다.

넷째, 고린도후서 11장 4절 말씀은 예수님을 믿는 사람 안에도 악한 영이 들어갈 수 있다는 것을 보여주는 말씀이다. "혹은 너희가 받지 아니한 다른 영을 받게 하거나"에서 고린도 교회 성도들이 이미 받은 영은 성령이고, 거짓 선지자들이 받게 하려는 '다른 영'은 악한 영이다.

성령을 받은 사람도 악한 영을 받을 수 있기에 바울 사도가 그것을 막으려고 고린도 교회 성도들에게 편지를 써서 가르친 것이다.

"A섬에는 뱀이 없다"라는 진리처럼 된 정설이 있다고 하자. 그런데 그

섬에 가서 뱀을 실제로 잡아 오는 사람이 있으면 아무리 진리처럼 된 정설이라 하더라도 생각을 바꿔야 한다. 진리처럼 된 정설이 진리는 아니기 때문이다. 진리처럼 된 정설을 고수하고자 뱀을 잡아 오는 사람을 잘못된 사람이라고 정죄하는 것은 죄 짓는 일이다.

"귀신은 예수님을 믿는 사람 안에는 없다."라는 말은 성경에 없다. 이를 뒷받침 할 수 있는 말씀도 없다. "성령이 계시니 없을 것이다, 빛이 있는 곳에 어둠은 있을 수 없으니 빛이 되시는 주님이 계신 곳에는 어둠의 영은 다 떠나갈 것이다."라는 사람의 생각으로 만들어낸 것이다. 그 생각이 진리처럼 되었지만, 진리처럼 된 정설이지 진리는 아니다. 그러므로 예수님을 믿는 사람 안에서 실제로 귀신을 쫓아내는 사람이 있으면 진리처럼 된 정설이라 할지라도 생각을 바꾸는 것이 좋다.

앞에서 간증한 김은혜 청년(가명, 여, 24세)은 예수님을 잘 믿는 확실한 그리스도인이다. 박 전도사님과 홍 목사님은 예수님을 잘 믿는 확실한 그리스도인일 뿐만 아니라 성령 충만을 경험한 분들이고 성령의 강한 은사를 받아 하나님께 귀하게 쓰임 받는 목회자다. 그런데 세 사람 모두 악한 영이 도둑처럼 들어와 역사하고 있었다.

내가 인도하는 치유 성회에 참석한 목회자들이 세 번 놀란다고 한다.
첫 번째는, 악한 영은 진짜로 있네!
두 번째는, 악한 영이 없는 사람이 없네!
세 번째는, 악한 영이 나에게도 있네!
모든 사람에게 악한 영이 있다고 말하는 것은 아니다. 모든 사람을 다

조사한 것도 아니고 할 수도 없다. 목회 현장에서 경험한 사실은 그렇게 말할 정도로 많은 사람에게서 악한 영이 나오더라는 것이다.

내가 말하고자 하는 것은 악한 영은 예수님을 믿는 사람 안에도 들어갈 수 있고, 죄짓게 하고 도둑질하고 죽이고 멸망시키는 일을 할 수 있다는 것이다. 그러므로 어떤 문제가 생겼을 때 육의 차원에서만 생각하지 말고 영의 차원에서도 생각하라. 악한 영이 도둑처럼 들어와 역사하고 있는 경우가 의외로 많다.

04

하나님의 동역자로서 그리스도의 군사를 세우다

> 너는 그리스도 예수의 좋은 병사로
> 나와 함께 고난을 받으라
> 병사로 복무하는 자는
> 자기 생활에 얽매이는 자가 하나도 없나니
> 이는 병사로 모집한 자를 기쁘게 하려 함이라
> (딤후 2:3-4)

누구나 참석할 수 있는 성회를 열라

성령과 능력을 기름 붓듯 부어주시는 하나님의 은혜를 받고 요한복음 14장 12절 말씀이 이루어지면서 성경 말씀과 영의 세계에 관해서 더 자세히, 더 정확히 깨닫게 되었다.

사도행전 18장 24-26절 말씀에 보면 아볼로가 성경에 능통했고, 일찍이 주의 도를 배워 예수에 관한 것을 자세히 가르치는 사람이었지만 브리스길라와 아굴라가 볼 때 2% 부족함이 있었다. 아볼로와 동일한 것은 아니었지만 나에게도 말씀과 영의 세계에 관해서 2% 부족함이 있었다.

(행 18:24) 알렉산드리아에서 난 아볼로라 하는 유대인이 에베소에 이르니 이 사람은 언변이 좋고 성경에 능통한 자라

(행 18:25) 그가 일찍이 주의 도를 배워 열심히 예수에 관한 것을 자세히 말하며 가르치나 요한의 세례만 알 따름이라

(행 18:26) 그가 회당에서 담대히 말하기 시작하거늘 브리스길라와 아굴라가 듣고 데려다가 하나님의 도를 더 정확하게 풀어 이르더라

이 말씀에서 25절의 '자세히'라는 단어와 26절의 '더 정확하게'라는 단어는 다른 단어 같지만 같은 어휘다.

- '자세히'(ἀκριβῶς, 아크리보스): 자세히, 정확하게
- '더 정확하게'(ἀκριβέστερον, 아크리베스테론): '아크리보스'의 비교급, 더 자세히, 더 정확하게.

하나님께서는 나에게도 브리스길라와 아굴라처럼 하나님의 말씀과 영의 세계에 관해서 더 자세히, 더 정확히 알 수 있도록 은혜를 베풀어주셨다. 브리스길라와 아굴라는 바울 사도를 통해서 그런 은혜를 받았다. 그러므로 브리스길라와 아굴라가 받은 은혜는 바울이 받은 은혜다.

감사하게도 하나님께서는 바울 사도에게 하나님의 말씀에 관해 자세하고도 정확하게 알 수 있도록 은혜를 베풀어주신 것처럼 나에게도 그런 은혜를 베풀어주셨다. 그리고 바울 사도에게 성령 하나님과 인격적으로 소통할 수 있는 은혜를 베풀어주신 것처럼 나에게도 그런 은혜를 베풀어주셨다. 그뿐만 아니라 바울 사도에게 성령을 받고자 하는 자에

게 성령을 받게 하는 능력과 병을 고치고 귀신을 쫓아내는 능력을 부어 주신 것처럼 나에게도 그런 능력을 부어주셨다. 그래서 바울 사도가 에베소에서 성회를 열고 주의 말씀을 가르친 것처럼 나도 성회를 열고 주의 말씀을 가르치고 싶었다. 그런 나의 마음을 주님께 말씀드리며 주님의 인도하심을 구했다.

마침내 2006년 10월 초, 성령이 임하셔서 성회에 관해 말씀하셨다.

"성회를 열라. 목회자만 참석하는 성회로 하지 말라. 하나님의 은혜를 사모하는 사람은 누구나 참석할 수 있는 성회를 열라."

성령의 말씀을 듣고 "주님, 이렇게 성회를 열도록 허락하셨는데, 이왕이면 교회도 부흥시켜주시면 얼마나 좋겠습니까? 목회자들은 먼저 교세를 보는데 저는 상가 지하에 있고, 교인 숫자도 적은데 어떻게 하면 좋겠습니까?"라고 하소연하듯이 말했다. 내 말이 끝나자 성령 하나님이 말씀하셨다.

"인간적인 조건을 내세울 수 있는 사람이라면 누가 못하겠니? 아무것도 보여줄 것 없는데 오직 성경 말씀과 나를 믿고 하는 것은 아무나 하는 것이 아니다."

나는 이 말씀을 듣고 용기를 내어 마침내 2006년 12월 첫째 주, 역사적인 제1차 치유 성회를 열었다. 첫 치유 성회를 열었을 때는 리허설이라는 마음으로 했다.

처음 해보는 성회인 만큼 과연 누가 오고, 어떻게 성회를 진행하고, 어떤 일들이 일어날 것인지 알아보자는 심정이었다.

무엇보다도 하나님께서 어떻게 하실 것인가가 가장 궁금했다. 기대 반 걱정 반으로 성회가 시작되었다. 전국에서 20여 명이 참석했다. 성회는 대성공이었다. 하나님께서는 내가 기대했던 것 이상으로 역사해주셨다.

성회에 참석한 20여 명이 너무나 큰 은혜를 받았다고 이구동성으로 말하며 앞으로 성회가 굉장히 커질 것 같다고 말하는 목사도 여럿 있었다. 성회가 끝났을 때 누구보다도 감격한 사람은 성회를 섬긴 기쁨의교회 사역자들이었다. 서로 부둥켜안고 눈물을 흘리며 우리의 기도를 들어주신 하나님께 감사드렸다.

그리스도의 군사를 모집하고 임명식을 하라

1차 치유 성회를 통해 하나님의 뜻을 확인한 나는 2007년 목회 계획 속에 3번의 치유 성회 일정을 잡았다. 2차 치유 성회는 30여 명이 참석했다. 1차 때보다 하나님의 은혜도 많았고, 진행도 순조로웠다. 마지막 시간이 되었다. 1차 때와 같이 디모데후서 2장 3-4절 말씀을 가르쳤다.

"네가 그리스도 예수의 좋은 군사로 나와 함께 고난을 받을지니 군사로 다니는 자는 자기 생활에 얽매이는 자가 하나도 없나니 이는 군사로 모집한 자를 기쁘게 하려 함이라"(딤후 2:3-4/개역한글)

이 말씀을 설명하면서 다음과 같이 권면했다.
"그리스도 예수의 군사는 바울 사도에게서 나온 것입니다. 제가 생각할 때 바울은 선교를 위해 로마가 정복한 도시들을 다니면서 로마 군사를 생각했던 것 같습니다. 로마 군사들이 로마 황제를 위해 주변 나라들을 정복하고 나라를 확장했듯이 우리 그리스도인들이 우리의 왕이신 예수님을 위한 군사가 되어 사탄을 정복하고 하나님의 나라를 확장해야 한다고 생각한 것 같습니다. 이를 위해 바울은 그리스도의 군사가 되었고, 믿음의 아들 디모데에게도 그리스도 예수의 군사가 되라고 명령한 것 같습니다. 확실한 것은 천국에 가서 바울 사도에게 물어봐야겠지만, 제가 바울의 '그리스도 예수의 군사'라는 말을 묵상할 때 그런 감동이 왔습니다. 그래서 저도 그리스도 예수의 군사로 헌신했습니다. 여러분, 여러분은 이 성회를 통해서 사탄이 하는 일을 명확하게 봤습니다. 그러므로 여러분도 우리의 왕이신 예수님을 위해 그리스도의 군사가 되어 사탄과 싸우는 자가 되시길 바랍니다. 사탄을 정복하고 하나님의 나라를 확장하는 자가 되시길 바랍니다."

이렇게 열심히 강의하고 있는데 갑자기 성령의 강한 감동이 오면서 고린도전서 3장 9절 말씀이 떠올랐다. 그리고 성령께서 다음과 같이 말씀하셨다.

"하나님의 동역자로서 그리스도의 군사를 모집하고 임명식을 하라."

성령 하나님의 말씀을 들었을 때 이것이 정말 그분이 나에게 하신 말씀인지 확신이 서지 않았다.
"나 같이 내세울 것 하나도 없는 목사가 어떻게 목사들을 그리스도의 군사로 임명할 수 있을까. 여기에는 나보다 더 대단한 목사도 많은데, 말도 안 돼."라는 생각으로 마음이 복잡해지면서 강의에 집중할 수 없었다.

그래서 생각을 떨쳐버리려고 했는데 성령의 임재가 더 강하게 느껴지면서 등 뒤에서 떠밀며 해보라고 하시는 것 같았다. 그래서 모든 것을 주님께 맡기기로 하고 위대한 모험을 감행했다.

마지막 강의를 마친 후에 이제 그리스도의 군사 임명식을 하겠다고 발표했다. 모두 자리에서 일어나 예배당 뒤로 가라고 한 후 내가 그리스도의 군사를 모집한다고 하면 군대 가는 사람처럼 앞으로 나오라고 했다. 그러면 하나님께서 나에게 주신 권위로 그리스도의 군사로 임명하겠다고 말했다. 그렇게 그리스도의 군사 임명식에 관하여 설명한 후 떨리는 마음으로 임명식을 진행했다.

"우리의 왕 되신 예수님을 위해 그리스도의 군사로 헌신하고자 하는 사람은 강단 앞으로 나오세요."라고 큰 소리로 말했다. 과연 몇 명이 앞으로 나올지 궁금했다. 그런데 나의 말이 떨어지기가 무섭게 우르르 강단 앞으로 모두 달려 나왔다. 그 모습을 보는데 "와~" 감격 그 자체였다. 뜨거운 감격 속에서 그들을 그리스도의 군사로 임명했다. 임명식에 성령이 강하게 역사하는 것이 느껴졌다.

그때부터 치유 성회가 끝나는 마지막 시간에는 항상 그리스도의 군사를 모집하고 임명하는 시간을 갖는다. 이때 임명은 하나님께서 하시는 것이고, 나는 하나님의 동역자로서 선포만 하는 것이라는 말도 꼭 한다.

2006년 12월 초, 치유성회를 시작해서 2007년은 연 4회, 2008년은 연 7회 성회를 열었다. 성회 소문을 듣고 몰려오는 목회자와 성도들로 인해 2009년부터는 매월 성회를 열었다. 매월 성회를 열었음에도 불구하고 발디딜틈도 없을 정도로 성전에 가득찼다. 그러나 상가 지하에 있는 성전으로서 장소도 협소하고 시설도 열악해서 성회 참석자들이 너무나 힘들어 했다.

그래서 성회와 캠프를 위해 성전을 건축할 수 있게 해달라고 기도했는데 하나님께서 우리의 기도에 응답하셔서 2018년에 아름다운 성전을 건축하게 하셨다.

성전 건축 후 전국에서 더 많은 목회자와 성도들이 참석하고 있고, 세계 각국에서 사역하는 선교사들도 소문을 듣고 계속 참석하고 있다. 정말 하나님께서 엄청난 은혜를 베풀고 계신다.

성회와 캠프 때마다 우리는 하나님께서 지금도 성경대로 행하심을 본다. 사도행전의 역사가 계속되고 있다. 빌립의 사마리아 집회와 같고, 사도 바울의 에베소 두란노 집회와 같다. 성회와 캠프를 통해 수많은 하나님의 종들이 일어나고 있고, 우리의 다음 세대들이 일어나고 있다.

2006년 12월 제1차 치유성회부터~2024년 2월 제164차 치유성회까지 성회를 인도하는 동안 교파와 교단을 초월해 목회자 3천여 명, 사모 1천여 명, 성도 3천여 명, 선교사 3백여 명을 그리스도의 군사로 세웠으며, 해외 성회와 '국제성령치유컨퍼런스'를 통해 세계 여러 나라의 목회자 7백여 명을 그리스도의 군사로 임명했다.

하나님께서는 그리스도의 군사를 모집하고 임명하는 사역이 그분이 하시는 일임을 여러 모양으로 확증시켜 주시고 영적인 권위를 덧입혀 주셨다. 예를 들면, 2022년 10월 31일, 신현균 목사(2-3대 대표회장), 조용기 목사(4대 대표회장) 등 한국 교회의 부흥을 이끈 하나님의 종들의 뒤를 이어 사)한국기독교부흥협의회 54대 대표회장으로 세워주셨으며, 2024년 2월 7일, 영남신학대학교에서 명예 신학 박사 학위를 받게 하셨다.

그리스도의 군사 이야기 1 -공 집사님 이야기-

　2008년 9월에 열린 제10차 치유 성회 참석자 중에 공 집사님이 있는데, 이분이 성령의 감동으로 다음 세대를 일으키는 나의 사역을 위해 다니엘 캠프 장학헌금 1구좌 헌금을 했다. 공 집사님으로부터 장학 헌금을 보냈다는 문자를 받았을 때 성령님이 그녀를 불러 축귀 사역을 해주라는 마음을 주셨다. 그래서 공 집사님을 불러 축귀 사역을 하게 되었는데, 사역 중에 그리스도 군사 임명식과 관련해서 놀라운 사실을 알게 되었다.

　축귀 사역 중에 악한 영이 공 집사님의 입을 통해 말했다. 그래서 나와 문답이 이루어졌다. 하나님께서 베풀어주신 은혜였다.

　"악한 영아, 집사님 안에서 무슨 일을 했느냐?"

　'성경 못 읽게 했다. 기도 못 하게 했다. 교회 못 가게 했다.'

　"또 무슨 짓을 했느냐?"

　'야한 비디오 보게 했다. 남편과 싸우게 했다.'

　"이제 집사님 안에서 나쁜 짓 하지 말고 나오라."

　'싫어. 안 나가.'

　"공 집사님은 이제 그리스도의 군사가 됐다. 이제 너는 남아 있어 봤자 소용없다."

　'얘는 그리스도 군사가 아니야.'

　"뭐가 아니냐? 거짓말하지 마."

　'거짓말 아니야. 정말이야. 얘는 그리스도의 군사가 아니야.'

　"그리스도의 군사든 아니든 너는 집사님 안에 더는 있을 수 없다. 나와라."

악한 영을 쫓아낸 후 공 집사님에게 물었다.

"집사님, 악한 영이 말하길, 집사님이 그리스도의 군사가 아니라고 했는데, 어떻게 된 거지요? 성회 때 그리스도의 군사로 임명받지 않았나요?"

그녀는 놀란 표정으로 말했다.

"목사님, 저도 놀랐어요. 목사님께서 그리스도의 군사로 헌신하는 사람은 강단 앞으로 나오라고 말했을 때 저도 앞으로 나가려고 했는데, 갑자기 몸에 힘이 빠지면서 쓰러졌어요. 목사님께서 임명식을 진행하는 동안 일어나려고 했는데 다 끝날 때까지 일어나지 못했어요. 그때는 왜 그랬는지 몰랐는데 이제 보니까 사탄이 제가 그리스도의 군사가 되는 것을 막았네요."라고 말했다.

이 일이 있고 난 후 그녀는 다음에 열린 제11차 치유 성회에 참석해서 그리스도의 군사로 임명받았다.

나는 이 사건을 통해 그리스도의 군사 임명식이 영적인 세계에서 그대로 이루어진다는 것과 사탄이 이 사역을 방해한다는 것을 확실히 알게 되었다. 그래서 이전보다 더욱 담대한 마음으로 그리스도의 군사 임명식을 했으며, 임명식 직전에는 항상 성회 참석자들에게 공 집사님 사건을 말해주면서 사탄의 방해를 물리칠 것을 권고했다.

그리스도의 군사 이야기 2 -신 사모님 이야기-

16차 치유 성회에 참석해서 공개 치유 사역을 받은 사모님 중에 신 사모님이 있다. 그녀는 성회에 오기 전 갑상선 기능 저하증, 어깨 결림, 무릎 통증, 위염, 두통 등 많은 질병으로 고통받고 있었다. 그래서 공개 치유 사역을 받았는데, 기도 받을 때 악한 영들이 소리를 지르며 나가고 모든 병이 깨끗이 낫는 은혜를 받았다.

때마침 성회에 오기 전에 병원에 건강검진을 예약하고 참석했다. 그런 까닭에 자연스럽게 성회 참석 후 병원에 가서 건강검진을 받게 되었는데 놀랍게도 모든 병이 깨끗이 치료되어 있었다.

신 사모님이 공개 치유 사역을 받을 때 일어난 일이다. 질병을 가져다주는 악한 영들이 정체를 드러내고 그녀의 입을 통해 말하는 현상이 나타났다. 나는 이 기회를 놓치지 않고 성회 참석자들을 가르치기 위해 성회 참석자들을 손가락으로 가리키면서 "여기 그리스도의 군사들이 보이냐?"라고 물었다.

질병을 가져다주는 악한 어둠의 영들이 "보인다. 무서워."라고 말하면서 실제로 무서워 떠는 모습을 보였다. 그 모습을 보면서 "이제 여기 있는 그리스도의 군사들이 돌아가서 너희들을 다 쫓아낼 것이다."라고 말하자 "우리도 무장하고 준비하고 있다."라고 큰소리로 발악하듯이 외쳤다.

영의 세계가 이렇게 실제인데 우리 그리스도인들이 너무나 모르고 있어 참으로 안타깝다. 이 책을 통해 더욱 많은 사람들이 영의 세계를 알았으면 좋겠다.

그리스도의 군사 이야기 3 -김 목사님 이야기-

제33차 치유 성회에 참석한 목사님 중에 마산에서 올라온 김 목사님이 있다. 그는 집으로 내려가는 시외버스를 타기 위해 그리스도의 군사 임명식을 참석하지 않고 임명식 직전에 성전 문을 나섰다. 그리고 시외버스터미널을 향해 가고 있었는데 다음과 같은 일이 일어나면서 가던 발걸음을 돌이켜 돌아와 그리스도의 군사 임명식에 참석했다. 다음은 그의 간증문이다.

"얼마 가지 않아서 '돌아가라'라는 아주 강한 음성이 들렸습니다. 너무나 놀라서 주위를 둘러봤는데 아무도 없었습니다. 직감적으로 주님의 음성이라는 것을 알았습니다. 그래서 발걸음을 돌이켜 기쁨의교회로 돌아가서 그리스도의 군사 임명식에 참석했습니다. 그리고 임명식에서 주님을 인격적으로 만나는 놀라운 체험을 했습니다."

이렇게 하나님께서는 나에게 성령을 통해 그리스도의 군사를 모집하고 임명식을 하라고 말씀하셨다. 이에 나는 순종했다.

그리스도의 군사 모집은 치유 성회에 몇 명이 등록하느냐에 달려 있고, 그리스도의 군사 임명식이 잘 되고 안 되고는 치유 성회 참석자들이 얼마나 은혜를 받았느냐에 따라 달려 있다.

이렇게 그리스도의 군사 모집과 임명은 치유 성회의 중심이 되었다. 하나님께서는 항상 치유 성회와 함께 하시며 큰 은혜를 베풀어주셨다. 137차까지 성회를 해오는 동안 4천여 명이 참석해서 은혜를 받는데 그중에 그리스도의 군사 모집에 불응한 사람은 내 기억에 거의 없다.

세계 각국에서 열리는 치유 성회 때도 마찬가지로 마지막 시간에 그리스도의 군사를 모집하는데 모두 기꺼이 헌신한다.

'국제성령치유컨퍼런스'에 참석한 외국인 목회자들도 5차까지 진행하는 동안 그리스도의 군사 임명식에 빠진 사람은 단 한 명도 없다. 하나님이 행하시는 일은 참으로 놀랍다.

이렇게 10년 이상 성회를 하면서 그리스도의 군사들을 세우다 보니 세계 곳곳에 그리스도의 군사들이 우후죽순처럼 일어나고 있다. 그리스도의 군사들을 통해 사탄의 나라는 무너지고 하나님의 나라가 열방으로 힘 있게 확장되어 나가길 기도한다.

하나님께서는 감사하게도 그리스도의 군사 세우는 일을 기뻐하시고 내가 인도하는 성회가 바울의 두란노 서원에서 행한 성회처럼 되도록 은혜를 베풀어주셨다.

앞서 말한 것처럼 전국 각지에서 목회자와 성도들이 찾아오고, 해외에서도 찾아오는 성회가 되었고, 성회 안에서 갖가지 표적과 기사와 이적이 나타나게 하셨으며, 희한한 능력도 행하게 하셨다. 할렐루야!

하나님은 오늘도 살아계셔서 성령을 통해 성도들에게 은사를 주시고 교회 안에 상한 영혼을 치유하고 회복하게 하시며 매일 천국의 기쁨을 맛보도록 은혜를 베푸신다.

그리스도의 좋은 군사를 만들라 -인텐시브 코스 성회 이야기-

하나님께서는 그리스도의 군사를 세우게 하신 후 그들을 좋은 군사로 만드는 일을 하게 하셨다. 바울 사도가 디모데를 그리스도의 좋은 군사로 만들었듯이 성회에서 그리스도의 군사로 임명한 사람을 좋은 군사로 만들라고 하셨다. 그래서 만든 것이 '인텐시브 코스(intensive course)' 성회다.

"네가 그리스도 예수의 좋은 군사로 나와 함께 고난을 받을지니"(딤후 2:3, 개역한글).

첫 번째 성회는, '하나님의 음성 듣기 및 예언' 성회다.
하나님의 음성을 듣는 것은 성령 하나님의 음성을 듣는 것이다. 성령이 성 삼위 하나님이시기에 하나님의 음성 듣기로 표현한 것이다. 하나님의 음성을 듣는 것은 다른 말로 하면 하나님께서 나에게 하시는 말씀을 듣는 것이다. 그런데 왜 성회 이름을 '하나님의 말씀 듣기'라 하지 않고 '하나님의 음성 듣기'로 했느냐면 '하나님의 말씀 듣기'라 하면 기록된 하나님의 말씀, 즉 성경 말씀을 듣는 것과 같은 의미로 해석될 여지가 있기 때문이다.

여기에 '예언'을 포함한 것은 하나님의 말씀을 들을 수 있는 사람은 조금만 영적인 지도를 받고 성령의 은사를 받으면 예언도 할 수 있기 때문이다. 좋은 군사가 되려면 성령 하나님께서 나에게 하시는 음성을 잘 들을 수 있어야 한다.

두 번째 성회는, '내적 치유' 성회다.

'내적 치유' 성회는 성장하는 과정에서 생긴 마음의 상처와 바르지 못한 성품, 잘못된 생각을 치유함으로 예수님의 성품과 인격을 갖출 수 있도록 돕고자 만든 성회다. 좋은 군사가 되려면 성품과 인격이 좋아야 한다.

세 번째 성회는, '사도 바울 기름 부음' 성회다.
'사도 바울 기름 부음' 성회는 바울처럼 성령의 기름 부음을 받아서 사역하자는 취지의 성회다. 그래서 '사도 바울 기름 부음' 성회는 목회자만을 대상으로 한다. 좋은 군사 중에 최고의 군사는 바울 사도다.

네 번째 성회는, '가족 치유' 성회다.
'가족 치유' 성회는 2014년 9월부터 시작한 성회로 설 연휴와 추석 연휴 기간에 2인 이상 가족을 초청해서 하는 성회다. 성회를 참석하고 싶어도 평상시에는 바쁜 일상으로 성회를 참석할 수 없는 분들이 명절 휴일을 맞아 가족들과 함께 성회에 참석할 수 있게 하고자 특별히 가정을 배려해서 만든 성회다. 좋은 군사는 좋은 가정을 만든다.

이렇게 하나님께서는 나에게 치유 성회를 열어 그리스도의 군사를 세우게 하신 후 좋은 군사 만드는 일을 하게 하셨다. 독자들이 이 책을 통해 주님이 하시는 일에 참여하길 기도한다.

05

의심하지 말고 함께 가라, 내가 그들을 보내었느니라

> 베드로가 그 환상에 대하여 생각할 때에
> 성령께서 그에게 말씀하시되
> 두 사람이 너를 찾으니 일어나 내려가 의심하지 말고
> 함께 가라 내가 그들을 보내었느니라 하시니
> (행 10:19-20)

그 선교사를 통해 일본에 가라

사도행전 10장에 보면 고넬료가 환상 중에 베드로를 청하라는 천사의 말을 듣게 된다. 고넬료는 천사의 말에 순종하여 호위하는 병사를 부쳐서 하인 두 사람을 베드로에게 보낸다. 하인 두 사람이 베드로의 집에 도착해서 문을 두드릴 때 지붕 위에서 기도하고 있던 베드로가 두 사람이 자기를 찾는다는 것을 알았다.

그럼, 지붕 위에서 기도하고 있었기에 두 사람이 자기를 찾는 것을 보지도 못했고, 누구에게 연락을 받은 적도 없는데 베드로는 어떻게 알았을까?

성령이 베드로에게 임하셔서 알려주셨기 때문이다.

"성령께서 그에게 말씀하시되 두 사람이 너를 찾으니 일어나 내려가 의심하지 말고 함께 가라 내가 그들을 보내었느니라"(행 10:19-20).

주님의 말씀을 듣고 내려가 보니 정말로 고넬료가 보낸 두 사람이 자기를 찾고 있었다. 이에 베드로는 성령 하나님의 말씀에 순종해서 고넬료의 집에 가서 복음을 전했다.

베드로가 성령의 인도를 받고 고넬료의 집에 가서 복음을 전할 때 베드로와 함께 간 여섯 명은 놀라운 광경을 보게 되었다. 하나님께서 오순절 날 마가의 다락방에 모여 기도하던 120여 명에게 성령을 부어주신 것처럼 그곳에 모인 사람들에게도 성령을 부어주신 것이다.

베드로에게 일어난 일과 비슷한 일이 나에게도 일어났다. 베드로에게 역사하신 하나님은 2천 년의 시간과 이스라엘 나라와 대한민국이라는 공간을 넘어 나에게도 역사하셨다.

제34차 치유 성회(2011. 8. 29. - 9. 1) 하루 전날이었다. 성회에 등록한 사람 중에 특별히 관심이 가는 사람이 있었다. 일본에서 신청한 김 선교사님이다.

선교사가 등록한 것은 8차(2008. 5. 12. - 14)에 중국 선교사가 등록한 후 처음 있는 일이었다. 8차에 선교사가 등록한 후 34차에 일어난 일이니까 관심이 가기도 했지만, 1년 전에 성회에 하루 참석하고 간 일본 선교사님과 일본 집회에 관해서 얘기한 것이 있어서 더 관심을 가졌다.

1년 전 참석했던 일본 선교사님은 정식 등록은 하지 않고 친구 목사님에게 이끌려 성회에 참석했다. 친구가 하루만이라도 참석해보라고 권해서 참석했었는데 그날 집회가 다 끝난 후 그 선교사님이 나를 찾아와 "저는 일본에서 매년 3-4회 대형 집회를 개최합니다. 한 번 집회할 때마다 도쿄를 비롯해 여러 도시를 돌면서 집회를 합니다. 그동안 세계적으로 유명한 목사님도 많이 모셨습니다."라고 말하면서 나를 일본에 초청했다. 그 초청을 받고 기도해보겠다고 대답하고 일본에 가면 연락하라고 말하고 헤어졌다.

다음날 그 일본 선교사님이 제안한 것을 하나님께 말씀드리며 하나님의 인도하심을 구했는데 아무런 느낌이 없고 응답도 없었다. 몇 번을 기도해도 똑같았다. 그래서 하나님께 맡기고 신경 쓰지 않았다. 그 선교사님 역시 일본에 돌아간 후 아무런 연락이 없었다.

그런 일이 있은 지 얼마 지나지 않아 일본에서 선교사님이 성회에 참석하게 되니 왠지 호기심이 생겼다. 그래서 성회 준비를 위한 기도 시간에 그에 관해 하나님께 여쭤보았다.

"하나님, 이번 성회에 일본에서 김 선교사님이 등록을 했는데, 이분을 향한 하나님의 특별한 뜻이 있습니까?"

나의 질문이 끝나자마자 성령이 임하시면서 말씀하셨다.

"그 선교사가 이번에 너를 일본 집회에 초청할 것이다. 그 선교사를 통해 일본에 가라."

성령의 음성을 듣고 성회에서 일어날 일을 기대하면서 제34차 치유 성회를 시작했다. 일본에서 온 그는 맨 앞자리에 앉아서 성실하게 성회에 임했다.

둘째 날 오후 시간이 끝난 후 나는 하나님의 뜻을 확인코자 선교사님을 저녁 식사에 초대했다. 그는 자신을 소개한 후 놀랍게도 나를 일본 집회에 강사로 초청했다. '在日韓国基督教教会師連合会'가 주관하는 '2012年度日本宣教大会'였다.

'在日韓国基督教教会師連合会'는 일본에서 사역하고 있는 한인 목회자들과 선교사들이 모여 만든 단체로서 매년 1월 1일부터 2박 3일간 전 회원이 총회를 겸해 모이는 수련회였다.

수련회 때마다 2명의 강사를 초대하는데, 1주일 전 임원회의 때 기독교백주년기념교회 이재철 목사님을 강사로 정했다고 했다. 그리고 또 한 사람을 찾고 있었는데 때마침 한국에 있는 친구가 나를 추천했다고 했다. 그래서 임원들에게 "내가 한 군데 가 볼 곳이 있습니다. 그곳에 다녀온 후에 강사를 정합시다."라고 말하고, 내가 어떤 사람인지 직접 참석해서 알아보고 강사로 초청할 것인지 말 것인지 결정하기 위해 치유 성회에 참석했다고 했다.

나는 선교사님의 말을 들으면서 그가 나를 일본 집회에 초청할 것이라고 말씀해주신 하나님을 찬양했다. 고넬료는 천사의 말을 듣고 하인들을 보내 베드로를 초청했는데 그는 친구 목사의 말을 듣고 직접 나를 찾아와 초청했다. 친구가 천사의 역할을 했다.

그때 선교사님에게 주일 저녁 기도 중에 성령께서 나에게 하신 말씀을 전해주면서 기꺼이 가겠다고 말했다.

성령 충만한 사람들을 통해 사역이 놀랍게 확장되다

하나님께서는 김 선교사님처럼 성령으로 충만한 사람들을 통해 나의 사역이 확장되게 하셨다. 2011년부터 기독교 방송에 출연하게 하셔서 방송으로 사역을 확장하게 하셨는데, 그 일은 현재 GOODTV 기독교 방송국 선교기획 본부장으로 재직하고 있는 이평찬 목사님이 도움을 주었다.

당시 그는 CTS 기독교 방송국에 근무할 때인데 나를 방송에 데뷔시키고, 뉴스를 비롯해 칼럼 "빛으로 소금으로", 교회탐방 특별 방송 "샬롬 인터뷰", 교회 탐방 공개 방송 "우리교회 최고" 등 많은 프로그램에 출연하도록 도와주었다.

GOODTV 기독교 방송국 본부장으로 영전한 후에는 "능력의 기도"에 5년간 고정적으로 출연하도록 했고, 내가 이끄는 그리스도군대세계선교회와 GOODTV 기독교 방송 간에 MOU를 체결하도록 하고 서로 협력할 수 있게 했다.

안산 순복음새생명교회 신동오 목사님은 성령의 인도를 받아 내가 섬기는 기쁨의교회를 극동방송 "우리교회 좋은교회"에 출연하도록 도움을 주었다.

대전 세계로교회의 김성기 목사님은 성령의 인도를 받아 나를 대한예수교장로회 통합 교단의 부흥사 단체인 총회 부흥전도단 부단장으로 영입함으로 총회 차원에서 활동할 수 있도록 길을 열어주었다.

서울 보라성교회 송일현 목사님은 성령의 인도를 받아 나를 한국 교회의 대표적인 초교파 부흥사 단체인 한국기독교부흥협의회 실무회장으로 영입함으로 교파를 초월해서 부흥사들과 연합하여 한국 교회 부흥을 위해 일할 수 있도록 이끌어주었다. 책을 쓰고 있는 지금 나는 한국기독교부흥협회 상임회장으로 일하고 있다.

한국기독교부흥협의회는 1969년 조직되어 53년의 역사를 가진 부흥사 단체로서 2-3대 대표회장에 신현균 목사님, 4대 대표회장에 조용기 목사님, 44대 송일현 목사님, 49대 윤보환 감리교 감독님, 50대 임준식 목사님이 역임하는 등 한국 교회를 부흥시키는데 크게 기여한 부흥사 단체이다.

서울 목양교회 임준식 목사님은 성령의 인도를 받아 나를 (사)국제기독교이단대책협의회 상임회장으로 영입함으로 한국 교회를 바른 신학, 바른 교리, 바른 신앙 위에 세우는 일에 헌신하게 했다. 그리고 신학적으로 내가 더욱 공고해지도록 인도해주었다.

장로회신학대학교 총장을 역임하시고, 퇴임 후 온신학 아카데미를 세우셔서 한국 교회와 세계 교회를 온전한 신학 위에 세우고자 애쓰시는 김명용 원장님은 신학대학원 시절 나의 스승이며 내가 가장 존경하는 신학자다. 그는 나를 온신학 아카데미 이사로 영입함으로 내가 계속해서 교수님의 지도와 훌륭한 신학자들의 도움을 받아 성령 사역을 잘 감당할 수 있도록 길을 열어주고 있다.

이상 언급한 분들 외에도 하나님께서는 성령의 인도를 받는 하나님의 사람들을 감동케 해서 나를 이끌어주게 하고, 돕게 하고, 비성경적인 잘못된 길로 빠지지 않도록 지켜주게 하셨다.

  산에 붙은 불은 그 불을 끄려고 치면 주변으로 더욱 번져나간다. 사도행전 8장에서도 보면 예루살렘 교회에 붙은 성령의 불을 끄려고 사탄이 자기에게 속한 사람들을 통해 계속 방해를 하지만, 성령의 불은 꺼지지 않고 오히려 유대와 사마리아 모든 땅으로 번져나갔다.

  내 경우도 보면 사탄이 나의 사역을 막고 방해하려고 했지만, 하나님께서는 이렇게 성령의 인도를 받는 하나님의 사람들과 성회 참석자들을 통해 나의 사역이 더욱 확장되게 하셨다.

반전이 있었던 일본 성회

  성령께서 내게 하신 말씀대로 나는 김 선교사님을 통해 2012년 1월에 일본 선교 대회에 강사로 가게 되었다. 베드로는 고넬료의 집에 갈 때 6명을 인솔해서 갔는데, 나는 22명을 인솔해서 갔다.

  베드로가 성령의 말씀을 듣고 고넬료의 집에서 집회를 했듯이 나도 성령 하나님의 말씀을 듣고 일본에서 집회를 하게 되었으니 당연히 내가 일본 집회에서 말씀을 전할 때 한국 집회에서 역사하신 것처럼 일본 집회에서도 역사하실 것을 기대했다.

  "내가 말을 시작할 때에 성령이 그들에게 임하시기를 처음 우리에게 하신 것과 같이 하는지라"(행 11:15).

  그런데 이것이 어찌 된 일인가? 일본 선교 대회에서도 한국 성회처럼 하나님의 역사는 강하게 나타났지만, 내가 가르치는 말씀에 마음 문을 열지 않는 선교사들이 있었다. 몇몇 선교사는 귀신을 쫓아내는 사역을 보고 강하게 반발하고 불평하면서 문제를 제기하기도 했다.

나중에 생각한 것이지만 한국에서의 치유 성회와 일본 선교 대회와는 근본적인 차이가 있었다. 한국에서의 치유 성회는 내가 인도하는 치유 성회가 어떤 성회인가를 알고 간절히 사모하는 마음으로 회비를 내고 참석한 사람들이 대부분이었다. 그러나 일본 선교 대회 참석자는 1년에 한 번씩 열리는 총회와 수련회, 친교를 위해 의무적으로 참석한 사람들이었다. 똑같은 사람이 설교해도 듣는 사람이 어떤 마음으로 듣느냐에 따라서 받는 은혜가 달라지듯이 한국 성회와 일본 성회는 근본적인 차이가 있었다. 그래서 일본 선교 대회는 기대했던 한국 성회처럼 되지 않았다. 비록 많은 선교사가 은혜를 받았지만 기대가 컸기에 실망감도 컸다. 마음이 좋지 않았다. 집회가 끝나고 하네다 공항으로 가는 버스 안에서 하나님께 기도했다.

"하나님, 일본 성회가 한국에서와 같은 성회가 될 것을 기대하며 기도했는데, 이것이 어떻게 된 것입니까? 마음이 우울합니다. 이제 어떻게 하면 좋겠습니까?"라고 답답한 마음으로 기도하는데 성령이 임하셔서 말씀하셨다.

"이번 성회에서 내가 은혜 준 사람들이 있다. 그들을 중심으로 일본 치유 성회를 시작하라. 첫 번째 성회 비용은 네가 후원하라."

성령 하나님의 말씀을 들으니 다시 힘이 났다. 한국에 돌아오자마자 김 선교사님과 일본선교사연합회의 총무를 맡고 있던 노 선교사님에게 성령께서 나에게 하신 말씀을 전해주고 제1차 일본 치유 성회를 갖자고 제안했다.

감사하게도 그들이 적극적으로 나서서 함께 해주었다. 성령의 말씀대로 일본 선교 대회에서 은혜받은 선교사들이 많이 있었다. 그들 중 대여섯 명의 선교사는 한국에서 열리는 치유 성회에도 참석했다. 그들을 포함해서 모두 모아보니 30여 명이나 되었다.

마침내 제1차 일본 치유 성회가 그해 6월 11일(월)부터 14일(목)까지, 3박 4일, 후지 리프레쉬 센터에서 열렸다.

이번에는 고넬료의 집에 모인 사람들처럼 첫 시간부터 모두 마음 문을 열고 내가 전하는 말씀에 귀를 기울였고, 내가 가르치는 대로 기도도 뜨겁게 하고 내가 하는 사역에도 열심을 갖고 참여했다. 한국에서는 13명의 협력사역자가 나와 함께 가서 그들을 위해 기도해주었다. 하나님께서 매시간 성령으로 강하게 역사하셨다.

한국에서 열린 치유 성회와 같은 성령의 역사가 나타났다. 동행한 13명의 사역자가 이구동성으로 "한국에서 열린 치유 성회와 같았다."고 말했다.

이렇게 하나님께서는 결국 베드로에게 행하신 것처럼 나에게도 행하셨다. 다만 베드로에게는 없었던 반전이 있었다. 그러다 보니 더 흥미진진한 이야기가 만들어졌다. 나의 기도를 들으시고 베드로에게 일어난 일이 나에게도 일어나게 해주신 하나님께 무한히 감사드린다.

> # 06
>
> ## 우리가 곧 마게도냐로 떠나기를 힘쓰니

> 성령이 아시아에서 말씀을 전하지 못하게 하시거늘
> 그들이 브루기아와 갈라디아 땅으로 다녀가
> 무시아 앞에 이르러 비두니아로 가고자 애쓰되
> 예수의 영이 허락하지 아니하시는지라
> 바울이 그 환상을 보았을 때
> 우리가 곧 마게도냐로 떠나기를 힘쓰니
> 이는 하나님이 저 사람들에게 복음을 전하라고
> 우리를 부르신 줄로 인정함이러라
> (행 16:6-7, 10)

중국 성회는 일단 내려놓아라. 캄보디아에서부터 시작하라

제8차(2008. 5. 12. - 14) 치유 성회 때 중국에서 사역하고 있는 김 선교사님이 참석했다. 그의 딸이 7차 치유 성회에 참석해서 큰 은혜를 받고 친정아버님을 모시고 왔다.

집회가 끝나는 날 성회 참석자에게 간증 시간을 주었는데, 그가 앞에 나와 간증하면서 이와 같은 집회가 중국 선교지에도 꼭 필요하다고 말하면서 본인이 사역하고 있는 곳에 오셔서 집회를 열어달라고 정식으로 요청하였다.

갑자기 일어난 일이었지만 나는 해외 선교를 위해 오랫동안 기도하고 있었기 때문에 하나님께서 마침내 응답하시나 보다 생각하고 그 자리에서 가겠다고 화답했다. 그런 후 그날부터 중국 성회를 위해 기도를 시작했다. 그런데 중국에 돌아간 선교사님으로부터 연락이 오길, 중국 공산당이 북경올림픽(2008. 8. 8. - 24) 준비로 인해 통제를 강화하고, 검문검색을 심하게 하기 때문에 집회를 여는 것이 어렵게 되었다고 연락이 왔다. 그래서 북경올림픽이 끝난 후 중국에 갈 것을 생각하면서 기도했다.

올림픽이 끝나고 이제는 집회를 열 수 있으려나 기대했는데, 선교사님으로부터 연락이 오길, 집회를 할 수 없는 상황이 계속되고 있다고 하면서 집회를 할 수 있게 되면 연락하겠다고 했다. 그런데 한 달이 지나가도 연락이 없고, 두 달이 지나도 연락이 없었다. 그래서 가려고 계획했던 중국을 가지 못하고 계속 기도만 하게 되는 상황이 되었다.

2009년 8월 7일, 다니엘 캠프와 관련된 일로 주님의 뜻을 알고자 기도할 때에 성령께서 임하셔서 다니엘 캠프와 관련된 질문에 응답해주셨다.

성령의 음성을 들은 후 이렇게 성령이 나에게 임하셨을 때 기회를 놓치지 말고 그동안 기도해왔던 중국 집회에 관해서 여쭤봐야겠다고 생각하고 성령 하나님께 물었다.

"하나님, 중국 성회는 어떻게 하면 좋겠습니까?"

내 질문이 끝나자마자 주님께서 마치 기다렸다는 듯이 말씀하셨다.

"중국 성회는 일단 내려놓아라. 캄보디아가 준비되어 있다. 캄보디아에서부터 시작하라."

성령의 음성을 들은 후 그동안 이러지도 저러지도 못하고 1년 이상 계속 기도하고 있던 중국 성회를 내려놓고 캄보디아 성회를 새롭게 준비하기 시작했다.

만약 내가 성령 하나님의 음성을 듣지 못했으면 아마도 나는 계속 중국 성회를 위해 기도하면서 애를 썼을 것이다. 왜냐하면 중국 성회는 하나님의 뜻이라고 생각할 수 있는 충분한 이유가 있었기 때문이다. 그러나 성령의 말씀이 있었기에 추진하던 계획을 내려놓고 전혀 생각지 못했던 캄보디아로 가게 되었다.

나에게 일어난 이와 같은 일은 사도행전 16장에 기록된 바울에게 일어난 것과 비슷하다. 바울은 제2차 선교 사역을 계획할 때 1차 선교 했던 곳을 돌아보면서 주변으로 더 확장해나가려고 했다. 성경을 보면 바울이 가고자 한 곳은 아시아 지역이었다.

이러한 바울의 계획은 나의 중국 성회 계획처럼 하나님의 뜻이라고 생각할 수 있는 충분한 이유가 있었다. 그런데 하나님께서 허락지 않으시고, 나를 캄보디아로 보내신 것처럼 바울을 마게도냐로 보내셨다.

"성령이 아시아에서 말씀을 전하지 못하게 하시거늘 그들이 브루기아와 갈라디아 땅으로 다녀가 무시아 앞에 이르러 비두니아로 가고자 애쓰되 예수의 영이 허락하지 아니하시는지라"(행 16:6-7).

"밤에 환상이 바울에게 보이니 마게도냐 사람 하나가 서서 그에게 청하여 이르되 마게도냐로 건너와서 우리를 도우라 하거늘 바울이 그 환상을 보았을 때 우리가 곧 마게도냐로 떠나기를 힘쓰니 이는 하나님이 저 사람들에게 복음을 전하라고 우리를 부르신 줄로 인정함이러라"(행 16:9-10).

이렇게 바울에게 일어난 일이 나에게도 일어났다. 나도 바울처럼 성령의 인도를 받아 내가 원래 가고자 했던 곳을 내려놓고, 전혀 생각지 못했던 곳으로 가게 되었다. 그리고 바울이 하나님의 인도하심에 순종하여 하나님께서 가라고 한 곳에 갔을 때 하나님의 예비하심과 하나님께서 행하시는 위대한 일들을 경험했듯이 나에게도 그러한 일이 일어났다.

바울의 선교 사역이 마게도냐 선교를 시작으로 그리스, 로마, 서바나로 확장되어 나갔듯이 나의 선교 사역도 캄보디아를 시작으로 아시아, 아프리카, 러시아, 북미, 중미, 남미로 선교가 확장되어 나갔다.

'바울과 루디아의 만남'과 같은 만남을 주시다

바울이 성령의 인도하심에 순종하여 마게도냐에 갔을 때 하나님께서 일이 잘 되도록 은혜 베풀어주신 것은 만남의 복이었다. 루디아와 만나게 하신 것이다(행 16:13-14). 이처럼 내가 성령의 인도하심에 순종하여 캄보디아 선교를 추진할 때 하나님께서는 나에게도 만남의 복을 주셨다.

하나님께서 내게 주신 만남의 복은 풍성했다. 성령 하나님의 말씀을 듣고 그해 1월에 치유 성회를 참석하고 돌아간 캄보디아의 이 선교사님께 연락했다. 하나님께서 나에게 캄보디아에 가서 선교를 위한 집회를 하라고 말씀하셨다고 전하면서 집회를 준비할 수 있겠냐고 물었다.

이에 그는 준비는 할 수 있는데, 자기가 준비할 수 있는 곳은 프놈펜시에서 버스로 5시간 정도 가야 하는 시골 작은 마을이라고 했다. 그곳에서 5년 정도 사역하고 최근 프놈펜으로 사역지를 옮겼다고 했다. 교회 건물은 있고, 교인들은 성인 20여 명에 어린아이들과 학생들을 포함하면 40-50명 된다고 했다.

하나님의 말씀에 순종하는 것이 중요했기에 시골이어도 괜찮고, 적은 인원이 모여도 괜찮다고 말하고 집회를 잘 준비해달라고 부탁했다. 집회는 다음 해 2010년 4월에 갖기로 했다.

그렇게 첫 번째 해외 성회를 설레는 마음으로 준비하면서 10월에 열린 17차 치유 성회에서 성회 참석자들에게 캄보디아 성회에 대해 말하고 중보 기도를 부탁했다. 그런데 놀라운 일이 생겼다. 기도를 부탁했을 뿐인데 협력사역자 목사님들과 성회에서 은혜받은 목사님들이 너도나도 함께 가고 싶다고 신청했다.

그중 성권용 목사님은 "이종선 목사가 캄보디아 성회에 관해 성령께 들은 말씀은 내가 말한 것이다. 너도 함께 가라."고 성령이 말씀하셨다고 하면서 신청하기도 했다.

캄보디아 성회에 함께 가고 싶다고 신청한 목사님이 연말이 되기도 전에 20명이 넘었다. 기쁨의교회 성도만도 10명이 넘었으니 합하면 30명이 넘는 사람이 가게 되었다. 감사한 일이다. 그럼에도 당황스러웠다.

내가 갈 곳은 캄보디아 프놈펜에서 버스로 5시간이나 가야 하는 시골에 있는 작은 교회이고, 어린아이들까지 다 포함해서 40-50명인데 어떻게 이렇게 많은 목사님이 함께 가려고 하는지 참으로 황당하기까지 했다. 그렇지만 하나님의 깊으신 뜻이 있었다. 그 뜻을 알기까지는 그리 오래 걸리지 않았다.

캄보디아 성회를 추진하고 있는 상황에서 때마침 2010년 1월 치유 성회에 캄보디아에서 문 선교사 부부가 참석했다. 문 선교사님은 캄보디아가 선교사를 받아들이는 초기에 들어간 선교사로서 프놈펜에 세 개의 교회를 개척했고, 캄보디아에 세운 장로교신학교의 학장을 역임한 적도 있으며, 캄보디아 선교사회의 회장으로 봉사한 적도 있어서 캄보디아 내에서는 영향력이 있는 선교사였다.

게다가 나와는 같은 장로교 통합 교단에 속한 목사이고, 후배이며, 파송 교회의 담임 목사님은 나와 개인적으로 친분이 있는 목사님이었다. 그런 문 선교사님 부부가 치유 성회를 참석한 후 캄보디아 성회를 돕겠다고 했다. 천군만마를 얻은 기분이었다.

하나님의 놀라우신 섭리!

더 놀라운 일은 그 다음에 일어났다. 문 선교사님 부부가 캄보디아 성회를 돕기로 했다는 소식을 전할 겸 캄보디아 성회 준비 관계를 점검하려고 2월 초에 이 선교사님께 연락을 취했다. 그러자 이 선교사님께 좀 복잡한 일이 생겼고, 그로 인해 성회를 준비하는 데 어려움이 있다고 했다. 그럼, 문 선교사님이 주관하도록 해도 되겠냐고 물었더니 그렇게만 되면 너무 좋겠다며 흔쾌히 받아들였다.

문 선교사님 부부 역시 이 선교사님의 사정을 전하고 집회를 주관해 달라고 부탁하니 기꺼이 해보겠다고 했다. 문 선교사님 부부가 집회를 주관하게 되면서 성회 계획이 완전히 새롭게 되었다.

후에 깨닫게 된 것은 이 모든 일이 우연 같이 일어났지만, 우연이 아니었다. 하나님이 행하신 일이었다. 하나님께서 보이지 않는 손길로 이 모든 일을 섭리하셨다.

집회 장소가 시골에서 프놈펜시로 변경되었고, 문 선교사님이 개척한 세 개의 교회(AGAPE, HOPE, JOY) 중에 교통이 가장 편리한 교회로 정했는데 놀랍게도 우리 교회 이름과 똑같은 JOY CHURCH였다.

집회 장소보다 더 놀랄 일이 일어났다. 집회 날짜였다. 원래 계획은 4월 두 번째 주간이었는데, 문 선교사님이 맡으면서 5월 첫 번째 주간(2010. 5. 3. 월 - 2010. 5. 5. 수)으로 조정되었다.

그로 인하여 교회 창립 20주년 기념 예배를 감격적으로 드리게 되었다. 5월 2일(주일) 오전에 교회 창립 20주년 감사 예배를 드리고, 오후에는 기쁨의교회 창립 때부터 교회의 비전으로 선포했던 세계 선교의 꿈을 따라 성도들의 환송을 받으며 교인 14명과 함께 공항으로 가게 되었다.

하나님의 타이밍을 보라! 얼마나 놀라운가? 이렇게 작은 것 하나까지 신경 써주시는 하나님을 내 어찌 좋아하지 않을 수 있으랴! 그분을 증거하지 않을 수 있으랴!

성회 비용을 놀라운 방법으로 공급해주신 하나님

하나님께서는 캄보디아 집회에 필요한 비용을 직접 공급해주시므로 캄보디아 성회가 하나님께서 베풀어주시는 은혜임을 확증시켜 주셨다.

문 선교사님이 치유 성회와 똑같이 캄보디아 성회를 준비하겠다고 하면서 몇 명을 모집하면 좋겠냐고 물었다. 캄보디아는 가난한 나라이고 선교지이기 때문에 모든 집회 비용을 집회 주관자가 후원해야 한다고 하면서 후원금은 1인에 2만 원 생각하라고 했다. 그래서 기도하고 결정하겠다고 하면서 며칠만 시간을 달라고 했다. 그런데 놀라운 일이 일어났다. 다음날 오후에 치유 성회 참석자 중 한 사람으로부터 전화가 왔다. 새벽 기도 시간에 성령의 음성을 들었다고 하면서 4백만 원을 기쁨의교회 통장에 입금했다고 했다. 도대체 무슨 말씀을 들었기에 4백만 원이나 되는 많은 돈을 보냈을까?

"4백만 원을 이종선 목사에게 보내라. 그가 필요한 곳에 쓰라고 해라."

"와~ 놀라우신 하나님!" 나는 그 돈이 캄보디아 성회에 쓰라고 하나님께서 주시는 돈임을 알고 즉시 문 선교사님께 연락했다. "200명 모집하세요."

캄보디아 성회가 이렇게 진행되는 것을 보면서 7개월 전 캄보디아 성회를 준비할 때 시골에 어린아이까지 다 모여도 4-5십 명 모이는 곳에 목회자가 20여 명이나 신청하는지 의아했는데 담당자가 바뀌고 성회 계획이 변경되는 것을 보면서 하나님께서 멀리 내다보시고 하시는 일이 참으로 놀랍기만 했다. 결국엔 기쁨의교회 성도 13명, 성회에서 은혜받고 나와 함께하게 된 목회자 20명, 다니엘 캠프 제자 청년 5명, 총 39명이나 되는 대부대를 인솔하고 갔다.

이와 같이 바울에게 이루어진 일이 나에게도 이루어졌다. 다만 바울은 배를 타고 하나님께서 지시하신 곳으로 갔다면, 나는 비행기를 타고 갔다. 바울은 세 명을 인솔하고 갔다면 나는 39명을 인솔하고 갔다. 나와 우리 기쁨의교회의 20년 기도에 대한 하나님의 응답은 이렇게 기막힐 정도로 멋지게 이루어졌다.

캄보디아 성회는 처음부터 끝까지 하나님의 은혜로 충만한 감격스러운 성회였다. 한순간 한순간이 모두 다 은혜였다. 30여 명 되는 선교사님들이 교회 청장년을 데리고 왔다. 박 선교사님은 본인이 운영하는 신학교 학생 전원을 데려왔다. 예배당 안에 300여 명이 참석하게 되었으니 발 디딜 틈 없었다.

온도는 40도 정도 되어 덥기가 한량없었고, 가만히 서 있기만 해도 땀이 온몸에서 줄줄 흘러내리고 있었지만, 하나님께서 베푸시는 은혜로 인해 더운 줄도 모르고 신나게 집회를 인도했다. 함께 간 39명의 사역자도 더위를 아랑곳하지 않고 캄보디아 성도들과 청년들을 위해 간절히 기도해주고 사역해 주었다.

빌립이 사마리아에서 한 집회와 같았다(행 8:5-8). 지금도 그때만 생각하면 가슴이 벅차오른다.

지금까지 기쁨의교회가 30회 이상 창립 기념 감사 예배를 드렸는데 그 모든 감사 예배 중 최고는 단연코 20주년 감사예배다. 그런 감격적인 감사 예배를 드릴 수 있었던 것은 하나님께서 바울을 인도해주셨듯이 나를 인도해주셨기 때문이다. 하나님은 지금도 살아계셔서 성경대로 행하신다!

07

나라들은 네 빛으로, 왕들은 비치는 네 광명으로 나아오리라

> 일어나라 빛을 발하라 이는 네 빛이 이르렀고
> 여호와의 영광이 네 위에 임하였음이니라
> 보라 어둠이 땅을 덮을 것이며 캄캄함이 만민을 가리려니와
> 오직 여호와께서 네 위에 임하실 것이며
> 그의 영광이 네 위에 나타나리니
> 나라들은 네 빛으로,
> 왕들은 비치는 네 광명으로 나아오리라
> (사 60:1-3)

예루살렘과 온 유대와 사마리아와 땅 끝까지 - '국제성령치유컨퍼런스' -

2010년 5월 2일, 기쁨의교회 창립 20주년 기념 주일을 기점으로 해외 성회가 시작되었다. 캄보디아 성회를 시작으로 하나님께서는 나를 필리핀, 인도, 몽골, 케냐, 러시아, 미국, 멕시코, 남미 볼리비아 등 세계 여러 나라로 보내셨다. 사도행전 1장 8절 말씀이 이루어진 것이다.

"오직 성령이 너희에게 임하시면 너희가 권능을 받고 예루살렘과 온 유대와 사마리아와 땅 끝까지 이르러 내 증인이 되리라 하시니라"(행 1:8).

그렇게 해외 사역이 확장되고 있을 때, 2012년 12월에 열린 49차 치유 성회에 외국인 근로자를 위한 사역을 하는 김 목사님이 참석했다.

그는 나에게 국내에 들어와 있는 외국인 근로자들이 100만 명이 넘는다면서 그들을 위한 선교의 중요성을 역설했다. 그들이 한국에 머무는 동안 전도하여 사역자를 만들어 본국에 돌아갈 때 선교사로 파송하는 것이 한국인 선교사를 파송하는 것보다 훨씬 효과적이라고 했다. 그런 논리로 그들을 위한 치유 성회를 열어 달라고 요청했다.

김 목사님과 얘기를 나눌 때 내 안에 계신 성령이 강하게 역사했다. 하나님께서 그를 통해 나에게 새로운 사역을 맡기신다는 것을 알 수 있었다. 그래서 그와 함께 선교 차원에서 외국인 근로자들을 대상으로 하는 치유 성회를 계획했다. 초청 대상은 해외 목회자와 한국에 들어와 있는 외국인 목회자와 근로자로 정했다.

성회 일정은 2013년 7월 1일부터 4일까지 3박 4일로 정했고, 금요일에는 1일 관광을 시켜주기로 했다. 참가비는 한국에 있는 사람들은 성의 표시로 1만 원을 받기로 했고, 해외에서 오는 목회자는 항공권만 본인이 부담하게 하고 숙식, 행사, 진행, 관광 등 모든 비용은 기쁨의교회에서 섬기기로 했다.

그렇게 '제1차 국제성령치유컨퍼런스'(International Holy Spirit's Healing Conference)를 계획하고 사람들을 초청했다. 과연 몇 명이 올까? 궁금했다. 그런데 놀랍게도 한국에 있는 외국인 목회자나 근로자보다 해외 각국에서 신청이 더 많이 들어왔다. 집회가 시작되었을 때 필리핀, 파키스탄, 네팔, 나이지리아 등 10개국에서 20여 명, 한국에 있는 외국인이 10

여 명, 총 30여 명이 참석했다. 열방에서 모인 것이다.

지하상가에 있는 교회에 10개국에서 찾아온 사람들이 모여 함께 하나님을 찬양하고, 기도하고, 예배하는 일이 일어났다. 기적 같은 일이 일어난 것이다.

나는 10개국에서 찾아온 목회자와 성도들에게 복음을 전하며 기도해 주었고, 우리 성도들은 기도와 사역으로 섬겼다. 감격 그 자체였다.

"이런 상가 지하에 열방에서 모여 오다니, 오 주님! 정말 하나님의 말씀은 놀랍게 이루어지는군요!"

"일어나라 빛을 발하라 이는 네 빛이 이르렀고 여호와의 영광이 네 위에 임하였음이니라 보라 어둠이 땅을 덮을 것이며 캄캄함이 만민을 가리려니와 오직 여호와께서 네 위에 임하실 것이며 그의 영광이 네 위에 나타나리니 나라들은 네 빛으로, 왕들은 비치는 네 광명으로 나아오리라"(사 60:1-3).

이 말씀이 나와 우리 교회에 이루어졌다. 본래 이 말씀은 이스라엘에 하나님의 영광이 임함으로 포로로 끌려간 이스라엘 백성들과 각국에 흩어져 있던 이스라엘 사람들이 돌아오게 될 것이라는 예언의 말씀이다. 그리고 장차 세상에 오실 예수님에게 일어날 일을 예언한 말씀이다. 그뿐만 아니라 이 말씀은 예수님을 믿는 자에게도 적용될 수 있는 예언이다.

놀랍게도 이 말씀이 나에게도 이루어졌다. 나와 우리 기쁨의교회에 하나님께서 영광과 진리로 임하시고, 나와 우리 기쁨의교회가 하나님의 영광을 나타내고 진리의 빛을 밝히게 되니 정말 열방에서 왕들이 찾아왔다.

내가 말하는 바를 혹시 오해하지 않도록 하기 위해 왕에 관해 말하면 베드로전서 2장 9절 말씀에 근거해서 하는 말임을 밝혀 둔다.

"그러나 너희는 택하신 족속이요 왕 같은 제사장들이요 거룩한 나라요 그의 소유가 된 백성이니"(벧전 2:9).

이 말씀에 의하면 예수님을 믿는 사람들은 하나님께서 택하신 족속이고, '왕 같은 제사장'이라고 했다. 이 말은 신정 일치 국가에서 왕이 백성의 제사장도 되듯이 왕으로서의 제사장을 의미하는 말씀이다.
이 말씀에 근거해서 목회자들이 해외에서 찾아온 것을 열방에서 왕들이 찾아온 것으로 표현했다.
첫 번째 성회는 목회자와 성도 모두 신청을 받았지만 두 번째 성회부터는 해외에서 오는 경우 목회자만 참석할 수 있도록 했다. 모든 성도가 왕 같은 제사장이지만 목회자는 더욱 확실한 왕 같은 제사장이라고 할 수 있을 것이다. 그리고 이사야 60장 3절에 보면 "나라들은 네 빛으로"라고 번역되었는데 개역한글 성경에는 "열방은 네 빛으로"라고 번역되었다.
"열방은 네 빛으로, 열왕은 비취는 네 광명으로 나아오리라"(사 60:3, 개역한글).

열방[列邦]이란 말은 "여러 열, 나라 방"으로서 여러 나라, 즉 세상 모든 나라를 의미한다. 그래서 영어 성경에서는 "All Nations"로 번역했다. 그런데 기이한 것은 제1차 성회 때부터 인원이 몇 명이 모였든 항상 10개국 이상에서 사람들이 모여들었다. 나는 그것을 보고 하나님의 세밀한 손길을 느낄 수 있었다. 하나님께서 10개국을 보내주신 깊으신 뜻이 있었다.

10개국은 열(숫자) 방(나라 방)으로 표현할 수 있다. 그래서 열방[10邦]은 열방[列邦]의 상징적인 의미가 될 수 있다. 하나님께서는 이렇게 세밀한 부분까지 신경을 써주셨다.

이렇게 국제성령치유컨퍼런스를 통해 이사야 60장 1-3절 말씀이 내게 이루어졌다. 참으로 놀라운 하나님의 은혜다.

1차에 이어 2차 성회를 치른 후 나는 이사야 60장 1-3절 말씀이 이루어지는 감격을 우리 협력사역자들과도 함께 하고 싶었다. 그래서 3차부터는 협력사역자 교회에서도 컨퍼런스를 진행했다.

'국제성령치유컨퍼런스'는 매년 1회 개최했는데, 차수가 더해 갈수록 해외에서 더 많은 목회자가 참석했다. 5차에는 13개국에서 80여 명이 참석했다. 그들 중에는 자국에서 수천 명 이상 되는 교회를 담임하고 있는 목회자들도 여러 명 있을 정도로 '국제성령치유컨퍼런스'는 해외 목회자들이 꼭 참석하고 싶은 성회가 됐다.

'국제성령치유컨퍼런스' 참석자 이야기 1 -파키스탄 에므릭 목사-

'국제성령치유컨퍼런스' 참석자 중에 파키스탄에서 온 에므릭 목사님이 있다. 그는 파키스탄 제일장로교회의 담임 목사로서 우리 한국인 선교사들이 세운 신학교의 교수로 한국인 선교사와 협력하고 있었다. 그로 인해 2014년 2월, 내가 파키스탄 파이살라바드라는 도시에 가서 파키스탄 목회자를 위한 집회를 했을 때 만나게 되었다.

그가 섬기는 파키스탄 제일장로교회는 미국 선교사들이 세운 교회로서 100년 이상 된 교회이며 성전도 크고 내가 2014년 2월 처음 방문해서 1일 집회를 했을 당시 1천 명 정도 모일 정도로 큰 교회다. 그 교회에서 1일 집회를 인도한 후 에므릭 목사님을 한국에서 열리는 '국제성령치유컨퍼런스'에 초대했다.

그런 연유로 그는 2014년 7월에 열린 2차 컨퍼런스부터 매년 계속 참석하게 되었다.

나 역시 매년 3월, 파키스탄에 가서 성회를 인도했는데, 그때마다 적어도 하루는 그 교회에서 집회를 인도한다. 그런데 놀랍게도 갈 때마다 교회가 부흥하고 있었다.

파키스탄은 이슬람 국가다. 우리나라에서도 교회를 부흥시키는 것은 결코 쉬운 일이 아닌데, 하물며 이슬람 국가에서 교회를 부흥시킨다는 것은 하나님의 능력이 아니면 불가능에 가깝다. 그럼에도 에므릭 목사님 교회는 내가 갈 때마다 교회가 부흥하고 있었다. 2천 명, 4천 명, 7천 명으로 매년 놀랍게 부흥했다.

그런 부흥을 힘입어 에므릭 목사님은 2019년에 5천 명 이상 들어갈 수 있는 새 성전을 건축했다.

그럼, 어떻게 그가 이슬람 국가에서 그런 놀라운 부흥을 일으켰을까? 그는 2017년 7월에 열린 제5차 '국제성령치유컨퍼런스'에 참석했을 때 다음과 같이 고백했다.

"매년 올 때마다 새로운 은혜를 받고 있고, 성령의 능력과 기름 부음을 받고 있습니다. 컨퍼런스에 다녀가면 교회가 부흥합니다. 그것을 매년 경험하고 있습니다. 컨퍼런스에는 교회 부흥의 기름 부음이 넘쳐납니다."

'국제성령치유컨퍼런스' 참석자 이야기 2 -필리핀 엔귀에로 목사-

제1차부터 필리핀에서 참석하고 있는 엔귀에로 목사님이 있다. 컨퍼런스 참석 전에는 성도가 100명이 안 되었는데 컨퍼런스 참석 후 1년 만에 2백여 명으로 부흥되었다. 그래서 2차부터는 매년 사모님과 함께 참석하고 있다.

'국제성령치유컨퍼런스' 참석자 이야기 3 -방글라데시 다스 목사-

4차부터 방글라데시에서 오고 있는 리뽄 다스 목사님은 한국 감리교 신학대학교에서 공부하고 목사 안수를 받은 자로서 방글라데시어, 영어, 한국어를 잘한다.

컨퍼런스에 오기 전, 그는 한국에 유학한 목사이고, 3개 국어에 능통하며, 방글라데시에서 가장 큰 교회인 다카중앙감리교회 담임 목사의 아들이었다. 그의 아버지는 방글라데시 감리 교단의 감독 회장으로 있었고, 리쁜 다스 목사님은 아버지의 뒤를 이어 방글라데시의 교회를 이끌어갈 장래가 촉망되는 목사였다. 그런데 무슬림 중 한 사람으로부터 고소를 당해 살인자라는 누명을 쓰고 감옥에 갇히는 등 억울한 일을 당했고, 그런 와중에 아내가 이혼을 선언하고 집을 나가는 등 극심한 환난을 겪으면서 목사의 길을 포기하려는 상태에 있었다.

바로 그때 하나님께서 우리 그리스도의군대세계선교회의 방글라데시 지부장으로 사역하고 있는 박 선교사님 부부를 만나게 하셨고, 박 선교사님 부부는 리쁜 다스 목사님을 제4차 '국제성령치유컨퍼런스'에 데리고 왔다.

그는 컨퍼런스를 통해 하나님의 큰 은혜를 받고 낙심에서 벗어났다. 지금 멋진 사역자로서 하나님의 일을 잘하고 있다. 그리고 내가 방글라데시에 가서 성회를 할 때마다 통역자로서 나를 돕고 있다.

5차 컨퍼런스에서 리쁜 다스 목사님이 쓴 간증문이다.

"나는 방글라데시 감리교 목회자의 지도자 중 한 사람입니다. 4차 컨퍼런스에 참석하기 전 나는 너무 큰 시험을 당해 목회를 그만두고 싶을 정도로 힘든 상황이었습니다. 컨퍼런스에 참석해서 내가 당한 모든 것이 내 안에 있는 악한 영이 한 일임을 깨닫게 되었습니다. 사무엘 리 목사님('사무엘 리'는 내가 세계 여러 나라를 다니며 복음을 전하게 되었을 때 하나님께 국제적인 이름을 달라고 기도해서 받은 이름이다)과 사역자들의 기도를 받을 때 성경에 기록된 대로 그 악한 영들이 쫓겨나갔습니다. 놀랍게도 이제 나도 병을 고치고 귀신을 쫓아내는 능력을 받았습니다. 그래서 새 힘을 얻고 지금은 목회를 잘하고 있습니다."

'국제성령치유컨퍼런스' 참석자 이야기 4 -러시아 알렉 목사-

4차 컨퍼런스부터 참석한 목사 중에 러시아의 띠호느부 알렉 목사님이 있다. 그는 1천 명 이상 되는 교회를 담임하고 있고, 마약 중독자 치유 사역으로 러시아에서는 아주 유명한 목사다.

그런 목사님이 4차 컨퍼런스에 참석한 후 다음과 같은 간증문을 남겼다. 그리고 컨퍼런스 때마다 참석하고 싶으니 컨퍼런스가 열리면 꼭 초청해달라고 부탁하고 있다.

"우리 교회는 1천 명 이상 모입니다. 교회를 설립한 뒤 하나님께서 놀라운 부흥을 주셨습니다. 그러나 나는 우리 교회가 더 부흥되길 원했습니다. 이를 위해서 무엇인가 나에게 더 채워져야 할 것이 있다는 것을 느끼고 있었습니다. 그래서 그것을 위해서 기도하고 있었습니다. 나는 4차 컨퍼런스에 참석해서 그것이 무엇인지 깨닫게 되었습니다. 내가 채워야 할 것은 예수님처럼 성령의 능력으로 병든 자를 고치고 귀신을 쫓아내는 능력입니다. 4차 컨퍼런스에서 그 능력을 받았습니다. 감사합니다."

이 외에도 많은 간증이 있다. 성경 말씀대로 하나님의 진리의 빛을 환하게 비추고, 성령의 능력으로 하나님의 영광을 나타냈더니 상가 지하에 있는 교회임에도 불구하고 세계 여러 나라에서 왕 같은 하나님의 사람들이 찾아왔다. 이 모든 일은 하나님이 하신 일이다.

이사야 선지자를 통해 B.C. 700년경에 말씀하신 하나님이 역사 속에서 말씀하신 대로 행하셨고, 이천칠백 년이 지난 지금도 변함없이 말씀하신 대로 행하고 계신다.

"기도는 시대를 초월해서 성경의 말씀대로 행하시는 하나님을 경험하게 만든다."

08

말씀에 순종하니 하나님께서 성전을 건축하셨다

> 그는 나를 위하여 집을 건축할 것이요
> 나는 그의 왕위를 영원히 견고하게 하리라
> (대상 17:12)

내가 가라고 했니? 네 믿음으로 갔지

"하나님, 사랑하는 아내가 성전을 건축해야겠다고 합니다. 성회 참석자들도 성전을 건축했으면 좋겠다고 합니다. 헌금까지 하는 사람도 있습니다. 어떻게 하면 좋겠습니까? 저는 이곳이 좋습니다. 성전 건축으로 인한 재정적인 문제를 다시 또 겪고 싶지 않습니다. 하나님, 어떻게 하면 좋을지 말씀해주세요."

성전 건축에 대해 아내와 교회 성도들, 성회에 참석한 사람들이 말할 때마다 내가 하나님께 드린 기도였다. 나는 당시 성전 건축을 피하고 싶었다. 성전 건축과 관련해서 트라우마가 있었기 때문이다.

교회를 개척하고 3년 차 되었을 때 기존 성전을 양도받는 방법으로 성전 건축을 한 적이 있다. 대지 140평에 1층 80평, 2층 80평, 지하 20평, 총 건평 180평 성전이었고, 인수 금액은 4억이었다. 당시 그 성전을 사용하던 교회는 부천 중동 신도시에 성전을 건축하고 이전했다.

그때 우리 교회는 4억을 만들 수 있는 재정적인 능력이 전혀 없었다. 그럼에도 그 성전을 양도받고자 한데는 이유가 있었다. 그 교회가 양도받을 교회가 나타나지 않자 매각과 전세, 어느 쪽이든 먼저 되는 쪽으로 하겠다고 하면서 후임자를 구했다. 그래서 우리 교회에서는 성도들과 의논하고 예배당으로 사용하고 있는 2층, 한 층을 전세로 사용하기로 했다. 보증금은 1억이었기에, 우리가 충분히 감당할 수 있었다. 그래서 추진하게 된 것이었다. 그런데 계약하기 하루 전, 그 교회 담임 목사로부터 연락이 왔다.

"목사님, 죄송합니다. 매입하겠다는 교회가 나타났습니다. 그러나 전세 계약이라 하더라도 목사님이 먼저 계약하려고 했으니 목사님이 매입하신다면 우선권을 드리겠습니다. 이번 주 안으로 답을 주세요."

그 말을 듣고 성도들과 의논했다. 성도들은 "목사님께서 기도하시고 결정하세요."라고 말하며 나에게 모든 것을 맡겼다. 하나님께 기도했다.
"하나님, 어떻게 하면 좋겠습니까?"
기도하고 또 기도했지만, 하나님께서는 아무 말씀도 하지 않으셨다.

매도하는 교회 담임 목사에게 답변할 날짜가 점점 다가왔다. 어찌할지 고민하다 결국에는 큰 믿음을 갖자고 마음의 결론을 내렸다.

"우리가 기도해서 그 성전을 양도받고 들어가기로 했는데 1억이면 가고 4억이면 못 간다는 것이 어디 될 말이냐? 하나님께는 1억이나 4억이나 그게 그것 아닐까? 맞다. 지금이 정말 큰 믿음이 필요할 때다. 하나님의 능력을 믿고 가자."라는 믿음으로 성전을 매입하는 쪽으로 결정했다.

하나님을 믿어도 내가 해야 할 것은 최선을 다해야 한다는 마음으로 부모님이 유산으로 준 집을 팔아 헌금하기로 했다. 내가 성전 건축을 위해 집을 판다는 것을 알게 된 여동생이 시세보다 좀 높은 금액인 1억 원에 사주었다. 그 1억 원을 하나님께 바치면서 기도했다.

"하나님, 나머지는 하나님께서 기적처럼 채워주세요."

교회를 개척하면서 예배 처소 마련을 위해 상가 건물 보증금 5백만 원과 시설비 5백만 원을 헌금했다. 1년 후 교회를 이전하면서 내가 살던 집 전세보증금 2천만 원을 빼서 헌금하고 성전으로 사용하는 상가 건물 한쪽 구석을 막아 사택을 만들어 살았다.

이번에는 성전 건축을 위해 부모님이 유산으로 남겨주신 집까지 팔아 바쳤다. 하나님께 바치고 나니 이제는 정말 아무것도 없는 사람이 되었다. 내가 이렇게까지 하는데, 하나님께서 나의 헌신을 봐서라도 성전 건축에 필요한 나머지 금액을 채워주시지 않겠는가 생각하며 하나님께서 역사하실 것을 믿었다. 그러나 나의 믿음과는 달리 하나님께서는 나머지 금액을 채워주지 않으셨다. 그래서 나머지 금액을 제2금융권에서 융자를 받아서 해결해야만 했다. 그로 인해 매월 은행 이자를 갚느라 너무나 힘든 시간을 보냈다. 헌금을 다 모아도 이자를 감당할 수 없었으니 더 말해 무엇하랴. 재정 문제 해결을 위해 아무리 기도해도 하나님께서는 일절 응답하지 않으셨다.

끝내 재정 문제를 해결하지 못하고 1년 동안 재정 문제로 죽도록 고생한 후 그 성전을 다른 교회에 양도해주고 상가 2층, 30평을 분양받아 이전했다. 그리고 3년 후에는 그것마저 정리하고 상가 지하로 이전했다.

아파트단지 내 상가 지하였다. 그곳에 사택을 만들어 초등학생이 된 어린 두 자녀와 함께 살았다. 자녀들을 생각할 때마다 마음이 아팠다. 친구들은 아파트에서 살고 있는데 우리 아이들은 상가 지하에 살고 있으니 아이들이 기가 죽지 않을까, 놀림이나 받지 않을까, 염려되어 자녀들을 위한 기도가 더욱 간절해졌다. 그러나 그것은 나의 기우였다. 하나님께서 성경에 약속하신 대로 딸과 아들에게 큰 은혜를 베풀어주셨다. 자녀들을 생각할 때마다 약속을 지켜주신 하나님께 감사드린다.

어느 날 성령이 임하셨을 때 개척 초기에 겪었던 성전 건축과 관련해서 하나님께 여쭤본 적이 있다.

"하나님, 그때 저는 하나님을 믿고 갔고, 부모님이 유산으로 준 집까지 팔아 하나님께 바쳤는데, 왜 나머지 재정을 채워주지 않았습니까?"

감사하게도 그날 성령 하나님께서는 내가 평생 마음에 새겨야 할 교훈의 말씀을 하셨다.

"내가 가라고 했니? 네 믿음으로 갔지."

성령의 음성을 듣는 순간 나는 머리를 망치로 한 대 두들겨 맞는 것 같았다. "아~ 그렇구나."

나는 그때 믿음에 관해서 큰 교훈을 얻었다. 믿음은 하나님께서 나에게 요구할 때 갖는 것이지, 내가 하나님을 필요로 할 때 갖는 것이 아니라는 것을 깨달았다.

성전 건축에 대한 하나님 말씀 1 - 조 목사에게 맡기라 -

그렇게 성전을 건축할 재정적 능력이 없음에도 불구하고 믿음으로 성전을 건축했다가 오랫동안 아픔과 고난을 경험했기에 성전 건축을 해야 한다고 아내와 교회 성도, 성회 참석자들이 말했어도 나는 하나님의 말씀이 없으면 절대 추진하지 않을 생각이었다. 그런데 성회에 참석하는 사람의 숫자가 늘어나서 매월 200여 명이 넘는 사람들이 참석하게 되니까 아내가 "힘들어요. 안 되겠어요. 성전을 건축해야 해요. 한 번 하나님께 간절히 기도해봐요."라고 사정하듯이 말했다. 그래서 성전 건축과 관련해서 간절히 하나님께 기도하니 2013년 7월경에 성령이 임하셔서 말씀하셨다.

"내가 조 목사를 통해 성전을 건축하겠다. 조 목사에게 맡기라."

성령의 음성을 듣고 조 목사님을 만나 우리 기쁨의교회 성전 건축을 부탁했다. 나는 그렇게 그에게 성전 건축에 관한 것은 맡기고 성회 인도에만 집중했다.

그러다 그가 좋은 것 나왔으니 한 번 보러 가자고 하면 가서 보고, 하나님의 뜻을 묻는 기도를 하고, 또 다른 것을 보러 가자고 하면 가서 보고, 하나님의 뜻을 묻는 기도를 했다. 그러길 반복하면서 2년이 지났다. 그동안 열 곳 이상을 본 것 같다.

2015년 말에 이르러 아내가 심각한 표정으로 말했다. "지금 이 상태로는 더는 성회를 할 수 없어요. 성전을 건축하고 나가야 해요. 그것이 안 되면 이곳을 리모델링이라도 해야 해요."

아내의 말을 듣고 두 달 시간을 달라고 했다. 두 달 동안 기도한 후 반드시 결단하겠다고 말했다. 교회에도 광고했다. 그런 후 두 달 동안 간절히 기도했다. 묻고 또 물어도 아무런 응답이 없었다. 그런데 기도할 때 내 영이 땅을 달라고 기도하는 것을 느꼈다. 하나님께서 아브라함에게 자손에 대한 약속과 땅을 주겠다고 약속하신 말씀이 자꾸 마음에 감동이 되었다. 그래서 주일 예배 광고 시간에 왠지 땅을 달라고 기도하게 된다고 말하며, 땅을 달라고 기도하면 좋겠다고 말했다.

이렇게 내 영이 땅을 달라고 기도하는 것을 느낀 지 얼마 지나지 않아 3월이 되었을 때 하나님의 분명한 응답은 없었지만, 아내와 성도들에게 말했다. "하나님께서 땅을 주시고 그곳에 성전을 건축하기 원하는 것 같습니다. 성전을 건축하는 쪽으로 결정했습니다. 성전을 건축할 땅을 달라고 기도합시다."

성전 건축에 대한 하나님 말씀 2 - 송기영 목사의 헌금은 내가 하게 한 것이다-

그런데 그런 광고를 한 후 3주 후, 3월 마지막 주간 수요일 아침, 다음 주에 열리는 치유 성회 등록자를 확인해보니 40명이었다. 황당했다. 최근 1-2년 동안은 성회 한 주 전에 최소 100명 이상 등록했고, 마지막 주에 접어들면 토요일도 되기 전에 정원 200명이 넘어 등록을 마감해야 하는 경우가 많았다.

그럼에도 마지막 주 수요일인데 40명 등록이라니 큰 충격이었다. 성전 건축을 하는 명분이 성회를 위해서인데, 성회에 40여 명 등록한다면 성전을 건축할 명분이 사라지는 것 아닌가.

성전 건축을 결정하자마자 이런 일이 터지니까 하나님의 뜻이 어디에 있는지 확인해야겠다고 생각했다. 하나님께서 막으시는 것일 수도 있고, 사탄이 막는 것일 수도 있었다. 영분별을 위해 기도하면서 교회 성도들과 협력사역자에게도 상황을 알리고 중보 기도를 요청했다.

2016년 4월 1일 금요일 아침, 아내가 나에게 협력사역자 중 한 사람인 송기영 목사님이 보낸 문자를 보여주면서 "송 목사님이 보낸 문자에요. 1천만 원을 헌금했어요."라고 말했다.

"사모님, 성전 건축을 위해 기도할 때 사탄이 막고 있다는 생각이 들었습니다. 그리고 기도할 때 성령께서 '그것 나에게 줄 수 있니?'라고 물으셨습니다. 그것은 언젠가 꼭 필요할 때 쓰려고 은행에 저축해놓은 것입니다. 성령의 음성을 듣고 아내와 얘기했는데, 둘이 한마음으로 그것을 성전 건축 헌금으로 드리기로 했습니다. 하나님께 드리는 것이니 부담 갖지 마시고 받아주세요."

송 목사님의 문자를 보고 깜짝 놀라 즉시 성전에 가서 하나님께 문자를 보여 드리며 기도했다.

"하나님, 송 목사가 보낸 문자입니다. 이것이 어떻게 된 일입니까? 이 일을 주님께서 하신 것이 맞습니까? 아니면 송 목사가 자기의 생각으로 한 일입니까?"

성령께서 임하셔서 말씀하셨다.

"송기영 목사의 헌금은 내가 하게 한 것이다. 내가 그와 같이 성전 건축 재정을 공급할 것이다."

성령 하나님의 말씀을 듣자마자 나는 그 자리에서 두 손을 들고 "할렐루야!"라고 외치며 하나님께 감사 기도를 올렸다. 드디어 성전 건축에 대한 하나님의 응답을 받았다. 하나님께서 성전 건축이 하나님의 뜻이라는 것을 송 목사님의 헌금을 통해 말씀해주셨다. 너무 감사한 것은 성전 건축을 위한 재정도 공급해주실 것을 약속해주셨다.

나는 그때부터 성전 건축을 적극적으로 추진했다. 성도들에게는 땅을 달라고 기도하라고 하고, 그 땅이 다음 세 가지를 충족시키는 곳이 되게 해달라고 기도하라고 했다.

첫째, 성전을 건축하면 우리 성도님들이 모두 갈 수 있도록 지금 있는 곳에서 너무 멀지 않은 가까운 곳에 달라고 기도합시다.

둘째, 성회를 위해 건축하는 성전이고, 성회 참석자들이 전국에서 찾아오니 전철과 시외버스터미널, 고속도로 출구에서 가까운 곳으로 달라고 기도합시다.

셋째, 대부분 차를 갖고 오니까 주차 문제를 해결할 수 있는 곳으로 달라고 기도합시다.

그렇게 성전 건축을 위해 기도하던 중 마침내 하나님께서 3년 전 나에게 말씀하신 대로 조 목사님을 통해 우리의 기도에 응답해주셨다.

성전 건축에 대한 하나님 말씀 3 -이것이다-

2016년 9월 11일, 주일 오후 6시였다. 조 목사님이 주소 하나를 문자로 보내주면서 가서 보라고 했다.

'인천시 부평구 일신로 81(지번: 일신동 33-7).'

아내와 함께 주소지를 찾아갔다. 땅을 보는 순간 얼마나 좋은지 "와~" 감탄사가 저절로 나왔다. '이것이다!'라는 성령의 강한 감동이 있으면서 그분께서 주는 기쁨이 솟아났다.

아내에게 물어보니까 아내도 똑같은 마음을 느꼈다고 하면서 "이것 꼭 삽시다. 절대 뺏기지 마요."라고 기쁘고 흥분된 소리로 말했다.

놀랍게도 우리가 성전 부지와 관련해서 기도한 세 가지 조건도 충족되는 땅이었다. 문제는 땅값이었다. 땅값이 우리의 재정으로는 감당할 수 없는 큰 금액이었다. 그럼에도 하나님이 우리의 기도 응답으로 주신 땅이라는 확신이 들었기에 나와 아내는 그날 그 자리에서 그 땅을 매입할 것을 결정했다.

"하나님, 감사합니다. 하나님께서 기도의 응답으로 주신 땅임을 믿습니다. 이 땅을 주옵소서. 이곳에 하나님을 위한 성전을 건축하겠습니다."

교회에 돌아와 즉시 당회를 열어 그 땅 매입을 결정하고 조 목사님을 통해 매입 절차에 들어갔다. 대금 지급 일자와 방법은 매도자가 원하는 대로 해주고, 가격은 매도자가 제시한 금액보다 많이 낮추어 18억 원으로 제안했는데 곧바로 계약이 성사되었다. 계약 성사 후 알게 된 사실은 매도자가 회사 자금 문제로 급히 매각해야만 하는 상황이어서 우리가 원하는 가격에 계약이 성사된 것이었다.

이제 우리가 할 일은 18억 원을 40일 안에 마련하는 것이었다. 당시 교회 재정은 현금 2억 원, 서산에 있는 기도원을 잘 팔면 약 2억 원, 성전으로 사용하고 있는 상가 건물을 잘 팔면 약 3억 원, 합계 총 7억 원이었다.

땅을 매입하는 데도 부족한 금액이 11억 원이나 되었다. 땅을 매입한 후에는 성전을 건축해야 하는데 땅값의 반도 안 되는 7억을 갖고 성전 건축을 추진했으니, 인간적으로는 망할 일을 추진한 것이다. 그러나 하나님의 인도하심이 확실했기에 이때야말로 정말 믿음이 필요할 때라고 생각하고 일을 추진했다.

1차 관문은 40일 안으로 땅값을 장만하는 것이었다. 인간적으로는 불가능한 일이었다. 그러나 잔금 날 하루 전에 기적 같은 일이 일어나면서 2016년 11월 4일 잔금을 치르고 기쁨의교회 이름으로 명의 이전 절차에 들어갔다.

성전 건축에 대한 하나님 말씀 4 -잘하였도다 착하고 충성된 종아-

그날 너무 감사하고 감격스러워 성전에 가서 하나님께 뜨거운 감사 기도를 드렸다. 기도 중에 성령께서 임하셔서 마태복음 25장 23절 말씀을 주셨다.

"그 주인이 이르되 잘하였도다 착하고 충성된 종아 네가 적은 일에 충성하였으매 내가 많은 것을 네게 맡기리니 네 주인의 즐거움에 참여할 지어다 하고"(마 25:23).

성령의 감동으로 받은 이 말씀을 듣고 너무 감사하고 기뻤다. 그렇게 잘하지도 못했고, 충성하지도 못했는데, 주님께서 나를 너무나 좋게 봐주셨다. 하나님께서 그렇게 말씀해주시니 더욱 담대한 마음으로 성전 건축에 임할 수 있었다.

성전 건축을 위해 교회 모든 성도와 성회에서 그리스도의 군사로 임명받은 모든 분에게 기도 요청을 했다. 성회로 모일 때는 성회 참석자들을 성전 건축 현장에 모두 모시고 가서 함께 기도했다. 중요한 결정을 할 때는 반드시 성령 하나님의 인도하심을 따라 결정했다.

하나님께서는 이스라엘 백성을 애굽부터 가나안까지 인도하신 것처럼 우리의 성전 건축을 시작부터 끝날 때까지 놀랍게 인도해주셨다.

성전 건축에 대한 하나님 말씀 5 -한 평 헌금을 시작하라-

성전 건축에서 가장 중요한 것은 건축 재정이다. 성전 건축이 너무나 필요한 상황이었지만 오랫동안 추진하지 못했던 이유가 재정의 문제였다. 그런데 앞에서 말했듯이 성전을 건축해야만 하는 상황에 직면하였기에 2016년 초 두 달 동안 성전 건축을 위한 특별 기도를 하자 내 영이 땅을 구하는 기도를 하는 것을 느끼고 조심스럽게 성전 건축으로 방향을 잡았었다. 그리고 송기영 목사님이 성전 건축과 관련해서 성령께 받은 말씀과 건축 헌금에 대해 하나님께 기도할 때 성령이 임하셔서 하신 말씀을 듣고 그때부터 힘 있게 성전 건축을 추진했다.

마침내 하나님께서 말씀하신 조 목사님을 통해 성전을 건축할 땅을 찾았다. 그날부터 그 땅 매입을 위한 기도에 들어갔다. 바로 그 주간, 9월 14일(수)부터 17일(토)까지 제97차 치유 성회가 있었다. 추석 연휴를 이용해서 하는 특별 성회였다.

성회를 인도하면서도 틈틈이 성전 부지를 위해 기도했다. 그런데 금요일 그날 일정을 마치고 잠자기 전 기도할 때에 성령이 임하셔서 말씀하셨다.

"한 평 헌금을 시작하라."

아직 계약도 하지 않았고 어떻게 될지도 모르는데 성령 하나님은 한 평 헌금을 시작하라고 말씀하셨다. 그리고 내 마음에 착착 떠오르는 생각이 있었다.

"한 평 헌금은 550만 원으로 한다. 그 헌금은 하나님께 드리는 것이니 하나님께서 상을 베풀어주실 것이지만, 나는 그들을 위해 10년 동안 내가 하는 성회에 무료로 참석할 수 있는 선물을 준다. 내일 성회에 참석한 사람들에게 한 평 헌금에 관해서 말하고 하나님께서 어떻게 역사하시는지 본다."

한 평 헌금에 대한 성령의 말씀과 기도하면서 떠오른 생각들로 인해 흥분된 마음에 잠을 설치고, 토요일 새벽이 되자마자 성전 부지에 달려가서 사진을 찍었다.

오전 강의를 마친 후 성전 건축에 대해서 말하고, 성전 부지 사진을 보여주면서 성령 하나님이 감동 주신대로 '한 평 헌금'에 관해 말했다. 그리고 이어서 그리스도의 군사 임명식을 하고 성회를 마쳤다. 그런데 성회 참석자 중에 세 사람이 집으로 돌아가면서 말했다.

"'한 평 헌금'을 하고 싶어요. 집에 돌아가서 입금할께요."

그 세 사람을 보면서 '아~ 하나님께서 세 사람을 통해 엘리야의 구름 조각을 보여주시는구나'라는 믿음이 생겼다. 그래서 더욱 큰 확신으로 계약을 추진할 수 있었다.

믿음은 실재가 되었다. 하나님께서는 성전을 건축하는 동안 성회 때마다 소낙비를 쏟아붓듯이 '한 평 헌금'을 쏟아부어 주셨다. '한 평 헌금'은 성회 참석자들의 요청으로 분납으로도 할 수 있게 했고, 부부가 함께 참여할 수도 있게 했다.

놀랍게도 '한 평 헌금'에 450명이 넘는 사람이 참여했다. 교파와 교단을 초월해서 전국에서 수많은 목회자와 성도들이 참여했다. 심지어 선교사 중에도 참여한 선교사가 많다. 기적이 일어났다. 하나님은 오늘날에도 기적을 만드신다!

'한 평 헌금자' 외에도 많은 사람이 이런저런 명목으로 성전 건축을 위해 헌금했다. 헌금 말고 성전에 필요한 성물을 바친 사람, 몸으로 도운 사람, 기도로 힘을 보탠 사람 등 많은 사람이 성전 건축을 도왔다.

역대상 29장에 보면 다윗이 백성들과 함께 성전 건축을 준비하는 장면이 나온다. 그때 다윗과 모든 백성이 즐거운 마음으로 자기의 가진 것을 성전 건축을 위해 드렸다고 했다. 나는 '한 평 헌금'을 드린 사람들의 간증을 들으면서 역대상 29장 말씀이 기쁨의교회 성전 건축에서 이루어지는 것을 확실히 봤다.

성전 건축에 대한 하나님 말씀 6 -잘 지으라-

성전 건축을 시작할 때는 건축 재정을 공급하시겠다는 하나님의 약속은 있었지만 얼마를 주시겠다는 말씀이 없었기 때문에 재정을 생각해서 조립식이라도 좋으니 우선 집회만 할 수 있을 정도로 건축하고자 했다. 그런데 성전 건축을 위한 기도를 할 때면 하나님께서 전국에서 찾아오는 목회자들과 성도들을 보여주시고, 다니엘 캠프에서 중고등 학생과 청년들이 찬양하는 모습과 하나님께 생명을 드리는 모습, 사무엘 캠프에서 어린이들이 사역 받는 모습 등 새 성전에서 일어날 여러 장면을 보여주시면서 잘 지으라고 말씀하셨다.

눈을 뜨면 현실이 보이고, 눈을 감으면 성전에서 일어날 일들이 보이면서 잘 지으라는 하나님의 음성이 들렸다.

둘 사이에서 왔다 갔다 하다 보니 건축 과정에서 설계 변경이 많았다. 그러나 결국엔 하나님의 뜻에 순종했고, 하나님께서는 최상의 성전을 건축하게 하셨다.

성전 건축 헌금의 밀알 송 목사를 시범으로 축복하시다

하나님께서는 성전 건축을 위해 헌금한 사람들에게 은혜 베푸실 것을 송기영 목사 부부를 통해 보여주셨다. 성전 건축이 시작되고 한 평 헌금이 시작된 초기에 송 목사 부부가 하나님께서 주신 세 번째 아기를 안고 성회에 참석했다. 그런데 돌아가는 고속도로에서 뒤에서 차가 추돌하는 사고가 발생했다. 고속도로에서 일어난 사고였고, 차를 폐차할 정도의 대형 사고였다.

차에는 송 목사 부부와 어린 3남매가 타고 있었다. 하마터면 상상조차 하기 싫은 끔찍한 사고가 날 뻔했다. 그럼에도 불구하고 3남매는 조금도 다치지 않았고, 송 목사 부부는 약간의 타박상을 입은 정도였다. 사탄이 그 가족을 교통사고로 죽이려고 했지만, 하나님께서 지켜주신 것이다.

하나님께서는 이렇게 송 목사 가족을 지켜주셨을 뿐만 아니라 사고 후 많은 복을 베풀어주셨다. 가족 모두 병원에 입원해서 휴가처럼 지낼 수 있었고, 보험회사에서 받은 보상금과 이곳저곳에서 들어오는 위로금으로 3천만 원의 거금이 생겼다.

하나님의 말씀에 순종해서 드린 건축 헌금의 3배가 되는 금액이다. 사고 나기 전 타던 차는 그렇지 않아도 폐차할 지경이었는데 사고로 폐차하고 보상으로 좋은 차를 살 수 있었다. 그래서 전남 해남에서 인천 기쁨의교회까지 오고 가는 시간을 이전과는 비교할 수 없을 정도로 편안하게 운전했고, 승차감도 좋아서 가족 모두 즐겁게 여행하듯 다녔다.

하나님께서는 이렇게 송 목사 부부를 통해서 성전 건축을 위해 헌금한 사람들에게 은혜 베푸실 것을 보여 주시더니 실제로 '한 평 헌금자'들을 비롯한 건축 헌금 참여자들에게 놀랍게 은혜를 베풀어주셨다. 간증이 넘쳐난다. '한 평 헌금자'들의 간증만 모아도 책 한 권은 거뜬히 쓸 수 있다.

성전 건축에 대한 하나님 말씀 6 -성전 건축을 그에게 맡겨라-

성전 건축에서 첫 번째 중요한 것은 건축 설계사를 잘 만나는 것이다. 성전 건축이 시작되면서 건축 설계사와의 만남을 위해 간절히 기도했다. 그런데 갑자기 아프리카 케냐에서 사역하는 이은용 선교사님이 인천공항에서 전화를 했다. 지금까지 공항에 도착해서 전화한 적이 없었는데 갑자기 공항이라고 하면서 전화가 왔다. 안부를 나누다 우리 교회가 성전을 건축하게 되었다는 말을 했다.

내 말을 듣자마자 서울 명성교회 ㈜다원건축 대표 이혁회 안수 집사님을 소개했다. 이은용 선교사님은 하나님께서 귀하게 쓰시는 하나님의 사람이다. 그래서 나는 이것이 우연이 아님을 직감하고 그가 소개한 ㈜다원건축에 성전 건축 설계를 맡겼다.

기쁨의교회 성전을 방문한 사람들이 탁월한 설계에 놀라는 모습들을 보면서 이혁희 안수 집사님을 만나게 하신 하나님께 감사드린다.

성전 건축에서 두 번째 중요한 것은 시공사를 잘 만나는 것이다. 건축 설계사를 확정한 후 시공사를 선정하기 위해 하나님께 간절히 기도했다. 건축 설계사의 권면을 받아 공개 입찰을 하기 전 다섯 개 회사를 소개받아 회사 이야기를 들었다. 공개 입찰에 들어가려고 하는데 왠지 건설회사를 하나 더 찾아보고 싶은 마음이 들었다. 그래서 기도하면서 찾다가 만나게 된 것이 ㈜반석건설 대표 이철수 장로님이다.

건축 위원들은 이철수 장로님을 만난 후 모두 좋은 느낌을 받았다고 하면서 "시공 능력도 충분하고 사람도 신실한 분 같습니다. 맡겨도 될 것 같습니다."라고 만장일치의 의견을 내놓았다. 그날 밤 성전에 가서 하나님께 기도했다.

"하나님, 이철수 장로님이 어떤 분입니까? 그분에게 우리 기쁨의교회 성전 건축을 맡겨도 되겠습니까?"라고 기도하고 있는데 성령이 임하셔서 말씀하셨다.

"이 장로는 내 마음에 맞는 사람이다. 성전 건축을 그에게 맡겨라. 이 장로는 기쁨의교회 성전 건축을 계기로 앞으로 한국 교회의 성전을 많이 건축하게 될 것이다."

내가 들은 성령 하나님의 말씀을 건축위원들에게 말했다. 건축위원들은 주님께서 그렇게 말씀하셨으면 입찰 과정을 생략하고 ㈜반석건설을 시공사로 선정하자고 일치된 의견을 냈다. 그래서 우리는 입찰 과정 없이 ㈜반석건설을 시공사로 선정했다. 엄밀히 말하면 하나님께서 ㈜반석건설을 시공사로 선정했고, 우리는 순종했을 뿐이다.

이 장로님은 성령께서 나에게 말씀하신 대로 정직과 성실로 최선을 다해 성전 건축에 임했다. 모든 실무를 총괄하는 이상철 전무님도 감리교 권사로서 대표님을 닮아 믿음도 좋고 매사에 교회 중심으로 생각하면서 최선을 다해 건축에 임했다.

현장에서 실제 건축을 책임진 정종석 소장님 역시 신실한 성도로서 자기가 일할 몫 이상으로 헌신적으로 건축에 임했다. 나에게 설계 도면을 설명해주면서 하나하나 체크할 수 있도록 해주고, 최상의 작품이 나올 수 있도록 건축주가 한 번 더 생각하면 좋을 것들을 말해주었는데 그런 것들이 나에게 큰 도움이 되었다. 만약 정 소장님의 그런 세밀한 조언이 없었다면 건축 후 후회할 것이 많았을 것 같다.

이철수 장로님과 이상철 권사님은 완공 후 하자보수에 대해서도 성실하게 책임져주셨다. 작가가 자기가 만든 작품을 사랑하고 소중히 여기듯이 이 장로님은 기쁨의교회 성전을 소중히 여기고 최선을 다해 문제를 해결해주었다. 심지어 하자보수 기간이 끝난 후에도 하나님을 섬기는 마음으로 회사가 도울 수 있는 것이라면 성심을 다해 도우려고 했다. ㈜반석건설을 만나게 하신 하나님께 깊이 감사드린다.

㈜반석건설은 성령께서 나에게 말씀하신 대로 기쁨의교회 성전 건축이 끝나기도 전에 서울에 있는 신월동성결교회 비전센터(지하 2층-지상 8층, 2,933㎡) 건축을 시작했다. 그리고 이어서 수원동부교회 새 성전(지하 2층-지상 5층, 4,649㎡)을 맡아 건축했다. 참으로 하나님께서는 나에게 말

씀하신 대로 ㈜반석건설을 교회 건축에 사용하셨다. 이래서 성령의 말씀을 듣고 성령의 가르침과 인도를 받는 것은 너무나 중요하다.

㈜반석건설 외에도 좋은 회사, 좋은 사람들이 성전 건축에 참여했다. 모든 것이 하나님의 은혜라고 믿는다. 그중 기억에 남는 한 사람만 소개한다면 전기 공사를 맡은 ㈜보령건설(대표: 조종호)의 김동섭 이사님을 칭찬하고 싶다. 그분이 일하는 것을 보면 신뢰가 저절로 갈 정도로 성실하고 완벽하게 공사를 했다. 완공 후에도 하자보수 기간과 상관없이 교회에 문제가 생겨 연락하면 언제든지 달려와서 일을 봐주었다.

성전 부지 매입을 도왔던 조 목사님은 기도원과 구 성전을 매각하는 일도 도맡아서 해주었다. 우리가 예상했던 금액으로 꼭 필요한 시점에 매각해주었다. 하나님께서 나에게 말씀하신 대로 기쁨의교회 성전 건축에 조 목사님을 아주 귀하게 사용하셨다.

새 성전은 '그분'에겐 기도의 열매다!

기쁨의교회 성전 건축을 얘기할 때 빼놓을 수 없는 사람이 있다. 남현숙 집사님이다. 그녀는 성전 건축이 이루어지기 23년 전, 기쁨의교회가 상가 2층 30평에 있을 때 성전 건축을 위해 기도하라는 성령의 강한 감동을 받았다. 그녀는 성령의 감동을 받은 그 날부터 성전 건축을 위해 기도하기 시작했으며, 주일에는 기도와 함께 마음을 담아 성전 건축 헌금을 드렸다. 감동적인 것은 성전 건축이 실제 이루어져서 우리 기쁨의교회가 새 성전에 입당할 때까지 그녀의 기도와 헌금은 계속되었다는 것이다.

그녀의 기도와 헌금이 시작된 지 21년째 되었을 때 그녀는 교회의 장로가 되어 있었고, 교회는 마침내 성전 부지를 매입하게 되었다. 그리고 23년째 되었을 때 그녀는 아름답게 지어진 새 성전에서 교회의 장로로서 뜨거운 감격의 눈물을 흘리며 기도에 응답해주신 하나님께 감사 예배를 드렸다. 기도는 헛되지 않는다는 것을 보여주는 아름다운 간증이다.

솔로몬의 성전 건축과 관련된 말씀을 보면 성전은 아무나 짓는 것이 아니다. 다윗은 성전을 건축할 재정과 능력이 있었고, 강렬한 소원도 있었지만 건축하지 못했다. 하나님께서 허락하지 않으셨기 때문이다. 그런데 솔로몬은 다윗이 하고 싶어도 할 수 없었던 성전을 건축했다. 하나님께서 써주셨기 때문이다.

"그 밤에 하나님의 말씀이 나단에게 임하여 이르시되 가서 내 종 다윗에게 말하기를 여호와의 말씀이 너는 내가 거할 집을 건축하지 말라 … 그는 나를 위하여 집을 건축할 것이요 나는 그의 왕위를 영원히 견고하게 하리라"(대상 17:3-4, 12).

"다윗 왕이 온 회중에게 이르되 내 아들 솔로몬이 유일하게 하나님께서 택하신 바 되었으나 아직 어리고 미숙하며 이 공사는 크도다 이 성전은 사람을 위한 것이 아니요 여호와 하나님을 위한 것이라"(대상 29:1).

이같이 성전을 건축하려면 하나님께서 택하신 바 되고, 써주시는 은혜를 받아야 한다. 앞에서 보듯이 하나님께서 나에게도 솔로몬에게 베풀어주신 은혜를 베풀어주셨다. 그리고 다윗과 백성들이 성전 건축을 위해 즐거이 헌신한 것처럼 기쁨의교회 성전 건축에도 그러한 일이 이루어졌다. 하나님의 말씀에 순종했더니 하나님께서 성전을 건축하셨다.

3천 년 전 말씀의 사건이 지금 내 삶에 이루어진 것 같아 마치 구름 위를 걷는 듯 참으로 행복하다.

3부

성령과 동행하며 가르침과 인도함을 받다

"보혜사 곧 아버지께서 내 이름으로 보내실 성령 그가 너희에게 모든 것을 가르치고 내가 너희에게 말한 모든 것을 생각나게 하리라"(요 14:26)

01

성령님을 인격적으로 모시고 성령님과 동역하라

> 그러하나 내가 너희에게 실상을 말하노니
> 내가 떠나가는 것이 너희에게 유익이라
> 내가 떠나가지 아니하면 보혜사가 너희에게로
> 오시지 아니할 것이요
> 가면 내가 그를 너희에게로 보내리니
> (요 16:7)
> 우리는 하나님의 동역자들이요
> (고전 3:9)

성령님, 저를 성령님의 제자로 삼아주세요

예수님께서 마지막 고별 설교를 하면서 예수님을 믿는 자에게 성령을 보내주겠다고 하실 때 성령을 '또 다른 보혜사'라고 말씀하셨다.

"내가 아버지께 구하겠으니 그가 또 다른 보혜사를 너희에게 주사 영원토록 너희와 함께 있게 하리니"(요 14:16).

그 이유는 예수님 역시 보혜사이셨기 때문이다.

"나의 자녀들아 내가 이것을 너희에게 씀은 너희로 죄를 범하지 않게 하려 함이라 만일 누가 죄를 범하여도 아버지 앞에서 우리에게 대언자가 있으니 곧 의로우신 예수 그리스도시라"(요일 2:1).

이 말씀에서 '대언자'는 곧 예수님을 말한다. 그런데 헬라어 원어를 보면 '보혜사', '대언자' 모두 '파라클레토스, παράκλητος'다. 이는 예수님 역시 '보혜사'라는 것을 의미한다. 그래서 예수님께서 성령 하나님을 말씀할 때 예수님과는 다르다는 의미로 '또 다른 보혜사'라고 하신 것이다. 그런데 '다르다'를 나타내는 단어가 헬라어에 두 단어가 있다. 어떤 단어를 쓰느냐에 따라 의미가 완전히 달라진다.

하나는 '헤테로스, ἕτερος'다. 헤테로스는 이질적인 것을 의미한다. 따라서 NIV 성경은 'different'로 번역했다.
다른 하나는 '알로스, ἄλλος'다. 알로스는 본질은 똑같은데 또 하나 있는 것을 의미한다. NIV 성경은 'another'로 번역했다.

예수님께서 성령을 말씀할 때 쓰신 단어는 '알로스'다. 이는 성령의 본질이 예수님과 같다는 의미이다. 즉 예수님이 하나님이시듯 성령도 하나님이시라는 의미다. 다만 예수님은 육체를 입고 이 땅에 오셨다면, 또 다른 보혜사는 영으로 오신다는 것이다. 신비한 것은 성령은 여호와 하나님께로부터 나오는 영이므로 여호와 하나님의 인격이 성령 안에 있고, 또한 성령은 예수님께로부터도 나오는 영이기에 성령 안에 예수님의 인격이 있다. 그래서 예수님은 예수님을 믿는 자에게 성령을 보내주시면서 아버지와 함께 예수님도 그 사람 안에 계시겠다고 말씀하신 것이다.

"예수께서 대답하여 이르시되 사람이 나를 사랑하면 내 말을 지키리니 내 아버지께서 그를 사랑하실 것이요 우리가 그에게 가서 거처를 그와 함께 하리라"(요 14:23).

그러므로 성령을 모신 것은 여호와 하나님을 모신 것과 같고, 예수님을 모신 것과 같다. 따라서 성령을 여호와 하나님 모시듯 할 수 있고, 예수님 모시듯 할 수 있다. 그냥 성령을 독립된 인격으로 모셔도 되지만, 그때에도 여호와 하나님과 예수님을 분리하면 안 되고 함께 생각하면서 모셔야 한다.

이 엄청난 신비스러운 성령은 아무리 설명을 잘해도 한 번 직접 경험해보는 것보다 못하다. 나도 성령에 관해서 백 번을 들어도 도무지 이해가 되지 않았다. 그런데 앞에서 간증했듯이 서른세 살 때 빛으로 임하신 성령을 받고 그분을 인격적으로 모시고 성령과 대화하면서부터 영의 세계를 조금씩 이해하기 시작했다.

그러다 마흔다섯 살에 성령의 능력을 받고 귀신들을 쫓아내게 되었을 때 성경에 기록된 대로 귀신들이 사람 안에서 정체를 드러내고 말하는 것을 보면서 영의 세계를 확실히 알게 되었다. 물론 그때도 성령이 함께하시며 가르쳐주셨기에 영의 세계를 잘 이해할 수 있었다.

성경 말씀에 기록된 영의 세계는 진짜로 존재한다. 예수님께서는 성경에 약속하신 대로 예수님을 믿는 자에게 보혜사 성령을 보내주셨다. 보혜사 성령은 하나님이시다. 성령을 인격적으로 만나는 것은 우리의 신앙생활에서 너무나 중요하다.

나는 어느 날 강단 위 십자가 밑에서 기도하다가 성령과의 관계가 나의 신앙생활과 목회의 성패를 좌우한다는 것을 깊이 느끼고 자리에서 일어나 강단 아래로 내려가 바닥에 무릎 꿇고 성령 하나님께 다음과 같이 기도했다.

"성령님, 저를 성령님의 제자로 삼아주세요. 저를 제자로 삼으시고 가르쳐주시고 인도해주세요. 저를 주님의 좋은 일꾼으로 만드셔서 마음껏 쓰시옵소서."

그리고 다음과 같은 표어를 만들어 예배당 전면에 걸어놓았다.

'성령님을 인격적으로 모시고 성령님과 동역하자'

이 책 1부와 2부에서 이미 내가 성령 하나님을 인격적으로 모시고 성령과 동역한 많은 이야기를 실었다. 성령과 동역할 때 막연히 하는 것이 아니라 누구에게도 당당히 말할 수 있는 동역을 하려면 성령 하나님과 인격적으로 소통할 수 있어야 한다.

성경에서 하나님과 동역한 대표적인 사람들을 말하라면 구약에서는 아브라함, 모세, 엘리야 등을 말할 수 있고, 신약에서는 베드로와 바울을 말할 수 있다. 우리는 그들의 이야기를 읽을 때 그들이 하나님과 동역했음을 확실히 알 수 있다. 왜냐하면 하나님께서 그들에게 말씀하셨고, 그들은 하나님이 말씀한 대로 했고, 그들이 하나님께서 말씀한 대로 순종할 때 하나님께서 크게 역사하셨기 때문이다.

그들의 하나님이 우리의 하나님이다. 그리고 하나님은 영원히 변함없는 분이시다. 하나님께서 그들과 친구처럼 함께 하셨으면 지금도 우리에게 그렇게 하실 수 있다.

"이제부터는 너희를 종이라 하지 아니하리니 종은 주인이 하는 것을 알지 못함이라 너희를 친구라 하였노니 내가 내 아버지께 들은 것을 다 너희에게 알게 하였음이라"(요 15:15).

내가 들은 성령의 말씀 1 -영화 '패션 오브 크라이스트'를 보여주라-

2011년 2월, 제1차 필리핀 다니엘 캠프 때 있었던 일이다. 첫 번째 해외 성회인 제1차 캄보디아 치유 성회에 이어 두 번째 해외 성회였다. 이번에는 목회자가 33명 참여했고, 다니엘 캠프 섬김이 33명이 참여했다. 이렇게 한국에서는 66명이 참여한 대단한 행사였다.

필리핀에서는 필리핀 열방신학교(학장: 양정용 선교사) 신학생 20여 명과 그 신학교를 졸업한 목회자들이 담임하고 있는 20여 개 교회가 참가했다.

첫날은 목회자와 신학생, 장년 성도들을 위한 집회였다. 많은 사람이 성령을 받았고, 병든 자들이 치료되었으며, 귀신들이 떠나가는 일들이 일어났다. 빌립의 사마리아 집회처럼 큰 기쁨이 있었다.

둘째 날은 학교에 다니는 중·고등학생과 청년들을 위한 다니엘 캠프였다. 학생들과 청년들 100여 명이 참석했다. 학생 중에는 캠프에 참석하기 위해 하루 학교를 쉬고 오전부터 참석한 학생들도 많았다.

나는 한국에서의 다니엘 캠프와 같은 성령의 역사를 기대하고 말씀을 전했다. 그러나 내 평생에 그렇게 힘들게 말씀을 전한 적이 없을 정도로 힘들게 말씀을 전했다. 이유는 통역 때문이었다. 내가 한국말로 말씀을 전하면, 우리 청년이 영어로 통역하고, 이어서 현지인 전도사가 필리핀 따갈로어로 통역했다. 그러자 청소년들이 전혀 집중하지 못했다. 첫 번째 해외 다니엘 캠프의 첫날은 그렇게 별 성과를 거두지 못하고 힘들게 끝났다.

다니엘 캠프 첫날을 그렇게 끝내고 나니 둘째 날 캠프가 두려울 정도로 걱정이 되었다. 이유는 둘째 날은 선교사님의 특별 부탁으로 그 지역에서 학교에 다니지 않는 불량 청소년과 문제 아이들을 대상으로 한 캠프였기 때문이다.

학교에 다니는 아이들도 엉망으로 끝났는데, 학교에 다니지 않는 불량 청소년과 문제 아이들을 위한 캠프는 어떻게 인도해야 하는지 앞이 캄캄했다. 숙소에서 기도하다가 그날 너무 피곤했는지 나도 모르게 잠이 들었다. 그리고 3시쯤 소변이 마려워 일어나서 방에 딸린 화장실로 가는데 성령이 내게 임하시는 것이 몸으로 느껴지면서 무엇인가 말씀하시려 하는 것이 느껴졌다. 그래서 "성령 하나님, 지금 소변을 봐야 합니다. 소변을 본 다음 말씀하세요."라고 말씀드리며 화장실로 갔는데 내 말에 상관치 않고 그분은 말씀하셨다.

"오늘 아이들에게 영화 패션 오브 크라이스트(The Passion of the Christ,

2004)를 보여주라. 오늘 놀라운 일이 일어날 것이다."

소변을 다 본 후 침상에 무릎을 꿇고 성령께 말씀드렸다.

"성령 하나님, 이제 준비되었습니다. 말씀하세요. 주의 종이 듣겠습니다."

그러나 그분은 더는 말씀하지 않았다. 나는 화장실에 함께 가시며 말씀하신 주님을 보면서 주님은 정말로 성경에 말씀하신 대로 때로는 우리를 친구처럼 대하기도 한다는 것을 확실히 알게 되었다.

성령의 음성을 듣고 나는 힘이 났다. 그래서 아침 식사를 위해 선교사님이 숙소에 왔을 때 선교사님께 말했다.

"선교사님, 오늘 동네 불량 청소년과 문제 아이들 다 불러모으세요. 놀라운 일이 일어날 것입니다."

그런데 이게 어떻게 된 것인가. 오전에 집회 장소에 갔는데 텅 비어 있었다. 선교사님께 이것이 어떻게 된 것이냐고 물었더니 선교사님도 처음 하는 것이라 예상치 못했다고 하면서 "그 아이들은 밤에 활동하고 낮에 잡니다. 그래서 참석하지 못한 것 같습니다. 오후에는 참석할 것입니다."라고 말했다.

선교사님 말씀대로 오전에 텅 비었던 집회 장소가 오후에 가 보니 많은 청소년과 청년들이 모였다. 아이들에게 '사영리'를 중심으로 복음을 간단히 전한 후 성령께서 말씀하신 대로 영화 "패션 오브 크라이스트"를 보여주었다. 혹시 사용하게 될지도 몰라서 '패션 오브 크라이스트' DVD를 갖고 갔는데 성령께서 그것을 보여주라고 하신 것이다. 갖고 간 DVD에는 따갈로어 자막이 깔려 있었다.

말씀에 순종했더니 놀라운 성령의 역사가 나타나다

영화를 다 보여 준 후 아이들을 위한 기도 사역에 들어갔다. 성령께서 말씀하신 대로 순종했더니 엄청난 성령의 역사가 나타났다. 참석한 아이들에게 간증문을 써보라고 했는데 40여 명이나 간증문을 썼다. 그 간증문 중에서 몇 아이의 간증문을 소개한다.

- Mark Corpuz, 17세

나는 공부하고 있지 않다. 대부분의 시간을 친구들과 보냈다. 그곳에서 담배를 배웠고 밤늦게까지 밖에 있었으며 가족에게 큰 해를 입히고 있었다. 특히 다니엘 캠프에 초대받은 학교를 안 나가는 아이들 중 한 명이었다. 나는 어떤 목사님이 안수하실 때 경험했던 넘치는 기쁨을 잊을 수가 없다. 나를 오랫동안 결박하고 있던 어둠의 영들로부터 내가 자유케 되는 것을 느꼈다.

- Ron Ron Bigalan, 16세

나는 그룹에 속하기 위해서 나쁜 짓들을 즐겼다. 흡연에 중독되었고 나쁜 습관을 없애기 어려웠다. 사탄이 이것을 통해 나를 죽이려고 한다는 것을 알았지만 다니엘 캠프를 참가하기 전까진 그 유혹을 극복할 수 없었다.

다니엘 캠프에서 나는 예수 그리스도를 나의 인격적인 구주로 영접했다. 바로 그때 사탄이 나를 잡는 것이 느슨해지는 것을 느꼈고 나쁜 습관을 던져버려야겠다는 결심을 했다.

• Jason Gumos

나는 동네에서 많은 나쁜 짓, 술, 담배, 갱 싸움 등을 하는 악명높은 집단의 멤버 가운데 나쁜 소년으로 잘 알려져 있다. 가족 중에서 내가 가장 최악일 것이다. 그럼에도 다니엘 캠프에서 예수님이 나의 삶을 만졌다. 내가 지은 죄를 위해 예수 그리스도가 어떻게 고통받았는지 알았을 때 많이 울었다. 어떻게 되었는지도 모르게 그것이 나를 변화시켰다.

• Jecarl Tenorio, 19세

나는 세상적인 나쁜 짓들을 통해 삶을 즐기는 것에 아주 익숙했다. 영화를 보는 중에 십자가에서 피를 흘리고 있어야 했던 것은 나라는 생각에 참을 수가 없었다. 다니엘 캠프가 아니었더라면 나는 잃어버린 영혼 중 하나였을 것이다.

• Rommel Lamamigo, 15세

나는 학교에 가지 않는다. 내 삶은 너무나 비참했다. 저주퍼붓기를 잘 하였으며, 나쁜 말을 하곤 했고, 도박과 카드게임에 의존했다. 다니엘 캠프에서 한국 목사님들에게 기도를 받자 내 안에 기쁨이 밀려드는 것을 느꼈다. 그 후에 나는 도박과 나쁜 짓을 중단했으며 부모님과 어른들에게 순종하기 시작했다. 나의 변화는 그들을 매우 놀라게 했다.

내가 들은 성령의 말씀 2 -그 바리캉을 내가 선물할 사람이 있다-

2010년 5월에 열린 제1차 캄보디아 성회 때 있었던 일이다. 출국하기 직전 오 권사님이 나에게 작은 선물 하나를 가져왔다.

아들이 사용하려고 산 전기 충전용 이발기(바리캉)였는데, 한 번도 써 보지 못하고 천국에 갔다고 했다. 캄보디아 선교를 위해 기도하는데, 아들이 쓰려고 한 것을 선교하는 일에 쓰면 좋겠다는 마음이 들어서 가져왔다며, 필요한 사람에게 선물해달라고 했다.

이발기를 받아들고 이번 집회에 참석하는 캄보디아인이 300여 명이나 되는데 그중에 누구에게 줄 것인지 내가 어떻게 알 수 있을까 생각하다가 담당 선교사님께 주고 알아서 선물하라고 하는 것이 좋겠다고 생각했다. 그래서 캄보디아에 도착하자마자 선교사님께 선물에 관해 말해주고 전달했다. 그런데 집회 둘째 날, 화요일 새벽에 잠이 깨어 집회를 위해 기도하는데, 갑자기 성령이 임하셔서 말씀하셨다.

"그 바리캉을 내가 선물할 사람이 있다. 이번 성회에 참석한 선교사 중 한 사람이다."

나는 성령 하나님의 말씀을 듣고 '아이고, 이거 큰일 났구나. 그런 줄도 모르고 담당 선교사님께 주어버렸으니, 이거 어떻게 하지?'라고 생각하며 선교사님이 제발 아무에게도 주지 않았기를 바라며 아침을 기다렸다.

아침이 되어 선교사님을 보자마자 물었다.

"선교사님, 내가 캄보디아에 도착한 날 준 선물 어떻게 했나요? 아직 갖고 있나요? 갖고 있으면 도로 나에게 주세요. 하나님께서 선물해줄 선교사님이 있답니다."

나의 말을 들은 선교사님은 집에 있다며 내일 가져다주겠다고 말하고, 다음날 가져다주었다.

수요일까지 현지인들을 위한 캄보디아 제1회 치유 성회를 마치고, 목요일 오전에 선교사님들을 위한 성회를 가졌다. 그 자리에서 물었다.

"선교사님 중에 혹시 바리캉을 위해 기도한 사람이 있거나 필요한 사람 있나요?"

내 질문이 끝나자마자 여자 선교사님 한 분이 손을 들었다. 앞으로 나오라고 한 후 어떻게 된 거냐고 물었다.

"우리는 지방에서 올라온 학생들을 위해 학사 사역을 합니다. 10여 명 되는 대학생들을 데리고 있는데 그 아이들 머리를 직접 깎아주고 있습니다. 그런데 최근에 바리캉이 오래돼서 고장 나는 바람에 버리고 가위를 가지고 깎아주고 있었습니다. 바리캉을 위해 기도하지는 않았지만, 필요합니다."

나는 선교사님의 말을 들은 후 바리캉 선물과 관련해서 화요일 새벽에 들은 성령 하나님의 말씀을 전해드리고 주님의 뜻을 따라 모든 선교사가 지켜보는 가운데 그 여자 선교사님에게 바리캉을 선물했다.

이상 두 가지 간증에서 보듯이 성령과 소통하면 하나님의 뜻을 정확히 알 수 있어 하나님의 좋은 동역자가 될 수 있다. 그뿐만 아니라 그분과 소통하게 되면 기도 응답도 잘 받게 되고, 그분의 가르침과 인도도 받을 수 있게 된다. 그러면 성경에 기록된 이야기가 모두 내 이야기가 될 수 있다.

나의 삶을 뒤돌아보면 성령 하나님을 인격적으로 모시고 동행하면서 소통하고, 가르침과 인도를 받은 것이 지금의 나를 있게 만든 결정적인 힘이었다고 생각한다.

성령 하나님과의 관계가 참으로 중요하다. 오죽하면 예수님께서 하나님 아버지께 가면 성령을 보내주시겠다고 하시면서 "내가 떠나가는 것이 너희에게 유익이라"(요 16:7)라는 말씀까지 하셨겠는가?

3부에서는 내가 성령 하나님과 동행하면서 그분의 가르침과 인도를 받은 이야기와 그분과 동역한 이야기 등 여덟 개 이야기를 기록했다. 나의 하나님이 독자 여러분의 하나님이다. 이 여덟 개 이야기를 읽을 때 여러분에게 큰 은혜가 되길 바라며, 기도할 힘을 얻게 되길 바란다.

"기도는 성령 하나님을 인격적으로 만나게 한다."

02

그 대여섯 명을
위해 네가
있느니라

> 나는 선한 목자라
> 선한 목자는 양들을 위하여 목숨을 버리거니와
> 삯꾼은 목자도 아니요 양도 제 양이 아니라
> 이리가 오는 것을 보면 양을 버리고 달아나나니
> 이리가 양을 물어가고 또 헤치느니라
> (요 10:11-12)

목사의 존재 이유를 가르쳐주신 성령 하나님

2004년 5월 2일, 교회 창립 14주년 기념 주일을 기점으로 나는 성령과 능력을 기름 붓듯 부어주시는 하나님의 은혜를 받았다. 그래서 "이제는 교회가 부흥되겠구나"라고 생각했다. 그러나 앞에서 얘기했듯이 부흥이 온 것이 아니라 큰 시험이 왔다.

70여 명이었던 성도가 30여 명으로 줄어들었다. 교회 분위기가 그러다 보니 수요 예배와 금요 기도회에 대여섯 명 밖에 나오지 않는 상황까지 일어났다. 하루는 금요 기도회가 끝난 후 홀로 교회에 남아서 하나님께 항의하듯이 외쳤다.

"하나님, 이게 뭡니까? 수요일에는 다섯 명이 나오고, 오늘은 여섯 명입니다. 하나님께서 저에게 성령과 능력을 기름 붓듯 부어주시고 성경말씀과 영의 세계를 열어주셨는데 이게 무슨 소용 있습니까? 말씀과 영의 세계를 열어주셨으면 가르칠 수 있도록 사람을 보내주셔야지요. 그런데 있던 성도마저 떠나고 이제는 겨우 대여섯 명입니다. 하나님, 이 대여섯 명으로 무엇을 하란 말입니까?"

그 순간 성령이 임하셔서 말씀하셨다.

"그 대여섯 명을 위해서 네가 있느니라."

성령 하나님의 말씀을 듣는 순간 망치로 머리를 맞은 것 같은 큰 충격을 받았다.

"아~ 그렇습니까? 그렇다면 대여섯 명마저 없으면 목사로서 잘리는 겁니까?"

나의 물음에 성령 하나님은 아무런 대답이 없었다. 그러나 순간적으로 깨달음이 왔다.

"그렇지. 양이 있기에 목자가 있는 것이지 목자가 있기에 양이 있는 것이 아니지. 저 대여섯 명을 위해 하나님이 나를 목사로 쓰시는데 대여섯 명에 대해 불평하다니, 이러면 안 되겠구나."

그 즉시 하나님께 잘못했다고 말씀을 드렸다.

"하나님, 잘못했습니다. 다시는 성도 숫자 때문에 불평하지 않겠습니다. 하나님께서 몇 명을 맡기시든 그들을 위해 하나님께서 저를 쓰고 있다는 것을 알고 최선을 다하겠습니다."

그런 일이 있고 난 후, 수요 예배 때 교회에 들어오는 대여섯 명의 성도님을 보는데 얼마나 반갑고 감사한지 내 안에 기쁨이 충만했다. 내 마음이 달라지니까 똑같은 상황을 접했는데도 불평과 원망은 사라지고 감사와 기쁨으로 가득했다.

그날 이후 나는 내 앞에 몇 명이 모였든지 상관하지 않고 "저들을 위해 내가 있다."라는 마음으로 최선을 다하고 있다. 그런 나를 하나님께서 지켜보시고 마음에 드셨는지 2006년 12월부터 치유 성회라는 이름으로 성회를 하게 하시고, 전국에서 많은 목회자와 성도들을 보내주시며 가르치게 하셨다. 세계 각국에서 사역하는 선교사들도 보내주셨다.

2008년부터는 전국에서 중·고등학생과 청년들을 보내주시며 가르치게 하셨고, 2010년부터는 아동부 어린이를 보내주셨다. 그뿐만 아니라 2010년부터는 세계 각 나라에 가서 그 나라의 목회자들과 성도들을 가르치게 하셨다. 교회도 이전보다 더 많이 부흥시켜주셨다.

내 생각이 어디서 온 것인지 가르쳐주신 성령 하나님

고난 중에 있을 때 일어난 일을 하나 더 간증한다.

연세중앙교회 윤석전 목사님이 인도하는 월요집회 얘기를 듣고 한번 참석해보고자 수원 흰돌산기도원에 갔다. 대성전 입구에서 내가 속한 대한예수교장로교 통합 교단에서 발행하는 기독공보를 우연히 보고 무슨 내용이 실렸나 살펴보다가 담임 목사 청빙 광고를 보게 되었다.

서강대학교 가까이에 있는 교회였고, 교세는 300여 명쯤 되는 교회였으며, 역사가 100년이 되는 교회였다. 그 광고를 보는 순간 마치 나를 위해 예비 된 교회라는 생각이 들면서 하나님께서 이 광고를 보게 하려고 이곳 기도원으로 보내신 것 같았다.

나는 서강대학교 출신에 역사학을 전공한 사람이었고, 목회 14년 차에 성령의 기름 부음을 강하게 받은 목사였다. 지금까지의 목회는 준비 기간이었다고 보고 이제는 상가 지하 개척교회를 벗어나 100년의 역사가 있는 교회로 옮겨 그 교회의 새로운 100년을 이끌며 한국 교회를 위해 일할 때가 온 것 같았다.

흥분된 마음으로 월요 집회가 끝나자마자 교회에 돌아와 지원 서류가 무엇인지 살펴봤다. 그런데 갑자기 멀쩡했던 허리가 아프면서 의자에 앉아 있을 수 없을 지경이 되었다. 내가 하는 일에 문제가 있는 것 같았다. 지원 서류를 살펴보던 일을 중단하고 예배당에 가서 주님께 무릎 꿇었다.

"주님, 제가 무엇인가 잘못한 것 같은데 그것이 무엇입니까? 혹시 S교회에 지원하는 것이 잘못된 것입니까? 주님의 뜻이 아닌가요? 말씀해주세요."

"S교회에 가는 것은 나의 뜻이 아니다. 사탄이 너를 그곳에 보내려는 것이다. 전통이 강한 교회에 보내서 너를 묶어 두려는 것이다."

나는 성령 하나님의 말씀을 듣고 그 즉시 회개했다.

"주님, 잘못했습니다. 그럴듯한 명분이 있어서 사탄이 준 생각이었는데도 불구하고 분별하지 못했습니다. 욕심을 부린 것을 용서해주세요. 저를 유혹한 더러운 영을 쫓아내 주세요. 예수님의 이름으로 명하노니 나를 유혹한 악한 영은 내게서 떠나갈지어다."

이같이 성령 하나님의 말씀을 듣고 회개하면서 악한 영을 쫓아낼 때 정말 악한 영이 나에게서 떠나가는 것이 느껴졌고, 아팠던 허리는 순식간에 깨끗이 나았다. 그래서 그때부터 다른 생각 품지 않고 상가 지하에서 계속 기도하며 하나님을 섬기고 있었는데 하나님께서 상가 지하에 있는 개척교회 목사를 이렇게 들어 써주실 줄이야! 하나님의 놀라운 은혜를 생각할 때 감사하지 않을 수 없다.

성회를 인도하면서 내가 상가 개척교회 목사로 있을 때 성회를 하게 하신 하나님의 깊으신 뜻을 깨달을 수 있었다. 성회에 참석한 대다수 목회자가 개척교회 목사였다. 그들이 내가 상가 지하에서 30여 명 성도와 함께 치유 성회와 다니엘 캠프 등 귀한 사역을 하는 것을 보고 크게 위로와 소망을 얻는 것을 보았다.

그들 중에는 "기쁨의교회는 내가 꿈꾸는 교회 모델입니다."라고 말하는 목사들도 있었다. 실제로 많은 목사가 기쁨의교회를 모델로 삼아 자신이 섬기는 교회에 적용하고자 했다. 그래서 부흥회 초청을 받아 가 보면 기쁨의교회에 걸린 현수막과 똑같은 현수막이 걸린 교회가 많았다.

그것을 보고 나는 내 나름대로 "아~ 하나님께서 개척교회 목회자들을 위로하고 힘주시려고 내가 다시 개척교회 목회자가 되는 것을 허락하셨구나."라고 생각하며 위로와 힘을 얻었다. 그래서 나는 언제까지든지 그곳 상가 지하에 있어도 좋다는 생각을 하고 있었는데, 하나님께서 10년간 충성하는 것을 보시고 더 많은 일을 맡기시려고 새 성전을 건축하게 하셨다.

교회도 이전보다 더 많이 부흥하게 해주셨다. 성회 인도로 인해 이전과 같이 목회에 집중할 수 없었음에도 교회가 부흥되었다. 하나님께서 해주셨다. 모든 것이 하나님의 은혜다. 하나님을 기쁘시게 했더니 하나님께서 많은 상을 베풀어주셨다.
거우 몇 시간 잠깐 가졌던 짧은 생각이었지만, 기쁨의교회를 떠나 좀 더 교세가 있고 모든 것이 보란 듯이 잘 갖추어진 교회로 가고자 했던 것에 대해 기쁨의교회 성도들에게 너무나 죄송하다.

그날 나의 몸을 치심으로 내가 하고 있는 일을 브레이크 걸어주시고, 내가 하나님의 뜻을 알고자 간절히 기도할 때 내 생각이 성령으로부터 온 것이 아니라 사탄으로부터 온 것임을 말씀해주신 하나님께 감사드린다. 기쁨의교회를 섬기면서 하나님께 드리는 감사는 더욱 깊어졌다. 기쁨의교회 성도들이 나에게 너무나 잘해준다. 나를 전적으로 믿어주고 내가 성령의 인도를 따라 성령 하나님과 함께 소신껏 목회할 수 있도록 전적으로 협력해준다. 어린아이에서부터 중·고등학생과 청년들까지도 나를 사랑하고 교회의 모든 사역에 전적으로 함께해준다. 기쁨의교회와 함께 하는 시간이 너무나 행복하다.

03

*너는 내가 있으라고 한 곳에 있었고,
내가 하라고 한 일을 했기 때문에
내가 너와 함께 한 것이다*

> 아버지께서 내게 하라고 주신 일을 내가 이루어
> 아버지를 이 세상에서 영화롭게 하였사오니
> 아버지여 창세 전에 내가 아버지와 함께 가졌던 영화로써
> 지금도 아버지와 함께 나를 영화롭게 하옵소서
> (요 17:4-5)

드디어 부흥강사로 초청을 받다

제1차 치유 성회(2006. 12. 4. - 7) 후에 내 평생 처음으로 부흥회 강사로 초청을 받았다. 성회에 참석한 목사님 중 한 분이 나를 부흥회 강사로 초청했다. 첫 번째 성회의 열매 중 하나였다. 목회를 시작해서 17년 만에 처음 있는 일이었다. 참으로 기쁘고 감사한 일이었고, 오랜 기도에 대한 하나님의 응답이었다.

나는 목사가 되기 전 청년 시절부터 한얼산기도원의 이천석 목사님, 여의도순복음교회의 조용기 목사님처럼 부흥사가 되어 전국을 다니며 복음을 전파하고 싶었다. 특히 목사가 되어서는 더욱 간절한 마음이었는데 나를 초청하는 곳이 없었다. 그래서 마음에 소원을 품고 기도만 하

고 있었는데, 하나님께서 나의 기도를 들으시고 드디어 나를 부흥사로 쓰시기 시작한 것이다.

2007년 2월 4일(주일) 저녁부터 7일(수) 저녁까지 충남에 있는 열방교회에서 부흥회를 인도했다. 성령의 능력을 받고 빌립 집사처럼 평신도 사역자로 교회를 섬기고 있는 5-6명의 사역자와 함께 성회를 인도했다.

전통적인 부흥회가 아닌 새로운 부흥회를 인도했다. 새로운 부흥회는 1부: 말씀을 전하는 시간, 2부: 영적 사역하는 시간으로 구성되었다. 먼저 1부 시간에 내가 말씀을 전하면, 2부 시간에 나와 동행한 5-6명의 사역자가 성회 참석자를 그룹으로 나누어 기도해주었다.

나는 말씀을 전할 때 예수님의 뉴 티칭으로 말씀을 전했다. 말로만 말씀을 전한 것이 아니라 말씀을 전한 후에는 성령의 능력으로 말씀을 확증해주는 공개 사역을 했다.

2부 영적 사역 시간에는 부흥회 참석자를 조를 편성해서 기도와 사역을 해주었다. 성령의 기름 부음 받기 원하는 조, 질병을 치료받기 원하는 조, 귀신을 쫓아내는 사역을 받기 원하는 조, 방언의 은사 받기 원하는 조, 예언 기도 받기 원하는 조 등 여러 개의 조를 편성해서 부흥회 참석자들이 매시간 자유롭게 선택해서 기도를 받게 했다.

부흥회 참석자들은 그 시간에 영적인 체험도 하고, 성령과 능력도 받고, 방언의 은사도 받고, 병 고침도 받고, 악한 영의 속박에서 자유케 되는 은혜도 받았다.

빌립의 사마리아 집회 같았다. 성령을 받게 한 시간도 있었으니 빌립의 집회에 베드로와 요한의 집회를 더한 것 같았다. 사도행전 19장에 기록된 바울 사도의 에베소 집회 같았다. 열방교회에 큰 기쁨이 임했다. 부흥회는 성령이 역사하는 영적인 잔치인데 정말 잔치 같은 분위기가 되었다.

나를 부흥 강사로 초청한 강 목사님은 "수동기도원에서 원목으로 5년간 있었는데, 그때 한국 교회의 내로라하는 부흥사들이 인도하는 부흥회를 모두 봤습니다. 그런데 이 목사님이 인도하는 부흥회를 보니 앞으로 부흥회는 목사님이 인도하는 부흥회처럼 되어야 할 것 같습니다."라고 감탄의 말을 했다.

엄청난 긴장 속에서 인도한 나의 첫 번째 부흥회는 이렇게 성공적으로 끝났다. 그리고 그의 말을 통해 부흥사로서 자신감도 얻었다. 하나님께 너무나 감사했다.

하나님을 영광스럽게 해드리는 방법을 깨닫다

부흥회를 마치고 교회에 돌아오자마자 강단으로 달려가 하나님께 감사 기도를 드렸다.

"하나님, 감사합니다. 저를 멋지게 써주셔서 감사합니다. 함께 해주셔서 감사합니다. 우리 교회에 이렇게 큰 은혜를 베풀어주셔서 감사합니다."

기도를 드리던 중에 G12코리아에서 주최한 '전국청년비전페스티발'에 참석하고 돌아온 우리 청년들이 한 말이 생각났다. "전국에서 이천 명 정도 모인 대단한 집회였어요. 은혜를 엄청 많이 받았어요."라고 흥분해서 말했던 우리 청년들의 말이 생각나면서 나도 천 명, 이천 명 되는 큰 집회를 하고 싶은 욕심이 생겼다. 그래서 하나님께 기도했다.

"하나님, 하나님께서 성령과 능력을 강하게 부어주셨으니 저도 천 명 이상 되는 큰 집회를 할 수 있지 않겠습니까? 저도 천 명 이상 되는 큰 집회를 할 수 있게 해주세요."라고 기도하는데, 갑자기 성령께서 임하셔서 말씀하셨다.

"너는 내가 있으라고 한 곳에 있었고, 내가 하라고 한 일을 했기 때문에 내가 너와 함께 한 것이다."

성령 하나님의 말씀을 듣는 순간 이 말씀이 무슨 뜻인지 즉시 직관적으로 깨달아졌다. 인간적인 생각으로 욕심부리지 말라는 뜻이었다. 성령의 음성을 듣고 즉시 회개했다.

"주님, 잘못했습니다. 용서해주세요. 다시는 욕심을 부리지 않겠습니다. 저는 천 명, 만 명보다 주님이 저와 함께 하는 것이 더 중요합니다."

그 일이 있고 몇 개월 후 성경을 읽던 중에 내가 들은 성령 하나님의 말씀이 요한복음 17장 4-5절에 있다는 것을 알게 되었다.

"아버지께서 내게 하라고 주신 일을 내가 이루어 아버지를 이 세상에서 영화롭게 하였사오니 아버지여 창세 전에 내가 아버지와 함께 가졌던 영화로써 지금도 아버지와 함께 나를 영화롭게 하옵소서"(요 17:4-5)

예수님의 이 기도에 의하면 예수님께서 여호와 하나님을 영화롭게 한 방법은 여호와 하나님께서 예수님에게 하라고 주신 일을 이루어 드린 것이다.

여기에 덧붙인다면 예수님은 여호와 하나님께서 있으라고 하신 곳에 있었다. 즉 예수님은 여호와 하나님께서 있으라고 한 곳에 있고, 하라고 한 일을 하심으로 하나님을 영화롭게 했다. 그렇게 여호와 하나님을 영화롭게 했으니 또다시 나를 영화롭게 해서 하나님을 영화롭게 할 수 있게 해달라고 기도한 것이다(요 17:1).

예수님의 이 기도를 통해 나는 중요한 영적 원리를 하나 깨달았다. 하나님께 나를 영광스럽게 만들어달라고 기도하기 전에 먼저 하나님을 영광스럽게 해드려라. 그러면 예수님처럼 "아버지께서 내게 하라고 주신 일을 내가 이루어 아버지를 이 세상에서 영화롭게 하였사오니 아버지여 나를 영화롭게 하옵소서"라고 기도할 수 있다.

하나님을 영광스럽게 해드리는 방법은 어려운 것도 아니고 대단한 것도 아니다. 그저 하나님께서 있으라고 하신 곳에 있고, 하라고 하신 일을 하는 것이다.

이렇게 깨닫고 보니 내가 받은 말씀이 더욱 소중하게 느껴졌고, 앞으로 나의 모든 사역의 원칙으로 삼고 싶었다. 그래서 내가 성령 하나님께 들은 말씀의 정신을 살려 다음과 같이 좌우명을 만들었다.

"비전은 품되 욕망은 품지 말자!"

여기에서 내가 말하는 비전은 하나님에게서 나온 소망(所望)을 의미하고, 욕망은 나에게서 나온 소욕(所欲)을 의미한다. 나는 내 마음에 어떤 원하는 것이 생기면 먼저 하나님께 기도하면서 하나님에게서 나온 소망인지, 아니면 나의 육으로부터 나온 소욕인지를 살핀다.

지금까지 내가 경험한 바로는 나의 육으로부터 나온 소욕을 따라 행했을 때는 하나님께서 함께하지 않으셨다. 결과적으로 영과 육 모든 면에서 손해가 되었다. 그러나 하나님에게서 나온 비전을 따라 행했을 때는 항상 하나님이 나와 함께 하셨고, 좋은 열매가 풍성하게 맺혔다.

성령 하나님의 말씀대로 항상 주님이 있으라고 한 곳에 있고, 주님이 하라고 하신 일을 하다 보니 어느 날 1천 명 이상 되는 집회도 하게 되었고, 2천 명, 3천 명 집회도 하게 되었다. 이 모든 영광을 성삼위 하나님께 올려 드린다.

04

너는 엘리 시대를 끝내고 사무엘 시대를 여는 자가 되어라

> 블레셋 사람들이 이스라엘에게서 빼앗았던 성읍이
> 에그론부터 가드까지 이스라엘에게 회복되니
> 이스라엘이 그 사방 지역을
> 블레셋 사람들의 손에서 도로 찾았고
> 또 이스라엘과 아모리 사람 사이에
> 평화가 있었더라
> (삼상 7:14)

엘리 시대는 가고 사무엘 시대가 올지어다

내가 인도하는 치유 성회에는 네 가지 표어가 있다.

첫째, 엘리 시대는 가고 사무엘 시대가 올지어다.

둘째, 시내산 꼭대기의 영성으로 들어가라.

셋째, 갈멜산의 영광을 회복하라.

넷째, 그리스도의 좋은 군사가 되어 사탄을 정복하고,
하나님의 나라를 확장하라.

이 네 가지 표어는 치유 성회를 인도해가는 중에 성령 하나님께서 감동으로, 깨달음으로, 직접 말씀하심으로 주신 표어들이다. 다니엘 캠프와 사무엘 캠프에서는 이 표어를 네 단어로 모토(motto)를 만들었다. 이렇게 표어와 모토가 만들어지면서 나의 사역은 방향이 잡히고 체계화되어갔다.

"Healing - Transformation - Impartation - Mission."

표어의 시작은 제15차 치유 성회부터다. 2009년 6월 10일(수)이었다. 목양실에서 수요 예배 설교를 준비하고 있다가 잠깐 기도하기 위해 예배당에 갔다.

내일 처분하기로 한 장의자를 하나하나 만지며 강단 앞으로 가면서 그것들과 함께 한 20여 년의 세월을 생각했다. 서른한 살에 교회를 개척해서 3, 40대를 그 장의자와 함께 보냈다.

그동안 교회를 네 번 이사했다. 이사할 때마다 포장 이사는 생각지도 못했고 교인들과 함께 모든 이삿짐을 직접 옮겼다. 그때 장의자를 옮기는 것이 가장 힘들었다. 길고 무겁기까지 한 걸 들고 좁은 계단을 오르락내리락하는 것은 결코 쉬운 일이 아니었다. 특히 성전에서 기도하다가 피곤할 때는 누워서 쉬거나 잠자던 것이었다. 그렇게 20여 년을 함께하며 보아오던 장의자를 내일 처분한다고 하니 마음이 왠지 짠했다.

장의자를 처분하게 된 이유는 치유 성회 때문이다. 성회 참석자가 늘어나면서 장의자를 더는 갖고 있을 수 없었다. 성회가 강의로만 진행되는 것이 아니고, 강의 후에는 '기도와 영적 사역' 시간이 있었기 때문이다. '기도와 사역' 시간에는 나를 돕는 협력사역자들이 참석자들을 위해 성령과 능력을 받도록 기도해주고, 몸이 아픈 사람은 치유 사역을 해주고, 악한 영을 쫓아내기 원하는 사람에게는 축귀 사역을 해주었다.

그때 기도와 사역을 받는 사람이 서서도 받을 수 있고, 앉아서도 받을 수 있지만, 가장 좋은 것은 누워서 받는 것이다. 그 이유는 영적인 사역을 해보니 악한 영을 쫓아내는 사역은 기도 받는 사람이 자기의 의지나 생각 등을 내려놓고 편안히 눕는 것이 가장 효과적이었기 때문이다. 그래서 기도와 사역 시간에는 본인이 거부하지 않으면 모두 눕도록 권유했다. 내 개인적인 생각으로는 눕는 것이 처음 성회 참석자에겐 낯설고, 간혹 안 좋게 말하는 사람도 있고 해서 그렇게 하고 싶지 않았다. 그러나 성회에 오시는 분들이 어렵게 시간을 내서 참석하는 것이므로 내가 좀 안 좋은 소리를 듣더라도 오신 분에게 가장 효과적인 방법으로 해드리고 싶었다. 이런 이유로 '기도와 사역' 시간에는 장의자를 뒤로 밀고 바닥에는 깔판을 깔아야 했고, '기도와 사역' 시간이 끝나면 다시 원위치하는 수고를 했다.

하지만 이것도 얼마 가지 못했다. 성회 참석자가 100명이 넘어가면서부터는 장의자를 뒤로 밀어도 예배당 공간이 너무 좁았다. 15차 치유 성회를 준비하면서 장의자를 처분하고 접을 수 있는 1인용 의자로 교체할 것을 결정했다. 내일이 바로 장의자를 교회에서 내보내는 날이었다. 그런 연유로 장의자를 만지며 지난 20여 년을 생각하고 있는데 성령이 임하셔서 말씀하셨다.

"기쁨의교회에서 지금까지 사용하던 이 장의자를 내보내는 것에 상징적이고 영적인 의미가 있다. 이 의자는 기쁨의교회의 구시대를 상징한다. 옛것을 내보내고 새것을 들여오듯이 기쁨의교회의 구시대를 내보내고 교회에 새 시대가 들어오게 하는 것이다."

성령 하나님의 말씀을 듣자마자 느껴지는 것이 있어서 급히 목양실에 돌아가 수요 예배 설교 준비하던 말씀을 읽었다. 설교 준비는 사무엘상 7장이었는데, 1장부터 7장까지 읽었다. 읽는 중에 성령 하나님이 주시는 깨달음이 있었다.

두 시대가 보였다. 엘리가 이스라엘을 다스리는 시대와 사무엘이 다스리는 시대가 보였다. 엘리 시대는 블레셋이 쳐들어왔을 때 전쟁에서 번번이 패배했다. 전쟁에서 패배하니 목숨도, 재산도, 가족도, 자유도 다 빼앗겼다. 일제 강점기 때를 한번 생각해보라! 끔찍한 일이 아닌가. 그러나 사무엘 시대는 블레셋과의 전쟁에서 승리했다. 전쟁에서 이기니까 빼앗겼던 것들을 도로 찾았다. 회복이 일어났다. 이기는 자가 되니까 더 이상 블레셋을 두려워할 필요가 없었다. 평화가 찾아 왔다.

"블레셋 사람들이 이스라엘에게서 빼앗았던 성읍이 에그론부터 가드까지 이스라엘에게 회복되니 이스라엘이 그 사방 지역을 블레셋 사람들의 손에서 도로 찾았고 또 이스라엘과 아모리 사람 사이에 평화가 있었더라"(삼상 7:14).

이 말씀을 영적인 의미로 적용해 보면 블레셋은 사탄을 의미한다. 블레셋과의 전쟁에서 패배하는 엘리 시대는 우리 교회의 구시대처럼 사탄과의 영적인 싸움에서 패배하는 시대를 의미한다. 사무엘 시대는 우리 교회의 2004년 창립기념일 이후 모습처럼 사탄과의 영적인 싸움에서 승리하는 시대를 의미한다는 감동이 왔다. 그때 성령이 또 임하셔서 말씀하셨다.

"내가 너를 통해서 하는 일이 교회와 성도에게 있는 엘리 시대를 내보내고, 사무엘의 시대가 오게 하는 것이다. 너는 엘리 시대를 끝내고 사무엘 시대를 여는 자가 되어라."

이렇게 성령께서는 교회 의자 교체 작업을 통해 하나님께서 나를 통해서 하시는 일이 무엇인지 확실히 알게 하셨다. 나는 이러한 하나님의 뜻을 표어로 만들었다.

"엘리 시대는 가고 사무엘 시대가 올지어다."

하나님께서는 나에게 말씀하신 대로 치유 성회에서 우리 그리스도인에게 있는 영적인 싸움을 확실히 보여주셨고, 사탄과의 영적인 싸움에서 이기는 자로 만들어주셨다.

사무엘같이, 다윗같이 만들어주셨다. 다윗은 사무엘 시대의 표상이다. 지금 우리에게 적용하면 사무엘 시대의 모델 성도다.

"다윗이 어디로 가든지 여호와께서 이기게 하시니라"(삼하 8:6).
"다윗이 어디로 가든지 여호와께서 이기게 하셨더라"(삼하 8:14).

성회가 목요일 오후에 끝나는데 토요일이 되면 성회 참석자로부터 간증이 담긴 문자가 많이 온다. 돌아가서 성도들을 위해 기도해주었는데 치유 성회에서 경험한 일이 똑같이 일어났다는 간증들이다.

이렇게 하나님께서는 성회에 참석하여 사탄과의 영적인 싸움을 배우고 그리스도의 군사로 헌신한 사람에게는 엘리 시대를 끝내고 사무엘 시대를 열 수 있게 하셨다.

내가 성령의 능력을 받고 귀신을 쫓아내는 사역을 하기 전에는 악한 영들이 하는 일에 대해 잘 몰랐다. 내가 그랬듯이 성회에 참석한 사람들 대부분 역시 잘 모르고 있다. 특히 사탄이 예수님을 믿는 자 안에도 도둑처럼 들어가 죄짓게 하고, 도둑질하고, 죽이고, 멸망시키고 있다는 것에 대한 인식이 너무나 부족했다.

사탄이 질병에 걸리게 하고, 고난에 처하게 만들고, 불행한 일들을 당하도록 만들었는데도 불구하고, 하나님이 주신 것으로 안다. 그리고 믿음이 없는 사람은 하나님을 원망하고, 믿음이 있는 사람은 욥의 고난이라 생각하며 욥처럼 참고 견디면서 하나님께 기도한다.

문제 속에 역사하고 있는 악한 영을 예수님의 이름으로 대적하고 쫓아내면 문제를 해결할 수 있는데 그렇게 못하고 있다. 안타까울 뿐이다. 그래서 하나님께서 나를 깨우치사 성령의 능력으로 이런 사역을 하시도록 인도하신 것을 깨닫고 영적인 침체에 빠져 있거나 영적 세계에 무지

한 목회자와 성도들을 흔들어 깨우며 진리의 말씀으로 가르치고 있다.

저는 20년간 폐소공포로 사선을 넘나들었습니다 -박 목사님 이야기-

27차 치유 성회(2010. 12. 6. - 9) 참석자 중에 50대 초반의 박 목사님(남)이 있다. 그는 성회에 참석했을 당시 20여 년 동안 폐소공포증으로 고통을 받고 있었다. 좁은 공간에만 들어가면 자기 의지와 상관없이 마음이 답답해지고 긴장되면서 숨이 멎을 것 같고 죽을 것 같은 순간이 온다.

한번은 차를 운전하고 가다가 그런 증상이 나타나 큰 사고가 날 뻔한 적도 있었다. 그 후로는 운전도 못 하고 있었다. 20대 후반에 증상이 나타나기 시작했는데 기도해도 치료가 안 되고, 여러 의학적 방법을 통해 치료해보려고 해도 안 돼서 결국에는 목회를 내려놓아야만 했다.

그는 이 모든 것이 자신의 문제라 생각하고 자신을 철저히 돌아보며 회개하면서 하나님께 간절히 매달렸다. 3일, 5일, 20일, 40일 금식 기도 등 목숨을 건 기도를 계속했다. 그렇게 목숨 건 기도를 하고 또 하는데도 불구하고 폐소공포증은 20여 년 동안 치료되지 않았다. 그동안 40일 금식 기도를 3번, 20일 금식 기도를 5번이나 했다. 그러함에도 불구하고 기도의 응답을 받지 못했다.

여기에서 중요한 것은 그렇게 기도하는 동안 박 목사님은 한 번도 폐소공포증이 자기 안에 있는 귀신 때문이라고는 생각하지 못했다고 했다.

예수님을 믿는 자의 몸은 성령이 계시는 성전이기 때문에 사탄이 있을 수 없다는 신학 때문이다. 그러한 신학 때문에 악한 영이 박 목사님에게 도둑처럼 들어가 폐소공포증으로 공격하고 목회를 하지 못하게 만들었는데도 불구하고, 악한 영과 싸울 생각은 전혀 하지도 못하고 자신의 문제로만 알고 하나님께 기도만 하고 있었던 것이다. 사탄에게 지고 있었는데도 불구하고 지고 있다는 것조차 깨닫지 못했다. 이것이 엘리 시대의 모습이다.

그런데 박 목사님은 27차 치유 성회에 참석해서 나의 치유 사역을 받고 깨끗이 치료되었다. 내가 기도한 시간을 나중에 확인해보니 20분이었다. 20년 동안 목숨 건 기도를 했는데도 치료받지 못했던 폐소공포증이 단 20분의 기도와 사역으로 치료됐다.

놀랍지 않은가! 다른 한편으로는 안타깝지 않은가! 20분이면 치료받을 수 있는 문제로 인해 20년 동안 고통받고, 목회자로서 아무런 일도 못하고 실패자의 삶을 살았으니, 이 얼마나 안타까운 일이란 말인가!

그럼, 나는 어떻게 치유했을까? 박 목사님에게 있는 폐소공포증이 악한 영에 의한 것임을 알았다. 그래서 그 안에 있는 악한 영을 예수님의 이름으로 대적하고 쫓아냈다. 그랬더니 목사님에게서 폐소공포증이 떠나가고 건강이 회복되었다.

박 목사님이 성회 마치고 돌아가서 그날 밤 기쁨의교회 홈페이지에 올린 글이다.

"저는 20년간 폐소공포로 사선을 넘나들던 박OO 목사입니다. 그동안 이 흉악한 사슬에서 벗어나고자 고민했던 날들은 이 작은 공간에 기록하기가 쉽지 않을 듯하여 생략합니다. 공황 장애로 고난당하는 분들은 이 말의 의미에 절대 공감하시리라 여겨집니다. 거두절미하고 말씀드리고자 하는 것은, 몇 일 전까지도 제가 겪고 있었던 소름 끼치는 공황 장애의 기미가 보이는 분들이나, 이미 깊은 단계의 각종 공황 장애(폐소공포, 대인공포, 고소공포, 대물공포, 유추공포, 느낌공포, 소리공포 등등 기타 공황 장애에 대한 인터넷상의 유형과 증상들을 참고하십시오.)에 시달리시는 분들은 지금 바로 '기쁨의교회'(담임 이종선 목사 032-219-9191)로 달려가시기 바랍니다. 거기서 하나님의 놀라운 사랑과 온전한 치유를 경험하실 것입니다."

박 목사님을 치료한 이야기를 좀 더 자세히 해보자.

나는 성회 첫날부터 박 목사님에게 치유 사역을 하지 않았다. 먼저 영적인 진리를 가르쳤다. 악한 영이 믿는 자에게도 도둑처럼 들어가 죄짓게 하고, 도둑질하고, 죽이고, 멸망시키는 일을 할 수 있다는 것을 가르쳤다. 그리고 성회 둘째 날, 그를 위한 치유 사역을 했다. 박 목사님 안에서 폐소공포증을 주고 있는 악한 영을 예수님의 이름으로 대적하면서 나오라고 명령했다.

20분 정도 사역한 후 치료되었는지 확인하기 위해 박 목사님에게 예배당 뒤에 있는 창고에 들어가 보라고 했다. 옆에서 지켜보고 있던 목사님 한 분이 친절하게 그를 창고로 데리고 갔다.

나는 강단에서 창고가 보였기 때문에 강단에 앉아 두 목사님을 지켜보았다. 두 목사님이 창고 앞에 섰을 때 박 목사님에게 말했다.

"앞에 있는 창고에 들어가 보세요."

박 목사님이 창고에 들어가자 함께 간 목사님이 문을 닫았다. 7분 정도 지난 후, 예수님이 나사로를 부르듯이 창고 안에 있는 목사님을 불렀다.

"박 목사님, 이제 나와보세요."

과연 어떻게 되었을까? 박 목사님이 밝은 얼굴로 창고에서 나왔다. 치료되었다. 결국 그의 폐소공포증의 근본 원인은 악한 영이었다. 악한 영을 쫓아내니 기적처럼 깨끗이 치료되었다.

그는 치유 받은 후 성회에 열심히 참석했다. 하나님께서는 박 목사님의 20년 기도를 쌓아 놓으셨다가 한꺼번에 응답해주시듯 은혜를 쏟아 부어주셨다. 역시 기도는 결단코 헛된 것이 아니다. 기도는 '어메이징 스토리'를 만든다.

성회를 통해 그는 영적인 세계를 새롭게 알게 되었고, 성령 충만과 병을 고치고 귀신을 쫓아내는 능력을 받았다. 엘리 시대를 끝내고 사무엘 시대를 맞이했다.

나처럼 이제 박 목사님에게도 간증이 넘쳐난다. 그중 그가 성회에서 간증한 것을 소개한다.

불자 동생에게 안수하자 성령의 불이 떨어지다

박 목사님에게는 불심이 깊은 남동생이 있었다. 치유 성회 참석 후 며칠 지나지 않아 남동생이 박 목사님을 찾아왔다. 동생은 우리나라에서는 꽤 알려진 불교 대학에서 직원으로 일하고 있는 불자였다.

그는 그런 동생을 안타깝게 여기던 중 성회를 통해 그리스도의 군사로 임명을 받았기에 담대한 마음으로 동생을 위해 기도해주게 되었다.

그날따라 동생도 순순히 기도를 받았다. 동생의 머리에 안수하고 기도하는데 갑자기 동생이 "악~" 소리를 지르며 몸을 웅크리더니 한 시간 정도 그렇게 계속 "악~" 소리를 지르며 있었다고 했다.

나중에 동생이 말하길 형이 기도해주는데 갑자기 불덩어리가 가슴에 떨어져서 자기도 모르게 그렇게 되었다고 했다. 내가 생각할 때 박 목사님이 안수할 때 성령의 불이 동생에게 떨어졌고, 불교에 빠지도록 한 사악한 영이 성령의 불로 인해 "악~" 소리를 지르며 떠나간 것이다. 동생은 그 일을 계기로 형의 전도를 받고 예수님을 영접했다.

가톨릭교인에게 안수하자 쓰러지면서 귀신이 나오다

동생을 전도하고 두 주가 지나서 주일 오전 예배가 끝날 무렵, 여자 두 명이 박 목사님 동생을 만나기 위해 교회에 찾아왔다. 동생이 학교 담당자로서 추진하고 있는 사업이 있었는데, 그 일과 관련해서 동생을 만나고자 찾아온 것이다.

박 목사님은 두 사람이 예배당에 들어오는 것을 보고 기도해주고 싶은 마음이 들었다. 그래서 기도해줘도 되겠냐고 물었더니 두 여인 중 한 명이 "기도해주세요."라고 했다.

그 여인은 사업 문제와 관련된 당사자로 중학교 교사이고, 가톨릭교인이었다. 박 목사님이 그 천주교인을 위해 머리에 안수하고 기도할 때 그 여인이 갑자기 "악~" 소리를 지르며 쓰러졌다. 곧 귀신이 그 여인의 입을 잡고 말하기 시작했다. 박 목사님은 치유 성회에서 배운 대로 귀신에게 물었다.

"너는 뭐 하는 귀신이냐?"
'마리아의 영이다.'
"마리아의 영, 너는 무슨 짓을 했느냐?"
'죽이려고 했다. 사기당하게 했다. 사기당하게 해서 죽이려고 했다.'
(이하 생략)

여기에서 주의할 것은 악한 영이 마리아의 영이라고 말했는데 이 말은 마리아가 귀신이 되어 그 가톨릭 성도에게 들어왔다는 말이 결코 아니다. 귀신은 타락한 천사다. 그리고 거짓의 영이다. 귀신이 마리아의 영인 것처럼 가장하고 거짓말을 한 것이다.

"이것은 이상한 일이 아니니라 사탄도 자기를 광명의 천사로 가장하나니"(고후 11:14).

박 목사님은 그날 갑자기 가톨릭교인을 위해 기도해주다가 악한 영과 맞닥뜨리게 되었고, 약 한 시간 동안의 영적인 싸움을 통해 악한 영을 쫓아냈다. 사탄과의 영적인 싸움에 이긴 자가 된 것이다.

악한 영을 쫓아내고 마무리 기도를 하자 그 가톨릭 성도가 일어나면서 두려움이 가득한 표정으로 박 목사님께 물었다.

"이것이 무엇입니까? 지금 내게 무엇이 일어난 것입니까?"
박 목사님이 대답했다.

"그것을 알려면 나와 성경 공부를 해야 합니다." 그래서 성경 공부를 하게 되었고, 결국엔 그 가톨릭교인은 예수님을 영접하고 그 교회의 성도가 되었다.

이렇게 그는 사탄과 싸워 이기고 귀한 영혼 둘을 얻었다. 이것이 바로 사무엘 시대의 목회자다.

치유 성회에 참석한 분들에게 일어난 이런 일들은 내가 간증문을 받아 놓은 것만도 책 몇 권을 쓸 분량이다. 하나님께서는 성령으로 내게 말씀하신 대로 치유 성회를 통해서 우리 안에 있는 엘리 시대를 끝내게 하시고 사무엘 시대가 오게 하셨다. 사탄과의 영적인 싸움에서 승리하는 사람이 되게 하셨다.

독자 여러분들이 엘리 시대를 바로 알고 내보내길 바란다. 그리고 성령의 능력으로 사탄과의 영적인 싸움에 승리함으로 사탄에게 빼앗겼던 것들을 도로 찾고 회복하는 사무엘의 시대를 활짝 열기를 기도한다.

05

너는 나의 떨기나무다

> 여호와께서 그가 보려고 돌이켜 오는 것을 보신지라
> 하나님이 떨기나무 가운데서 그를 불러 이르시되
> 모세야 모세야 하시매
> 그가 이르되 내가 여기 있나이다
> (출 3:4)

시내산의 3단계 영성과 갈멜산의 세 가지 영광

제15차 치유 성회를 준비하는 2009년 6월 10일(수), 치유 성회에서 사용할 첫 번째 표어(엘리 시대는 가고 사무엘 시대가 올지어다)를 주신 하나님께서 제15차 치유 성회가 끝나고 인텐시브 코스 '하나님의 음성 듣기 및 예언' 성회를 준비할 때 두 번째 표어와 세 번째 표어를 주시고 이어서 그 해가 가기 전에 네 번째 표어도 주셨다.

표어를 주신 과정을 좀 설명하면, 어느 날 성령 하나님이 구약에 나오는 두 개의 산에 주목하게 하셨다. 시내산과 갈멜산이다. 두 개의 산에 주목하게 하시더니 그 산과 관계된 말씀 속에서 깊은 영적인 교훈을 깨닫게 하시고 그 깨달음에 근거한 표어를 만들게 하셨다.

먼저 시내산에서는 다음과 같은 3단계 영성을 깨닫게 하시고 표어를 만들게 하셨다.

- 시내산에 나타난 3단계 영성
  1단계(출 24:1-8): 평지, 이스라엘 사람들, 번제단이 있는 성전 뜰
  2단계(출 24:9-11): 시내산 중간 봉우리, 제사장과 70 장로, 성소
  3단계(출 24:12-18): 시내산 꼭대기, 모세, 지성소
  〈표어: 시내산 꼭대기의 영성으로 들어가라〉

이어서 갈멜산에서는 다음과 같은 세 가지 영성을 깨닫게 하시고 표어를 만들게 하셨다.

- 갈멜산에 나타난 세 가지 하나님의 영광
  첫 번째 영광(왕상 18:20-40): 여호와 하나님이 참 하나님이심을 나타내는 영광
  두 번째 영광(왕상 18:41-45上): 여호와 하나님이 인간의 생사화복을 주관하는 하나님이심을 나타내는 영광
  세 번째 영광(왕상 18:45上-46): 여호와 하나님의 초자연적 능력을 나타내는 영광
  〈표어: 갈멜산의 영광을 회복하라〉

이렇게 첫 번째 표어에 이어서 두 번째, 세 번째 표어를 주신 하나님께서 마지막으로 네 번째 표어는 사무엘 시대의 모델인 다윗을 주목하게 하시고 영적인 교훈과 함께 표어를 주셨다. 다윗과 같은 정복자가 되는데 혈과 육으로 싸워 이기는 세상적인 정복자가 아니라 말씀과 성령의 능력으로 사탄과 싸워 이기는 영적 정복자가 되라는 표어다.

"다윗 왕이 그것도 여호와께 드리되 그가 정복한 모든 나라에서 얻은 은금 곧 아람과 모압과 암몬 자손과 블레셋 사람과 아말렉에게서 얻은 것들과 오바 왕 르홉의 아들 하닷에셀에게서 노략한 것과 같이 드리니라"(삼하 8:11-12).
〈표어: 그리스도의 좋은 군사가 되어 사탄을 정복하고, 하나님의 나라를 확장하라〉

그렇게 해서 2009년도에 다음과 같이 치유 성회에서 사용하는 네 개의 표어가 완성되었다.

• 치유 성회의 네 가지 표어 •

1. 엘리 시대는 가고 사무엘 시대가 올지어다.
2. 시내산 꼭대기의 영성으로 들어가라.
3. 갈멜산의 영광을 회복하라.
4. 그리스도의 좋은 군사가 되어 사탄을 정복하고,
   하나님의 나라를 확장하라.

표어가 완성되자 표어를 통해 내가 하는 사역이 무엇인지 명확해졌고 사역의 틀이 잡혔다. 15차부터 하나님께서 나를 쓰시는 것도 한 차원 높아진 느낌이 들었다. 성회 참석자도 15차를 기점으로 전국에서 몰려오기 시작했다. 성회 때마다 성전에 가득 찼다.

너는 나의 떨기나무다

성회에 찾아오는 목회자와 성도 중에는 나름 교계나 사회에서 영향력이 있는 사람들도 많아졌다. 그러다 보니 성회 때마다 첫 시간이 너무 긴장되었다.

일단 성회가 시작되면 하나님께서 나와 함께 하심을 나타내시고 영적인 권위를 세워주시니 괜찮아지는데, 문제는 성회를 시작하는 첫 시간이었다. 너무 떨리고 긴장이 되었다.

치유 성회 3주년을 기념하는 18차 치유 성회(2009. 11. 23. - 26)를 시작할 때도 두렵고 떨리는 마음으로 첫 시간을 위해서 기도하고 있었다. 한참 기도하고 있는데 성령이 임하셔서 말씀하셨다.

"너는 나의 떨기나무다!"

이 말씀을 듣고 깜짝 놀랐다. "내가 주님의 떨기나무라니! 와~" 성령으로부터 이 말씀을 들었을 때 직관적으로 무엇을 의미하는지 깨달아졌다.

내가 제1차 치유 성회 때부터 성회에 참석한 사람들에게 이 치유 성회는 모세의 떨기나무와 같은 성회라고 말했기 때문이다. 그래서 나는 모세가 떨기나무에 임하신 하나님을 만난 것처럼 여러분은 이 성회에서 하나님을 만날 것이라고 선포했다. 또 모세처럼 비전을 회복하거나 받게 될 것이며, 비전을 이루어낼 수 있는 능력도 받게 될 거라고 말했다. 그런데 성령께서 나에게 임하셔서 "너는 나의 떨기나무다!"라고 말씀하신 것이다. 나는 치유 성회가 떨기나무라고 했는데 성령 하나님은 내가 떨기나무라고 하셨다.

떨기나무는 나무 같지도 않은 나무다. 생선으로 비유한다면 멸치 같다고나 할까? 성경에는 좋은 나무가 많이 나온다. 대표적인 나무는 백향목이다. 백향목은 목재로 쓰이는 최고의 나무다. 백향목 외에 종려나무, 감람나무, 싯딤나무, 무화과나무 등 좋은 나무들이 나온다.

그런 나무들에 비하면 떨기나무는 보잘 것 하나 없는 나무다. 그런데 하나님께서 대단한 나무를 쓰시지 않고 아무 보잘것없는 떨기나무를 쓰셨다. 떨기나무에 임하셔서 모세를 만나주시고 새롭게 하셨다. 모세는 하나님을 모시고 있는 떨기나무와 만나면서 인생의 전환점을 맞이했다.

치유 성회가 바로 그런 모세의 떨기나무와 같은 성회였는데 성령께서 나를 떨기나무처럼 쓰고 있다고 말씀하신 것이다.

나는 성령 하나님이 "너는 나의 떨기나무다!"라고 말씀하셨을 때 왜 그렇게 말씀하셨는지 충분히 알 수 있었다. 앞에서 진술했듯이 나는 당시 목회를 시작해서 20년이 된 목사였지만 상가 지하에서 아직도 개척 교회를 벗어나지 못하고 있는 못난 목사였다. 모든 목사 중에 지극히 작은 자보다 더 작은 나였다. 떨기나무 중에 떨기나무였다.

그런 나를 하나님께서 하나님의 떨기나무로 써주시니 이 얼마나 감사한 일인가? 너무나 감사했고 기뻤다. 마음에 큰 위로와 힘이 되었다. 주님의 말씀으로 인해 두렵고 떨리던 마음은 사라지고 평안과 담대함이 생겼다.

그날 이후 어떤 자리에 서든지 나는 주님의 떨기나무라는 마음으로 임하고 있다. 나를 통해 주님이 일하시도록 주님을 잘 섬기기 위해 최선을 다하고 있다.

이 책을 읽는 독자 중에 자신이 떨기나무 같다고 생각하는 사람이 있으면 지금 자리에서 일어나 하나님께 무릎 꿇고 기도하자.

"하나님, 저도 하나님의 떨기나무로 써주세요."

06

*저 아이는 나를 위해
춤추는 자다*

> 그러나 진리의 성령이 오시면
> 그가 너희를 모든 진리 가운데로 인도하시리니
> 그가 스스로 말하지 않고 오직 들은 것을 말하며
> 장래 일을 너희에게 알리시리라
> (요 16:13)
> 베드로에게 역사하사 그를 할례자의 사도로 삼으신 이가
> 또한 내게 역사하사 나를 이방인의 사도로 삼으셨느니라
> (갈 2:8)

두 학생의 장래 일을 정확히 알게 하신 성령 하나님

2009년 1월 17일(토)에 일어난 이야기다. 1월 15일(목)부터 시작된 제3차 다니엘 캠프의 마지막 시간은 찬양과 함께 시작되었다.

나는 찬양하는 중·고등학생들과 청년들의 모습을 뒤에 서서 지켜보면서 마지막 시간을 준비하고 있었다. 그런데 찬양 팀에서 춤을 추고 있는 김현아 청년을 보고 있을 때 갑자기 성령이 나에게 임하셔서 말씀하셨다.

"저 아이는 나를 위해 춤추는 자다. 저 아이가 나를 위해 춤을 출 때 나는 저 아이에게 복을 줄 것이다. 나는 저 아이에게 춤과 예술에 대한 재능을 주었다. 저 아이가 지원한 학과에 대해서는 재능을 주지 않았다. 저 아이가 나를 위해 춤을 출 때 나는 저 아이를 세계적으로 쓸 것이다."

이 말씀을 들었을 때 직감적으로 "아~ 현아가 대학 진학에 실패했구나"라는 생각이 들었다.

현아는 내 딸의 친구다. 주일 학교 아동부 때 딸의 전도를 받고 중학교에 들어가면서 기쁨의교회에 왔다. 그래서 내가 중학생 때부터 가르친 제자로서 딸처럼 사랑하는 청년이다. 내 딸은 작년에 대학에 진학했는데 현아는 진학에 실패하고 재수를 하고 있었다. 그래서 현아의 대학 진학을 위해 기도를 많이 했었는데 이번에도 대학에 떨어진다고 생각하니 마음이 아팠다. "현아를 앞으로 어떻게 지도해야 하나?"라고 생각하고 있는 사이에 찬양이 끝났다.

나는 강단으로 올라가자마자 현아를 앞으로 나오게 했다. 현아를 앞에 세운 후 내가 현아에 관하여 성령 하나님께 들은 말씀을 전했다. 공개적으로 예언한 것이다.

"여러분이 찬양하고 있을 때 성령이 나에게 임하셔서 말씀하셨습니다. 바로 앞에 있는 청년 김현아에 관해서 말씀하셨습니다. 성령께서 나에게 말씀하시길, 현아는 하나님을 위해 춤추는 사람이라고 하셨습니다. 하나님께서 현아에게 춤과 예술에 대한 재능을 주셨다고 하셨고, 현아가 지원한 학과에 대해서는 재능을 주지 않았다고 하셨습니다. 하나님께서는 현아가 하나님을 위해 춤을 출 때 은혜와 복을 줄 것이며 세계적으로 쓰실 것이라고 말씀하셨습니다. 그리고 성령의 음성을 들을 때든 생각인데, 현아는 이번 대학 시험에 떨어질 것입니다. 그러나 떨어졌어도 실망하지 마세요. 하나님을 찬양하는 쪽으로 나가면 하나님께서 축복하실 것입니다."

내가 이렇게 예언을 하면서 한 달 후면 맞았는지 틀렸는지 확실히 판단할 수 있는 말까지 한 이유는 내가 한 예언이 성령이 하신 말씀이라는 것을 확실히 믿게 하려는 것이었다. 그만큼 내가 들은 성령의 말씀에 확신이 있었기 때문이기도 했다.

"이제 일이 일어나기 전에 너희에게 말한 것은 일이 일어날 때에 너희로 믿게 하려 함이라"(요 14:29).

현아에게 공개 예언을 한 후에 마지막 시간엔 성령 하나님과의 인격적인 만남과 소통에 대해 가르쳤다. 그때 그 자리에는 전국에서 모여든 중·고등학생과 청년 70여 명, 인솔자 교역자와 교사 30여 명, 캠프를 섬기는 스텝 20여 명 등 총 120여 명이 있었다. 그들은 내가 현아에게 한 예언의 증인들이다.

캠프가 끝나고 바로 다음날, 주일 오후 예배 시간이었다. 우리 교회는 주일 오후 2시 예배를 중·고등학생과 청년 중심으로 드리고 있다. 30분 정도 찬양 팀의 인도 속에서 자유롭게 찬양하고 이어 설교를 한다. 찬양하고 있을 때 나는 현아 외에 대학 진학을 위해 지원한 3명의 학생을 바라보면서 기도했다.

"하나님, 어제는 대학에 떨어진다는 예언을 했는데, 오늘은 붙는다는 예언을 하게 해주세요."라고 기도하면서 3명의 학생을 하나하나 바라봤다. 명수를 바라볼 때 성령이 임하시면서 말씀하셨다.

"저 아이는 붙는다. 그러나 저 아이의 성에 차지는 않을 것이다. 그렇지만 나는 저 아이를 그 학교에 보내길 원한다. 그 학교에서 저 아이가 나를 잘 믿고 섬기길 원한다. 그러면 나는 저 아이에게 복을 줄 것이다."

나는 성령 하나님의 말씀을 듣고 너무 기뻤다. 명수 역시 현아처럼 재수하고 있었는데 합격할 거라고 말씀하셨기 때문이다. 찬양이 끝나자마자 기쁜 마음으로 강단에 올라갔다. 그리고 명수에게 자리에서 일어나라고 말하고, 성령께서 나에게 하신 말씀을 전했다. 대학 진학과 관련해서 두 번째 공개 예언을 한 것이다.

"어제 현아가 대학에 떨어진다는 예언을 했어요. 그래서 내가 주님께 기도했어요. 붙는다는 예언도 하게 해달라고. 그랬는데 성령이 임하셔서 명수는 대학에 붙는다고 말씀하셨어요. 그런데 명수의 성에는 차지 않을 거라고 했어요. 그렇지만 명수를 그 학교에 보내길 원한다고 하셨고, 그 학교에서 명수가 하나님을 잘 믿고 섬기길 원한다고 하셨어요. 그러면 하나님께서 명수에게 복 주실 거라고 하셨습니다."

그렇게 예언을 하고 약 한 달 정도는 긴장이 되어 밥을 잘 먹지 못했다. 예언한 내용이 맞았는지 틀렸는지 한 달 사이에 확인할 수 있었기 때문이다. 게다가 현아에게 대학에 떨어질 것이라고 예언했는데, 일반적으로 보면 가군, 나군, 다군 세 곳에 원서를 내면서 한 곳 정도는 반드시 합격할 수 있도록 안전하게 지원한다. 그래서 세 곳 다 떨어지는 것은 일어나기 어려운 일인데 다 떨어질 것이라고 예언했으니 엄청 긴장되었다.

만약 틀리게 되면 내가 성령 하나님과 소통한다고 말한 것이 모두 새빨간 거짓말이 된다. 그렇게 되면 목회가 얼마나 힘들어질 것인가? 더욱이 다니엘 캠프에서 한 예언은 치유 성회에 참석하고 있는 목회자들과 성도들에게 소문이 날 것이 틀림없다. 예언이 틀리게 되면 부정적인 소문이 나서 치유 성회 참석자는 급격히 줄어들게 될 것이고 성회를 인도하는 것도 힘들어질 것은 불을 보듯 뻔했다.

월요일, 현아가 나를 찾아왔다.

"목사님, 제가 이번에 대학에 떨어진다고 하나님께서 말씀하셨는데, 대학에 떨어지면 어떻게 하면 좋아요?"
"이번에 네가 지원한 학과가 어떤 학과니?"
"경영학과에요."
"경영학과를 왜 지원했니?"
"딱히 이유는 없고요. 부모님이 경영학과에 지원하라고 했어요, 저도 취업에 유리할 것 같아서 지원했어요."
"그러면 하나님께서 너에게 경영학과에 재능을 주시지 않았다는 말이 맞네. 대학에 워십 전공이 있는 대학이 있다. 찾아보렴. 정규 대학에 없다면 프레이즈 예술신학원처럼 찬양사역자를 양성하는 신학교도 있다.

비록 학점은행제 학교지만, 학사 학위도 받을 수 있고, 대학원에도 진학할 수 있다. 기도하면서 잘 찾아보렴."

드디어 가군 대학부터 합격자 발표가 나기 시작했다. 첫 번째 소식이 들려왔다. 명수에게 예언한 대로 합격했다는 소식이었다.

첫 번째 가고 싶은 대학은 서울에 있는 D 대학교였는데 그곳은 떨어졌고, 두 번째로 가고자 한 전북대학교에 합격했다. 내가 하나님께 들은 말씀 그대로 되었다. 정확하신 하나님이시다.

현아로부터도 소식이 들려왔다. 가군, 나군, 다군 차례로 다 떨어졌다. 예언한 대로 모두 떨어졌다. 그런데 모든 것이 끝났을 때 현아에게 기적이 일어났다. 합격 문자를 받은 것이다.

"합격을 축하드립니다. 음악목회학과 예배 무용 전공 추가모집에 합격하셨습니다." - 나사렛대학교

나중에 현아가 말하길, 나와 상담하고 집에 돌아가서 인터넷에서 워십 관련 학과를 검색하며 찾아보던 중에 나사렛대학교에서 정원 미달로 예배 무용 전공 추가모집 공고가 뜬 것을 보았다고 했다. 그래서 일단 지원은 해놓고, 결정은 모든 결과를 본 뒤에 하자는 마음으로 원서를 냈다고 했다.

나아만이 엘리사의 말은 믿지 못했지만 순종했을 때 살아계신 하나님의 능력을 경험했듯이 현아도 내가 전한 말을 믿지는 못했어도 순종

했더니 살아계신 하나님의 능력을 경험했다. 하나님은 어제나 오늘이나 영원토록 변함없으시다.

현아와 명수의 대입과 관련한 나의 예언은 그대로 성취되었다. 참으로 놀라우신 하나님이시다. 성경대로 하나님은 내일 일을 아신다. 그래서 성령 하나님은 우리에게 장래 일을 말씀하실 수 있고, 우리가 성령의 말씀을 들을 수 있으면 장래 일을 알게 된다.

또 하나님은 우리 한 사람 한 사람의 인생에 관한 하나님의 뜻이 있다. 베드로는 할례받은 유대인을 위한 사도로, 바울은 할례받지 않은 이방인을 위한 사도로 쓰시고자 하시는 하나님의 뜻이 있었다.

"베드로에게 역사하사 그를 할례자의 사도로 삼으신 이가 또한 내게 역사하사 나를 이방인의 사도로 삼으셨느니라"(갈 2:8).

우리가 하나님의 은혜와 축복을 받으며 멋지게 쓰임 받는 삶을 살려면 나를 향한 하나님의 뜻을 알고 그 뜻에 순종해서 하나님을 섬기는 것이 중요하다.

성령의 인도를 받으면 나를 향한 하나님의 뜻을 알 수 있다. 가장 좋은 것은 나를 향한 하나님의 뜻은 내가 직접 성령의 인도를 받는 것이지만 바울이 아나니아를 통해 자신을 향한 하나님의 뜻을 알게 되었듯이 하나님께서 쓰시는 사람을 통해 나를 향한 하나님의 뜻을 알게 될 수도 있다.

나는 바울이 다메섹으로 가던 길에 주님을 만난 후 주님께 "주여, 내가 무엇을 하리이까?(What shall I do, Lord?)"라고 묻는 것을 보면서 주님의 뜻을 알고자 몸부림치는 수많은 그리스도인을 생각했다. 그런 바울을 위해 아나니아를 쓰신 것을 보면서 나를 아나니아처럼 써달라고 많이 기도했다. 하나님께서는 내 기도를 들으시고 종종 아나니아처럼 써주신다. 현아의 케이스도 바로 그런 경우다.

현아는 예언대로 하나님의 은혜와 복을 받았나요?

현아는 나를 통해 자신을 향한 하나님의 뜻을 알게 되었다. 그때부터 현아는 하나님을 위해 춤추는 자로 살았다. 그런 현아에게 하나님은 나를 통해 말씀하신 대로 많은 은혜와 복을 베풀어주셨고 멋지게 사용해주셨다.

우선 공부를 잘하는 학생이 되게 해주셨다. 현아는 고등학교 다닐 때까지만 해도 공부를 잘하는 학생은 아니었다. 반에서 중간 정도였다. 그런데 하나님의 뜻대로 대학에 들어간 후에는 학과에서 항상 1등을 했고, 장학금을 받으면서 학교에 다녔다. 더욱 놀라운 것은 대학에 들어간 그 해에 미국에서 열린 나사렛재단 100주년 기념식에서 나사렛대학 예배 무용 전공 학생들의 공연 순서가 있어 현아도 미국에 가서 공연하는 일이 일어났다. 하나님을 위해 춤추는 자의 길을 걷자마자 해외에 나가 주님을 위해 춤추는 기적 같은 일이 일어난 것이다.

대학을 졸업한 후에는 하와이에 있는 열방대학에서 6개월 과정으로

운영하는 예수제자훈련학교의 퍼포밍아트 DTS에 참가했다.

그 DTS에 13개국에서 예술적 재능으로 하나님을 섬기는 30여 명의 청년이 찾아왔다. 현아는 자연스럽게 한국을 대표하는 하나님의 딸로서, 13개국의 청년들과 사귀며 미국, 호주, 남아공 등 세계를 다니며 전도를 위한 공연을 했다. 그뿐만 아니라 그들과 함께 한국에서도 전도를 위한 공연을 했다.

하나님께서 말씀하신 대로 현아를 세계적으로 쓰셨다. 하나님은 신실하신 분이시다. 그분이 하신 약속은 반드시 지키신다. 얼마나 감사한지 모른다. 우리는 신실하신 하나님을 영원히 찬양하지 않을 수 없다.

이 책을 쓰고 있는 지금 현아는 우리 교회 중고등부 교육을 담당하는 지도 교사로 주의 일을 하고 있다. 주님을 위해 춤추는 사역은 하지 않는다. 후배들에게 물려주고 워십 팀에서 졸업했기 때문이다. 그러나 20대의 인생을 하나님을 위해 춤추는 자로서 멋지게 섬겼다. 인생에는 때가 있다. 지금은 학원에서 아이들을 가르치면서 미래를 준비하고 있다. 현아의 다음 스토리를 기대해본다. 현아 이야기를 읽는 독자 중에는 명수 이야기가 궁금한 독자도 있을 것 같은데 명수 이야기는 다음 기회로 미룬다.

07

내가 다니엘 캠프를 기뻐한다

> 다니엘은 뜻을 정하여
> 왕의 음식과 그가 마시는 포도주로
> 자기를 더럽히지 아니하리라 하고
> 자기를 더럽히지 아니하도록 환관장에게 구하니
> 하나님이 다니엘로 하여금 환관장에게
> 은혜와 긍휼을 얻게 하신지라
> (단 1:8-9)

신앙 교육에 성공하려면 성경 말씀을 실제 경험하게 하라

나는 태중 신앙인으로서 주일 학교 아동부, 중고등부, 청년부를 경험한 사람이고, 30년이 넘도록 교회에서 교육을 직접 하고 있는 목회자다. 그래서 교회 교육의 중요성을 누구보다도 잘 알고 있고 문제점도 잘 알고 있다.

내가 생각하는 교회 교육의 가장 큰 문제점은 성경은 잘 가르치는데, 성경이 말하는 영적인 실재와의 만남을 가져다주지 못한다는 것이다.

예를 들어, 하나님에 관해서는 잘 가르치는데 정작 학생들이 하나님을 만나고자 할 때 실제 그분과의 만남을 갖도록 해주지 못한다. 하나님의 능력에 관해서는 잘 설명하지만, 하나님의 능력을 실제 경험하도록 해주지는 못한다.

또 사탄에 관해서는 잘 가르치지만, 사탄의 실재는 보여주지 못한다. 그냥 믿으라고만 한다. 예수님께서 도마에게 하신 말씀을 얘기하면서 보지 않고 믿는 자가 복 있으니 의심하지 말고 그냥 믿으라고만 한다. 그러나 아이들이 보기에 고대 신화 같고 비과학적이고 비이성적인 것 같은 성경을 무조건 믿어라, 믿으면 복 받는다고 해서 믿을 아이들이 얼마나 있을까? 거의 없다고 봐야 한다.

부모의 영향으로 교회를 다니고 있는 아이들을 보면 대부분 확실한 믿음 없이 교회에 다닌다. 그러다 부모님의 영향에서 벗어나는 순간 대부분 교회를 떠난다.

내가 확신하는 것은 그가 어린이든 장년이든 누구든지 간에 성경에 대한 확실한 믿음에 이르게 하려면 성경에 기록된 내용을 직접 체험하게 하는 것이다. 자신이 직접 체험하는 것보다 더 확실한 것은 없다. 구체적인 사례 두 가지를 소개한다.

귀신들려 열여덟 해 동안 아프던 턱관절이 치료됐어요

제3차 다니엘 캠프(2009. 1. 15. - 17)에 참가한 청소년 중에 고3이 되는 강연정 학생(가명, 여, 18세)이 있다. 캠프에 참석하기 전 연정이는 교회를 잘 다니며 피아노 반주로도 교회를 섬기는 학생이었지만 믿음은 없었다. 어머니 때문에 억지로 교회를 다니고 있었다.

　태중 신앙이었고 어렸을 때부터 교회를 다녔기 때문에 성경은 많이 알고 있었지만, 연정이에게 성경은 로마 신화나 그리스 신화와 별반 다르지 않았다. 연정이가 그렇게 오랫동안 교회를 다녔어도 하나님을 믿지 못하는 이유는 크게 두 가지였다.

　첫째는, 변화되지 않는 아빠의 모습이었다. 어머니가 열심히 교회를 다니며 기도했음에도 불구하고 아빠는 달라지지 않았다. 가족들의 원수와 같은 존재였다. 술과 노름에 빠져 집에 들어오지 않았고, 어쩌다 집에 들어오는 날은 돈이 필요한 날이었다. 엄마가 돈이 없다고 하면 집에 있는 물건을 부수고 엄마에게 폭력을 행하면서 강제로 돈을 빼앗아갔다.
　아빠의 폭력은 연정이에게도 예외는 아니었다. 아빠의 폭력과 착취로 인해 연정이의 마음에는 아빠에 대한 증오심이 자라났다. 어디 가서 죽었으면 좋겠고 영원히 집에 안 들어오면 좋겠다는 생각까지 품게 되었다. 엄마에게 이혼하라고 말했지만, 엄마는 아빠를 포기하지 않고 항상 하나님께 기도했다. 그렇게 20여 년을 기도했음에도 불구하고, 아빠는 변화되지 않았다. 그런 하나님을 연정이는 믿을 수 없었다.

　둘째는, 어렸을 때부터 턱관절 장애라는 고질병이 있었다. 턱관절 장애로 인해 아침에 일어날 때부터 아프기 시작해서 종일 통증이 있었다. 항상 통증이 있고 말을 하면 더 아프게 되는 일이 생기다 보니 신경질적이고 혈기 부리는 아이가 되었다. 성경 말씀대로 하나님께 고쳐달라고 기도해봤는데 고쳐지지 않았다. 그래서 연정이는 성경을 믿을 수 없었다.

　그런 연정이가 제3차 다니엘 캠프에 참석한 후 하나님을 믿고 성경 말씀을 믿는 학생으로 완전히 변화되었다. 연정이가 이렇게 믿음의 사람으로 놀랍게 변화된 결정적인 이유는 턱관절 치료를 위해 기도했던 기도의 응답과 더불어 성경 말씀이 진짜라는 것을 확실히 믿을 수 있는 영적인 체험을 했기 때문이다.

캠프 둘째 날 오전 강의를 마치면서 내가 가르친 성경 말씀을 확증해 보이기 위해 캠프에 참석한 중·고등학생과 청년들에게 아무나 공개적으로 기도 받기 원하는 사람은 신청하라고 했다. 이때 신청한 학생이 연정이었다.

나는 연정이가 작성한 '내 안에 있는 악한 영 찾아보기' 표를 보고 그녀 안에 가문의 혈통을 통해 내려온 불교의 영이 연정이에게 강하게 역사하고 있음을 확인했다. 그래서 연정이를 위한 기도 사역에 들어갔을 때 제일 먼저 불교의 영을 예수님의 이름으로 대적하고 연정이에게서 나오라고 명령했다. 그러자 불교의 영이 연정이의 몸을 뒤틀리게 하고, 얼굴은 일그러지게 하면서 정체를 드러내고 말을 했다. 성경에 예수님께서 귀신을 쫓아낼 때 일어난 현상과 비슷한 현상이 나타났다.

귀신의 이름은 어떻게 명명하는가?

앞서 언급한 불교의 영과 관련해서 불필요한 오해를 막기 위해 잠깐 설명하는 것이 좋을 것 같다.

마가복음 9장 25절에 보면 예수님께서 귀신을 쫓아내실 때 '말 못하고 못 듣는 귀신'이라고 귀신의 이름을 언급하며 쫓아내셨다. 헬라어 원어 그대로 직역하면 '말 못하고 못 듣는 영'이다.

그리고 바울이 빌립보에서 전도할 때 쫓아낸 귀신에 대해 누가는 '점치는 귀신'(행 16:16)이라고 기록했다. 이곳도 헬라어 원어 그대로 직역하면 '점 치는 영'이다.

그럼, 성경에서 이렇게 말하고 있는 귀신의 이름을 어떻게 이해하면 좋을까? 예수님께서 '말 못하고 못 듣는 영'이라고 명명한 귀신을 보면 그 영이 그 사람 안에서 행하고 있는 것이다. 누가가 '점치는 귀신'이라고 명명한 귀신도 그 영이 그 사람 안에서 행하고 있는 것이다. 누가복음 13장 10-17절에 나오는 귀신들려 앓으며 꼬부라져 조금도 펴지 못하는 여자에게 있는 귀신도 헬라어 원어 그대로 직역하면 '앓음의 영' 또는 '병의 영'이라고 말할 수 있다. 그 영이 여자에게 행하고 있는 그대로 이름을 붙인 것이다.

이러한 말씀을 근거로 해서 나는 귀신의 이름을 붙일 때 그 영이 사람에게 행하는 것을 따라 이름을 붙인다. 다시 말해 불교의 영이라고 했을 때 불교의 영이 특정해서 있고, 게임의 영이라고 해서 게임의 영이 특정해서 있는 것이 아니라 불교를 믿게 하면 불교의 영이고, 게임을 하게 하면 게임의 영이라고 말한다는 것이다.

연정이의 경우는 아버지와 선조가 불심이 깊은 분들이었기에 가문에 불교의 영이 역사하고 있고, 연정이에게도 불교의 영이 역사하고 있다고 본 것이다. 그래서 불교의 영을 대적하고 쫓아내는 사역을 한 것이다.

불교의 영을 취조할 때 불교의 영이 대답한 말

감사하게도 그날 성령 하나님께서 강하게 역사해주셨다. 2-3분 정도 연정이에게 있는 불교의 영을 예수님의 이름으로 대적하면서 나오라고 명령했을 때 불교의 영이 정체를 드러내고 연정이의 입을 사용해서 말하기 시작했다.

"너는 언제 들어왔느냐?"
'할아버지 때'
"네가 한 짓이 무엇이냐?"
'믿음 없게 만들었다. 성경 못 보게 했다. 찬송 싫어하게 했다.'
"또 말해라."
'기도를 못 하게 했다.'
"또 무슨 짓을 했느냐?"
'마음 아프게 했다. 화나게 하고 욕하게 했다.'
"계속 말해라."
'애들 뒷담화 하게 했다. 애들 싫어하게 했다.'
"학교에서는 무슨 짓을 했느냐?"
'잡생각 하게 했다.'
"얼마나 하게 했느냐?"
'시도 때도 없이 하게 했다.'
"네가 아프게 한 곳은?"
'턱관절을 아프게 했다. 머리도 아프게 했고, 뼈 마디마디 다 아프게 했다.'

귀신은 이와 같이 사람 안에 들어와 죄짓는 존재요, 죄짓게 만드는 영적 존재다. 그러므로 귀신이 정체를 드러내면 바로 쫓아내기보다는 취조하는 것이 좋다. 취조가 잘 이루어지면 귀신에게 빼앗긴 것들이 무엇인지 알 수 있게 됨으로써 그것들을 도로 찾고 회복하는 데 도움이 된다.

나는 취조를 마친 후 본격적으로 귀신을 쫓아내기 시작했다.

"(연정이의 턱에 안수함) 예수님의 이름으로 명하노니 턱관절을 아프게 한 악한 영들은 나올지어다. 우리가 알 수 있도록 입을 통해 나올지어다."

'(내 손을 떼어내려는 듯 고개를 이리저리 돌리며 악을 씀) 안 나가. 싫어.'

"나오라." (계속 명령함)

'억울하다. 내가 끝까지 안 나가려고 했는데, 죽일 거야. 안 나가.'

(나는 계속 나오라고 명령하고, 악한 영은 악을 쓰면서 안 나오려고 버티다가 나오고 버티다가 나오고 하길 반복함. 30분 정도 사역하고 마무리함)

"예수님의 이름으로 명하노니 이제 너의 나타남을 금지한다. 남아 있는 악한 영은 성령의 밧줄에 묶임을 받을지어다. 너는 언제든지 나갈 수 있지만, 연정이에게 더는 어떠한 일도 할 수 없다. 이제 잠잠해질지어다."

(잠잠해짐)

"하나님, 감사합니다. 연정이 안에서 역사하고 있었던 악한 영을 쫓아내 주셔서 감사합니다. 턱관절을 치료해 주셔서 감사합니다. 성령으로 충만하게 하시고 주님을 위해 사는 연정이가 되게 해주세요. 예수님의 이름으로 기도드립니다. 아멘."

다음날, 오전 강의를 시작할 때 연정이를 자리에서 일어서게 한 후 턱관절 아픈 것 어떻게 되었냐고 물었다. 연정이가 신나는 표정으로 대답했다. "안 아파요. 다 나았어요."

말씀을 직접 경험한 후 현정이에게 일어난 변화

그녀는 그렇게 공개 치유 사역을 통해 그동안 자기를 고통스럽게 했던 턱관절이 악한 영이 한 것이었다는 것을 깨달았다. 그리고 하나님께서 그런 악령을 쫓아내시고 자기를 고쳐주신 것을 체험하면서 하나님의 사랑과 능력을 믿게 되었다. 캠프에서 성령도 받았다. 그런 은혜를 통해서 연정이는 완전히 하나님의 사람으로 변화되었다.

그 변화의 첫 열매로 원수처럼 증오하던 아빠를 불쌍히 여기고 아빠를 위해 기도하며 아빠를 전도하기 시작했다. 아빠가 그렇게 나쁜 아빠가 된 것이 악한 영의 역사임을 깨달았기 때문이다. 그 해에 마침내 아빠를 교회에 모시고 다니게 되었다. 그로부터 2년 후 연정이가 다니는 교회에 가서 부흥회를 인도하게 되었는데 마침 연정이의 엄마, 아빠가 점심 식사를 대접했다. 그래서 얘기를 나누게 되었는데, 나는 그날 연정이 아빠로부터 감격스러운 말을 들었다. 연정이 아빠는 지금 자기가 사는 목적은 두 가지라고 하면서 다음과 같이 말했다.

"첫 번째는, 저를 구원해주신 예수님을 위해 사는 것입니다. 두 번째는, 아내를 기쁘게 하는 것입니다. 결혼 후 20년 동안 아내 고생만 시켰습니다. 지금은 1년 전 퀵서비스 점포를 내고 열심히 일하고 있습니다. 이제는 돈 버는 일은 제가 다하고, 아내는 주의 일만 하게 하겠습니다."

연정이가 다니엘 캠프를 통해 변화된 후 맺은 두 번째 열매는, 주님을 위해 사는 자가 된 것이다. 연정이는 3차 겨울 캠프에 참석한 후 연이어 4차 여름 캠프에도 참석하여 은혜를 받고 주님을 위해 살고자 백석대학교 선교학과에 진학했다. 지금은 사모로서 주님을 위해 헌신하며 살고 있다.

불량자가 된 목사의 아들이 변화되다

제14차 치유 성회(2009. 4. 27. - 30) 참석자 중에 정영광(가명, 남, 28세) 청년이 있다. 영광이는 목회자 자녀다. 아버지 정 목사님이 치유 성회에 참석한 첫날, 월요일 오후 시간에 큰 은혜를 받고 끝나자마자 부리나케 집으로 달려가 영광이를 데리고 왔다. 다행히 집이 남양주라 그렇게 할 수 있었다.

정 목사님에게는 두 아들이 있다. 둘째 아들은 아버지 목회를 도우면서 신앙생활을 잘하고 있었는데 큰아들 영광이가 문제였다.

사모님은 결혼 전 전도사로 사역한 분으로 아기가 태중에 있을 때 "첫 아들은 하나님께 바칩니다."라고 할 정도로 하나님께 헌신적이었다. 아기를 낳은 후에는 집회 때마다 품고 다니며 목사로 키우려 했다. 그런데 이 아들이 중학생 때부터 삐뚤어지기 시작했다. 엘리의 두 아들처럼 행실이 나쁜 아들, 불량자가 된 것이다.

(삼상 2:12) 엘리의 아들들은 행실이 나빠(불량자라, 개역한글) 여호와를 알지 못하더라

다음은 영광이의 간증문이다.

"저희 아버님이 제가 중학교 때 목회를 시작하셨습니다. 그때부터 목회자 자녀로서 제약받는 삶을 살아야 했고, 손해 보며 살아야 했습니다. 그것이 싫어 저는 담배를 피우고 술을 마시는 등 나쁜 짓을 하게 되었습니다. 저는 교인들의 눈치를 보면서 제가 하고 싶은 걸 못하게 하는 부모님이 정말 너무 싫었습니다. 목회자의 자녀는 교회 봉사를 당연히 해야 한다는 시선으로 저에게 봉사를 요구하는 성도들도 싫었습니다. 저는 교회에 들어가려고만 하면 벌써 숨이 턱 막힐 정도였습니다."

영광이가 이렇게 교회를 싫어하고 신앙생활을 제대로 하지 않으니 개척교회를 담임하고 있던 정 목사님은 속이 타서 영광이를 위해 날마다 눈물로 기도했다. 그런데도 변화될 기미는 보이지 않고 계속 속만 썩이는 영광이에게 지쳐 "하나님, 저에게는 둘째 아들 하나면 족합니다. 큰아들을 변화시켜주시든지, 아니면 데려가 주세요."라고 기도할 정도였다. 그러던 차에 14차 치유 성회에 참석해보니 이곳에 영광이를 데리고 오면 하나님께서 역사하실 것 같아서 첫 시간 끝나자마자 집으로 달려가 데리고 온 것이다.

때마침 집에 있던 영광이는 아버지의 손에 붙잡혀 성회에 참석했지만, 하나님이 살아계신다면 한번 만나보고 싶었다. 그래서 기도 시간이 되었을 때 간절히 기도했다.

"하나님, 하나님이 정말 살아계신다면 이 자리에서 보여주세요. 그러면 엄마가 기도한 대로 주의 종이 되겠습니다."

영광이가 그렇게 하나님께 간절히 기도하고 있을 때, 나는 성회 참석자들을 위해 앞에서부터 한 사람씩 안수 기도를 해주며 지나가고 있었다. 영광이 순서가 되어 안수하고 지나가려는 순간 성령이 나에게 임하셔서 영광이에 대해서 말씀해주셨다. 그래서 가던 몸을 돌이켜 영광이 귀에 대고 성령 하나님이 내게 하신 말씀을 전해주었다. 예언이었다.

"하나님께서 형제에게 말씀하십니다. 하나님께서 나에게 말씀하시길, 지금 형제님이 앞날의 진로에 대해서 하나님께 묻고 있다고 하십니다. 그리고 형제님이 지금 해외에 나갈 생각을 하고 있는데, 그것은 주님이 주신 것이라고 하십니다."

내가 전한 주님의 말씀으로 인해 영광이의 변화가 시작되었다. 다음은 영광이의 간증이다.

"이종선 목사님의 말씀을 듣는 순간, 저는 너무 깜짝 놀랐습니다. 왜냐하면 해외에 나갈 생각을 정말 하고 있었는데 그것은 나하고 어머니만 알고 있었고, 아버지도 모르는 일이었기 때문입니다. 그런데 처음 본 목사님이 그것을 정확히 알고 말을 한 것입니다. 그 순간 저는 하나님이 진짜 살아계신 것을 느끼게 되었고, 방금 내가 한 기도를 하나님께서 들으셨다는 것을 알 수 있었습니다. 감사와 회개의 눈물이 쏟아졌습니다. 그 시간부터 저는 전심으로 하나님을 찾기 시작했고, 성회를 섬기는 사역자님의 기도와 사역을 받을 때마다 악한 영들은 제 안에서 쫓겨났습니다. 악한 영들이 제 안에서 얼마나 큰 세력을 형성하고 있었는지, 그것들이 저의 입을 통해 쫓겨나갈 때 뱀 정도가 아니라 구렁이 같은 것이었습니다. 어떤 것은 너무 커서 목에 걸리는 바람에 죽을 것 같은 고통 속에서 쫓아낸 것도 있습니다."

그 후 영광이는 치유 성회를 빠짐없이 참석하였고, 다니엘 캠프도 참석하면서 완전히 새사람으로 변화되었다. 하나님께 약속한 대로 신학교에 들어갔고 지금은 목사가 되어 주님께 충성하고 있다. 이렇게 변화된 아들은 정 목사님의 목회를 돕는 둘도 없는 든든한 조력자가 되었다.

다니엘 캠프에서의 넘쳐나는 간증들

이렇게 여자 청년 한 명, 남자 청년 한 명의 사례를 말했는데, 다니엘 캠프에는 이런 간증의 사례가 넘쳐난다.

형통이(남, 중3)는 목회자의 자녀이고 모태 신앙이었지만 중3 여름 방학 다니엘 캠프에 참석하기 전까지는 믿음 없이 살았고, 학교에서는 문제아였다. 그러나 다니엘 캠프에 참석한 후 영의 세계를 두 눈으로 목격한 후 완전히 변화되었다. 그때부터 세계를 다니며 복음을 전하는 목사가 되겠다는 꿈을 품고 새벽 기도를 하루도 빠지지 않고 참석하며 기도에 힘썼다. 부모님의 목회를 도와 교회의 모든 봉사에 참여했다. 학교에서는 학업과 전도에 힘썼다. 지금은 한동대를 다니며 목사의 꿈을 키우고 있다.

보람이(여, 고1)는 형통이처럼 모태 신앙이었고, 엄마가 목회자였지만 고1 겨울 방학 때 다니엘 캠프에 참석하기 전까지는 믿음이 없었다. 교회 가는 것이 싫어서 주일이면 엄마와 싸웠다. 혈기와 분노가 심해 엄마와 싸울 때는 이웃집에서 걱정되어 경찰에 신고해서 경찰이 출동할 정도였다. 그러나 다니엘 캠프에 참석했을 때 자기 안에서 혈기와 분노의 영이 쏟아져 나오는 것을 체험한 후 완전히 변화되었다. 그때부터 교회도 잘 다니고 찬양하는 것을 즐거워하더니 지금은 찬양사역자가 되어 청소년들을 깨우는 사역을 하고 있다.

성찬이(남, 고1)는 전남 신안군 바닷가 시골에 있는 교회를 다니는 학생이다. 믿음이 있어서 다니는 것이 아니라 그냥 놀러 다니는 것이었다. 학교에서는 문제아였다. 인생의 아무런 목적도 없이 매일 컴퓨터 게임과 텔레비전에 빠져 살았다.

고1 때 다니엘 캠프에 참석했다. 그때 자기 안에서 악한 영이 나오는 것을 체험한 후 완전히 변화되었다. 캠프 참석 후 선교사의 꿈을 품게 되었다. 자기가 괴롭혔던 친구들을 찾아가 무릎 꿇고 용서를 빌었다. 지금은 몽골 선교사가 될 것을 결정하고 대학에 진학해서 선교사로 나갈 준비를 열심히 하고 있다.

강연정(가명), 정영광(가명), 형통이, 보람이, 성찬이의 간증을 했는데, 다니엘 캠프에서 인생의 터닝 포인트를 맞아 하나님 나라의 좋은 일꾼이 된 중·고등학생과 청년들의 간증을 전부 말하면 너무나 많다. 내가 간증문을 받아 보관하고 있는 것만도 책 몇 권은 족히 쓸 분량이다.

다니엘 캠프에서 우리 중·고등학생과 청년들이 변화되는 것은 어찌 보면 간단하다. 하나님이 진짜 살아계시고 성령이 예수님을 믿는 자와 진짜 함께 하신다는 것을 보여준다. 죄 짓고 나쁜 짓 하는 행동 배후에 악한 영이 있다는 것을 직접 체험케 해준다. 이렇게 성경이 진짜고 영의 세계가 진짜라는 것을 체험하게 해주면 성경을 믿으라고 강요하지 않아도 저절로 믿게 된다.

게임 귀신이 정말 있나요?

다니엘 캠프를 시작하기 전에 있었던 일이다. 나는 귀신을 쫓아내는 능력을 받기 전에도 게임 귀신(특정한 게임 귀신이 존재한다는 의미가 아니라 게임 속에 역사하는 악한 영을 가리켜 표현함을 이해하기 바란다)이 있다는 것을 믿고 있었다. 그래서 우리 교회 학생들과 청년들에게 게임에 몰두하면 게임 귀신의 종이 된다고 하면서 게임을 하지 말라고 가르쳤다. 그러나 우리 학생들과 청년들은 내 말을 믿지 않았다. 나도 설교하면서 아이들이 믿음으로 받아들이지 않는다는 것을 느꼈다. 그렇다고 게임 귀신을 보여 줄 수 있는 능력도 없고 해서 애만 태웠었다. 그러다 귀신을 쫓아낼 수 있는 능력을 받은 후 한 번은 주일 오후 2시 중·고·청 예배 설교 때 누구든지 자원하면 게임 귀신이 실제 있다는 것을 보여주겠다고 하면서 자원하라고 했다.

그날 예배 시간에는 자원하는 사람이 한 명도 없었지만, 다음날 한덕수 집사님이 아들 영우(가명, 중1)를 데리고 와서 게임 귀신을 쫓아내 달라고 했다. 마침 방학 기간이라 영우의 친구와 당시 중2였던 내 아들도 같이 오라고 했다.

게임 귀신을 쫓아내기 전 예수님께서 귀신을 쫓아낼 때 어떤 현상이 있었는가를 성경 말씀을 보여주면서 설명했다. 이어서 영우의 머리에 안수하고 게임에 중독되게 하는 악한 영을 예수님의 이름으로 대적하면서 성경에 기록된 대로 정체를 드러내고 나오라고 명령했다.

약 5분 정도 명령했을 때 정말로 성경에 기록된 대로 게임 귀신이 정체를 드러냈으며, 영우의 입을 통해 말하기까지 했다. 그렇게 그날 나는 아이들에게 게임 귀신이 진짜 있다는 것을 보여주고 게임 귀신을 쫓아냈다. 기도를 받은 영우는 그 후 게임을 완전히 끊었다. 게임만 끊은 것이 아니다. 영우는 악한 영이 정말 자기 안에 역사하고 있었다는 것을 깨닫고 그때부터 신앙생활에 해로운 것들을 멀리하고 더욱 열심히 말씀대로 살려고 애쓰는 학생이 되었다.

하나님 나라의 청소년들을 위해 저를 보내소서

마가복음 9장 14절에 보면 한 아버지가 치유 받고자 데리고 온 아들을 놓고 제자들이 서기관들과 변론하고 있는 장면이 나온다. 그리고 19절에 보면 그런 제자들을 향해 예수님께서 하신 말씀이 있다. 나는 그 말씀이 우리 시대의 목회자들에게 하시는 말씀이라고 생각한다.

"대답하여 이르시되 믿음이 없는 세대여 내가 얼마나 너희와 함께 있으며 얼마나 너희에게 참으리요 그를 내게로 데려오라 하시매"(막 9:19).

귀신(악한 영)은 아버지가 데려온 아들에게 어렸을 때부터 들어가 말하지도 못하게 하고, 듣지도 못하게 했으며, 간질(또는 정신 질환)까지 걸리게 해서 죽이려 했다. 다행히 그때까지는 살아 있었지만, 귀신을 쫓아내지 않으면 언제 또 귀신이 죽이려 들지 모르는 상황이었다. 그런데 그런 급박한 상황에서 악한 영을 쫓아낼 생각은 안 하고 토론(성경에 '변론'으로 번역되어 있는데, 이 단어는 '토론'으로도 번역할 수 있다)이나 하고 있으니 예수님의 마음이 얼마나 답답했을까?

나는 그 말씀 속에서 우리 아이들과 목회자들을 보았다. 악한 영들은 지금 우리 자녀들에게 도둑처럼 들어가 죄짓게 하고 도둑질하고 죽이고 멸망시키는 일을 하고 있다. 그럼에도 우리 목회자들은 그것을 모르고 당시 서기관이나 제자들처럼 우리 자녀들 세대를 어떻게 하면 좋을지 걱정하고 토론만 하고 있다.

나 역시 하나님의 은혜로 귀신을 쫓아내기 전까지는 귀신이 하는 짓을 잘 몰랐다. 그러나 귀신이 하는 짓을 확실히 알게 되었고, 치유 성회에서 목회자와 성도들 안에서 악한 영들이 쏟아져 나오는 것을 보면서 하루라도 빨리 우리 자녀들 세대를 위한 집회를 열고 아이들 속에 역사하고 있는 악한 영을 쫓아내 주고 싶었다. 그래서 치유 성회를 시작한 후 하나님께서 나를 쓰시는 것을 경험하면서 이사야처럼 하나님께 기도했다.

"하나님, 제가 여기 있습니다. 하나님 나라의 미래를 위해 저를 써주세요. 하나님 나라의 청소년들을 위해 저를 보내소서."

다니엘 비전스쿨을 세우다

하나님께 기도하면서 다음 세대를 위한 성회를 하나씩 하나씩 차곡차곡 준비해나갔다. 먼저 모든 나라가 다음 세대 교육을 위해 학교를 세우듯이 하나님 나라의 학교를 세우기로 하고 학교 이름은 "다니엘 비전스쿨"로 정했다.

성령께서 기도 중에 다니엘을 생각하게 하시면서 다니엘서 1장 8-9절 말씀을 주셨기 때문이다.

"다니엘은 뜻을 정하여 왕의 음식과 그가 마시는 포도주로 자기를 더럽히지 아니하리라 하고 자기를 더럽히지 아니하도록 환관장에게 구하니 하나님이 다니엘로 하여금 환관장에게 은혜와 긍휼을 얻게 하신지라"(단 1:8-9).

학기는 매년 2학기로 하고, 겨울과 여름 방학을 맞아 다니엘 캠프라는 이름으로 2박 3일이나 3박 4일로 정했다. 학생 모집은 중학생 이상, 미혼 청년으로 했다. 캠프에 처음 참석했을 때 자동으로 다니엘 비전스쿨에 입학하는 것이 되고, 그 차수가 학번처럼 되게 했다. 결혼 전까지는 본인이 원할 때는 언제든지 캠프에 참석할 수 있도록 했으며, 결혼하면 자동으로 졸업하는 것으로 했다.

모든 학생을 하나님 나라의 장학생으로 뽑기로 하다

다니엘 비전스쿨 학생은 전원 하나님 나라의 장학생으로 뽑기로 했다. 그렇게 한 이유는 철도고등학교 경험에서 교훈을 얻었기 때문이다. 세상 나라에서도 나라에서 쓸 사람을 만들기 위해 장학생으로 뽑아 나라의 돈으로 가르쳤듯이, 나도 하나님 나라에서 쓸 사람을 만들 목적으로 학교를 세웠으니 하나님 나라의 돈으로 가르치고 싶었다.

이같이 다음 세대를 위한 계획을 세우고, 제1차 다니엘 캠프(2008. 1.

13. 오후 6시 - 15. 밤 12시)를 열었다. 처음 모집 인원은 중고등 학생 30명, 청년 30명이었다. 이를 위한 비용은 각각 120만 원씩 240만 원으로 정하고, 첫 번째 다니엘 캠프 장학 헌금은 우리 딸의 이름으로 드렸다. 때마침 우리 딸이 대학 진학을 앞에 둔 수험생이었다.

"하나님, 제가 먼저 다니엘 비전스쿨 운영을 위한 장학 헌금으로 240만 원을 딸의 이름으로 드립니다. 딸이 대학에 합격하게 해주세요. 그리고 장학 헌금을 드리는 사람들이 계속 나오게 해주세요."

그렇게 딸의 이름으로 장학 헌금을 드리며 앞으로의 장학 헌금을 위해 기도할 때 성령께서 장학 헌금과 관련해서 마태복음 7장 12절 말씀을 주셨다.

"그러므로 무엇이든지 남에게 대접을 받고자 하는 대로 너희도 남을 대접하라 이것이 율법이요 선지자니라"(마 7:12).

내 자녀에게 은혜 베풀어주시길 바라는 마음으로 하나님께 기도한다면 먼저 하나님의 자녀 키우는 일을 위해 장학 헌금으로 하나님을 대접하라는 의미의 말씀이었다. 하나님께서는 나를 통해 장학 헌금의 본보기를 보여주시려고 하셨는지 나의 딸을 이화여자대학교 미대에 영광스럽게 합격시켜주셨다. 하나님께서 딸에게 은혜 베푸시는 것을 보고 아들을 위해 또 장학 헌금을 드렸더니 아들은 연세대학교에 합격시켜주셨다.

캠프 참가자 모두 자기의 몸을 산 제물로 바치다

마침내 2008년 1월 13일, 역사적인 제1차 다니엘 캠프(2008. 1. 13. 오후 6시 - 15. 밤 12시)가 열렸다. 하나님께서 캠프에 소낙비 붓듯 은혜를 부어주셨다.

캠프에 참가한 중·고등학생과 청년들은 성령을 경험하고 더러운 귀신들이 자신들 안에서 나오는 것을 직접 체험하면서 그동안 죄로 얼룩진 삶을 회개하고 마음을 새롭게 했다.

그렇게 2박 3일의 은혜의 시간이 지나고 마지막 시간을 앞에 두고 있었다. 중·고등학생과 청년들은 찬양하고 있었고 나는 그들을 바라보면서 마지막 시간에 전할 말씀을 준비하고 있었다. 그때 성령이 나에게 임하셔서 말씀하셨다.

"나는 저 아이들이 너처럼 자기의 몸을 나에게 바치길 원한다. 그러면 내가 너에게 은혜 베풀었듯이 저 아이들에게도 은혜를 베풀어주겠다."

나는 성령 하나님의 말씀대로 스무 살 때 내 몸을 하나님께 바쳤던 일을 간증했다. 하나님께 몸을 바친 나를 하나님께서 어떻게 인도하셨고 은혜 베풀어주셨는지 간증했다. 그리고 성령께서 나에게 하신 말씀을 전해주었다. 모두 자리에서 일어나 뒤로 가라고 했다.

"나는 여러분이 이 시간 다니엘처럼 뜻을 정하길 바랍니다. 내가 다니엘처럼 뜻을 정하고 하나님께 내 몸을 바쳤던 것처럼 여러분도 자신의 몸을 하나님께 바치기로 뜻을 정하기 바랍니다. 그러면 하나님께서 나에게 은혜 베풀어주셨듯이 여러분에게도 은혜 베푸시겠다고 약속하셨습니다. 그럼, 나처럼 자기의 몸을 하나님께 바치기로 뜻을 정한 사람은 앞으로 나오세요. 여러분을 축복하는 안수 기도를 하겠습니다."

이렇게 말한 후 과연 몇 사람이 앞으로 나올까 궁금해 하면서 긴장된 마음으로 중·고등학생과 청년들을 바라봤다. 그런데 내 말이 떨어지자마자 아이들이 우르르 강단 앞으로 달려 나왔다. 너무나 감격스러운 모습이었다. 망설이는 아이들도 몇 명 있었지만 그 아이들도 결국에는 앞으로 다 나왔다. 모두 함께 주여 세 번 부르고 기도하자고 말하고 아이들 한 사람 한 사람씩 안수하는 데 정말 감동이었다.

스무 살에 하나님께 몸을 바친 후 살아온 30여 년의 삶이 생각나면서 "이때를 위해 하나님께서 그렇게 나를 인도하셨구나"라고 생각되어 눈물이 왈칵 쏟아져 나왔다. 이 책을 쓰는 지금도 그때를 생각하니 눈물이 나려고 한다.

그때부터 캠프 마지막 시간에는 항상 하나님께 몸을 바치는 시간을 갖는다. 나에게도 그 시간은 내 사명을 다시금 새롭게 하는 시간이 되고 있다.

계속해서 장학생으로 캠프를 운영하라

4차 캠프 때 예상치 못한 일이 일어났다. 1차부터 3차 캠프까지는 70여 명 참석했는데, 4차 캠프 때 150여 명이 참석했다. 어떻게 된 일인지 알고 싶어 하나님께 기도하는데, 다음 캠프에는 중고등 학생 150명, 청년 150명 각각 나누어 캠프를 하라는 성령의 감동이 왔다.

비용을 계산하니 1천 6백만 원이 필요했다. 캠프 때마다 4백만 원 만들기도 쉽지 않았는데, 과연 1천 6백만 원이나 되는 많은 돈을 만들 수 있을지 걱정이 되었다. 캠프에 참가한 목사님 대부분은 나에게 말하길, 재정 문제 때문에 고생하지 말고 회비를 받으라고 했다. 그러나 캠프를 시작할 때 하나님께 기도한 것이 있었기에 하나님의 뜻을 묻고 결정하려고 하나님께 간절히 기도했다.

2009년 8월 7일(금), 밤 12시경 성령께서 나에게 임하셔서 말씀하셨다.

"계속해서 장학생으로 캠프를 운영하라. 내가 다니엘 캠프를 기뻐한다. 너는 사람들에게 캠프의 취지를 말하고 장학 헌금에 대해서 말하라. 내가 장학 헌금을 책임질 것이니라. 장학 헌금에 대해서 염려하지 말라. 지금 수많은 너의 제자들이 만들어지고 있다. 나는 네가 청년의 때에 네 몸을 나에게 드린 것을 심히 기뻐하였다. 그리고 많은 중·고등학생과 청년들이 다니엘 캠프에서 너와 같이 나에게 자신의 몸을 드리는 것을 참으로 기뻐한다. 나는 네가 앞으로 계속해서 그러한 일을 하길 원한다. 앞으로 다니엘 캠프는 비행 청소년들과 문제아들을 위한 캠프로 확장될 것이다. 그 아이들을 위한 캠프에서 정말 멋진 일들이 일어나게 될 것이다."

성령 하나님께서 하시는 이 말씀을 들었을 때 얼마나 기뻤는지 모른다. 하나님께서 하신 말씀도 좋았지만 그렇게 길게 말씀한 것은 그때가 처음이었다. 그 이후로 지금까지 그런 경우가 없다.

나를 울게 하신 하나님 -정영한 집사의 장학 헌금 봉투-

나는 16차 치유 성회(8월 31일-9월 3일)의 셋째 날에 내가 성령께 받은 말씀을 전하며 다니엘 캠프 장학 헌금에 관해서 얘기했다. 그리고 다음 날 아침 말씀을 전하기 위해 강단에 오른 나는 하나님께서 행하시는 위대한 일을 목격했다.

강대상 위에 다니엘 캠프 장학 헌금 봉투가 수북이 쌓여 있었다. 50만 원, 100만 원, 400만 원 등 많은 사람이 작정 헌금을 한 것이다. 모두 2천만 원이 넘는 헌금이었다. 1천 6백만 원이 필요하다고 광고했는데 첫 번째 성회에서 필요한 금액 이상으로 풍성하게 헌금이 작정된 것이다.

그것도 감격스러운 일이었지만 마지막 작정 헌금 봉투에 있는 헌금 내용을 읽을 때 나는 너무나 큰 하나님의 은혜에 결국 눈물을 흘리고야 말았다.

"매년 100만 원 + α(하나님께서 주시는 대로)를 드리겠습니다. 죽을 때까지 하겠습니다." - 정영한 집사 드림

정 집사님이 죽을 때까지 다니엘 캠프 장학 헌금을 하겠다고 작정해서 올린 것이다. 내가 보니 그는 나보다 10년 정도 어려 보였다. 그 기도 내용을 보고 하나님께서 나에게 평생토록 다니엘 캠프를 할 각오를 하라는 사인(sign)으로 주심을 깨달았다.

동시에 우리의 다음 세대를 향한 하나님의 마음이 느껴졌다. 사탄에게 매여 고통받는 우리의 자녀들을 위해 사탄을 쫓아내고 하나님의 은혜 받도록 하겠다고 나섰더니 하나님께서 이렇게도 기뻐하시는구나!

하나님께서는 그 날 확실하게 보여주셨듯이 캠프 때마다 필요한 재정을 넉넉히 채워주셨다. 약 3천만 원이 들어간 적도 있는데, 그때도 다 채워주셨다. 2020년 1월에 열린 25차 캠프까지 모든 비용을 채워주셨다.

해외에 가서도 다니엘 캠프를 하라

6차 캠프가 끝났을 때 재정을 확인해보니 1천만 원이 남았다. 너무나 감사한 마음에 하나님께 물었다.

"하나님, 다 쓰고도 1천만 원이 남았습니다. 다음 캠프 걱정하지 말라고 미리 주셨습니까? 아니면 특별히 하실 일이 있습니까?"

성령이 임하셔서 말씀하셨다.
"다니엘 캠프는 이 땅에서만 필요한 것이 아니다. 해외에 있는 아이들도 모두 내 자녀들이다. 해외에 가서도 다니엘 캠프를 하라."

이 말씀을 듣고 그때부터 해외 다니엘 캠프를 준비하기 시작했다. 2011년 2월, 첫 번째 해외 다니엘 캠프를 필리핀에서 개최했다. 하나님께서는 필리핀을 시작으로 몽골, 인도, 케냐, 캄보디아, 파키스탄, 대만, 방글라데시 등 세계 여러 나라에서 다니엘 캠프를 열게 하셨다.

해외 캠프에 필요한 재정도 넉넉히 공급해주셨다. 해외 캠프 때마다 캠프 섬김이들의 신청을 받아 데리고 갔는데, 하나님께서는 그들의 캠프 비용 마련에 힘이 될 수 있도록 지원할 수 있게 해주셨다. 하나님의 은혜 덕분에 다니엘 캠프의 열매들인 다니엘 섬김이들을 세계적인 사역자로 만들고 있다.

다니엘 캠프 이야기를 하자면 끝이 없다. 다니엘 캠프 안에는 하나님과 함께 만든 어메이징 스토리가 풍성하다. 독자 여러분의 자녀 중에 중·고등학생이나 청년이 있으면 다니엘 캠프에 참석시켜보길 바란다. 담임목사 또는 교육담당 목사는 중·고등학생과 청년을 데리고 다니엘 캠프에 참석해보길 권한다. 여러분이 다니엘 캠프 현장을 직접 두 눈으로 본다면 성경에 기록된 일들이 실제 일어나는 것을 보면서 첫 번째 놀라고, 여러분의 자녀들과 여러분의 교회 중·고등학생, 청년들이 하나님 만나 변화되는 것을 보면서 두 번째 놀라게 될 것이다.

08

어린이를 위한 프로 하라

> 예수께서 그 아버지에게 물으시되
> 언제부터 이렇게 되었느냐 하시니
> 이르되 어릴 때부터니이다
> 귀신이 그를 죽이려고 불과 물에 자주 던졌나이다
> 그러나 무엇을 하실 수 있거든
> 우리를 불쌍히 여기사 도와주옵소서
> (막 9:21-22)

다니엘 캠프를 통해 어린이를 위한 캠프의 필요성을 절감하다

제1회 다니엘 캠프를 준비하면서 마음 한편으로 계속 기도하는 것이 있었다. 그것은 주일학교 아동부 어린이를 위한 캠프를 할 것인가, 말 것인가 문제였다. 마음으로는 중·고등학생과 청년들을 위한 캠프뿐만 아니라 어린이를 위한 캠프도 하고 싶었다. 왜냐하면 축귀 사역 중 악한 영이 사역 받는 사람의 입을 통해 말할 때 들어보면 어렸을 때 들어와서 나쁜 영향을 준 경우가 많았기 때문이다.

그래서 축귀 사역을 할 때마다 우리 자녀들을 어렸을 때부터 악한 영들로부터 보호해주고, 들어온 영들은 쫓아내 주며, 영적인 싸움에 이기는 자로 가르치고 양육해야겠다고 마음을 다지곤 했다.

그러나 당시 나는 목회자와 성도들을 위한 치유 성회에 이어서 중·고등학생과 청년들을 위한 다니엘 캠프를 추진하는 것만도 감당키 어려울 정도로 박찬 일이었기에 어린이를 위한 캠프는 뒤로 미뤄놓고 다니엘 캠프 준비에 전력했다.

제1회 다니엘 캠프(2008. 1. 13. - 15)는 기대 이상이었다. 하나님께서 바울 사도의 두란노 성회처럼 강력한 성령의 능력으로 역사해주셨다. 나는 악한 영들이 중·고등학생과 청년들에게서 정체를 드러내고 "안 나가. 얘는 내 거야. 절대 못 나가.", "얘를 죽일 거야. 죽이기 전에는 못 나가.", "그래. 내가 그랬다. 내가 게임하게 했다. 내가 교회 못 나가게 했다. 내가 술 마시게 했다. 내가 싸우게 했다." 등등 여기저기서 외쳐대는 소리를 들으면서 어린이를 위한 캠프의 필요성을 더욱 절감하게 되었다.

악한 영들이 중학생이 되기 전부터 이미 많이 들어와 있었다. 중·고등학생과 청년 중에는 악한 영들에 의해 이미 벌써 많은 영향을 받아서 갈라디아서 5장 19-21절에서 말하는 '육체의 일'에 해당하는 삶을 사는 아이들이 많이 있었고, 예수님께서 말씀하신(막 7:20-23) 더러운 것들이 이미 강하게 형성되어 문제아가 된 아이들도 많이 있었다.

그러므로 중학생 나이만 되어도 많이 늦은 것이다. 우리 자녀들이 예수님처럼 자라나게 하려면(눅 2:40) 최대한 어렸을 때부터 악한 영으로부터 보호해주고, 들어온 영들은 쫓아내 주고, 성령 받게 하고, 하나님의 은혜 아래에서 자라나게 하는 것이 중요하다.

그러한 연유로 나는 제1회 다니엘 캠프가 끝나자마자 뒤로 미루어 두

었던 어린이를 위한 캠프를 하고 싶어 하나님의 뜻을 알고자 간절히 기도하기 시작했다. 하나님께 어린이를 위한 캠프도 하길 원하시냐고 여쭈었다. 하나님의 뜻을 알고자 간절히 기도하던 중에 우리 교회 아동부 어린이를 위한 겨울 신앙수련회가 생각났다. 그래서 다음과 같이 기도했다.

"하나님, 이번 아동부 겨울 신앙수련회를 통해 하나님의 뜻을 말씀해 주세요. 제가 어린이를 위한 캠프를 하길 원하시면 우리 아이들 안에 역사하고 있는 악한 영을 예수 이름으로 대적하고 쫓아낼 때 다니엘 캠프 때처럼 되게 해주세요. 그러면 하나님께서 어린이를 위한 캠프도 하라고 명하시는 것으로 알고 하겠습니다."

"어린이를 위한 캠프도 하라"는 응답을 받다

2008년 1월 20일(주일) 오후 4시, 아동부 어린이 10명을 데리고 서산 기도원으로 갔다. 그러나 어린아이들을 대상으로 어떻게 귀신에 관해 가르치고, 어떻게 축귀 사역을 해야 할지 마음에 큰 부담이 되어서 축귀 사역은커녕 귀신에 관해 말 한마디 못하고 그저 아이들과 함께 즐겁게 놀면서 시간을 보냈다. 둘째 날, 오전과 오후 시간 역시 대낮에 귀신 이야기하는 것이 마음에 부담이 되어서 축귀 사역을 하지 못했다. 그 대신 아이들과 함께 바닷가에도 갔다 오고, 산에도 올라갔다 오고 하면서 즐겁게 지냈다.

저녁 시간이 되었다. 이제 더는 뒤로 미룰 수 없었다. 내일 오전에 수련회를 마칠 예정이므로 축귀 사역을 할 수 있는 시간은 그날 밤뿐이었다. 그래서 열 명의 아이들을 앉혀놓고 말했다. "얘들아, 지금까지 재미있게 놀았으니 이제는 하나님의 은혜 받는 시간을 가져도 되겠지?" 그러자 모두 "예."하며 큰 소리로 대답했다.

마가복음 9장 14-29절 말씀을 읽고, 귀신에 관해, 그리고 귀신이 사람 안에 도둑처럼 들어가 하는 일들을 가르쳤다. 그리고 아이들에게 다음과 같이 마음 준비를 시켰다.

"얘들아! 이제부터 목사님이 너희들 안에 있는 악한 영들을 쫓아 줄게. 목사님이 악한 영을 쫓아낼 때 너희들이 쓰러지고, 재채기를 하거나 침과 가래를 뱉게 되고, 소리를 지르게 되는 일들이 일어날 거야. 너희들 의지와 상관없이 말하게 되는 일들이 일어날 수 있고, 몸이 막 움직일 수도 있어. 그럴 때 무서워하지 마. 그런 현상은 너희들 안에 나쁜 것들이 있다는 표시고 나쁜 것들이 너희들에게서 쫓겨나가는 표시야. 목사님과 선생님들이 책임지고 나쁜 것들을 다 쫓아 줄 거니까 무서워하지 말고 목사님과 선생님에게 너희들 몸을 맡겨. 알겠지?" "예."

드디어 축귀 사역에 들어갔다. "과연 하나님께서 어떻게 역사하실 것인가?" 궁금해하면서 예수님의 이름으로 우리 아이들 속에 있는 더러운 영들을 향해 명령했다. "우리 아이들 속에 숨어 있는 더러운 영들아, 우리 아이들에게서 나오라. 재채기하면서 나오라. 우리가 알 수 있는 현상을 보이면서 나오라."라고 명령하고, "하나님 외에 다른 신을 섬기게 하는 영은 나오라. 제사를 받아먹는 조상신의 영은 나오라. 불교의 영은 나오라. 무당의 영은 나오라. 거짓말하게 만드는 영은 나오라. 몸을 아프게 하는 영은 나오라."라고 더러운 영들의 이름을 말하면서 나오라고 명령했다.

5분쯤 계속 악한 영들을 대적하며 명령했을 때 애들 중에 영적인 반응을 보이는 애들이 나타나기 시작했다. 그리고 10분쯤 지나면서부터는 열 명의 아이들 모두에게서 악한 영들이 정체를 드러냈다.

나는 그날 약 1시간 동안 내 눈 앞에 펼쳐진 광경을 평생 잊을 수 없다. "악한 영들이 이렇게 우리 아이들 속에 들어가 역사하고 있었는데 너무나 모르고 있었구나!" 충격, 충격이었다. 나는 축귀 사역을 끝낸 후 오늘 일어난 일을 기록해야겠다고 생각했다. 그래서 열 명의 아이들을 한 명씩 불러 축귀 사역 중에 경험한 것을 자세히 묻고 기록했다. 그 기록 중에 초등학교 5학년 김00(남) 어린이의 것을 소개한다.

* 축귀 사역에 들어갔을 때 몸에 어떤 반응이 있었니?
- 기침이 나오기 시작했어요. 몸이 떨렸어요.
* 악한 영이 어떻게 네 입을 통해 말하게 되었니?
- 몸이 쓰러지면서 나도 모르게 "아이 씨발"이라는 말이 나왔어요. 그리고 그 후에는 목사님이 물어보시면 그냥 말이 나왔어요. (아래 내용 참고)
* 악한 영들이 네 입을 통해 말하는 것을 들으면서 무엇을 느꼈니?
- 하나님이 진짜 살아계시다는 것을 느꼈어요.
* 오늘 축귀 사역을 경험하면서 마음에 결심한 것이 있니?
- 욕하지 말아야겠다. 애들을 때리지 말아야겠다. 게으르지 말아야겠다. 죄를 짓지 말아야겠다. 하나님의 말씀대로 살아야겠다고 결심했

어요.

(아래 내용은 내가 OO이를 직접 사역하면서 기록한 것임)

"네 이름이 무엇이냐?"

'조상신의 영이다.'

"조상신의 영은 나오라."

'안 나가. 내가 대장인데 왜 나가. 내가 데리고 온 것이 다섯이다.'

"다섯이 어떤 것이냐?"

'교회에 가지 못하게 만드는 것, 늦잠 자게 만드는 것, 예배 시간에 옆에 있는 애들과 떠들고 귀찮게 하는 것, 엄마 아빠에게 대들고 반항하는 것. 찬양 부를 때 찬양 부르지 못하게 만드는 것'

(다섯 개 영들을 하나씩 '나오라'고 명령함. 재채기 현상으로 나옴)

"또 어떤 영이 있냐?"

'반항하게 하는 것'

"반항하게 하는 것은 나오라."

'5년이나 있었는데 왜 나가. 안 나가' (계속된 명령에 재채기하면서 나옴)

"또 어떤 영들이 있냐?"

'다른 사람을 괴롭히고 때리게 만드는 영이 있다.'

"너는 언제 들어왔느냐?"

'8살 때 친구와 싸울 때 들어왔다. 학교 주차장에서 들어왔다.'

"다른 사람을 괴롭히고 때리게 만드는 영은 나오라."

'4년이나 있었는데 왜 나가? 안 나가.' (계속된 명령에 재채기하면서 나옴)

"또 어떤 영들이 있냐?"

'게으르게 하는 영이 있다.' (계속된 명령에 재채기하면서 나옴)

"이제는 대장 되는 조상신의 영 나오라."

'싫어. 안 나가.'

"00이는 제사 안 드린다(3대째 신앙인). 그러니 너는 제사를 받아먹지도 못하는데 왜 남아 있으려고 하느냐?"

'그래도 남아 있어야 해. 언젠가는 기회가 오겠지. 얘가 30살이 되면 기회가 올 거야.' (내가 나오라고 계속 명령하자 결국엔 재채기하면서 나옴)

이렇게 김00처럼 더러운 영이 우리 아이들의 입을 통해 말하는 현상이 나타난 아이들이 다섯 명이나 되었다. 노병희 사모님이 사역한 여자 어린이의 경우는 더러운 영이 아기 목소리로 말하다가(제발 쫓아내지 말아 주세요, 무서워요. 등) 장년 남성의 굵은 목소리로 말하기도 했다(하지마. 하지 말랬지. 등). 남자 어린이 중 한 명은 악한 영에 의해 심한 욕을 계속해댔고, 사역자가 자기 몸에 손을 대지 못하도록 사역자의 손을 뿌리치고 발로 차는 등 거친 반응을 보이기도 했다. 초등학교 5학년 재구라는 어린이는 악한 영이 자기 입을 통해 말하는 것을 경험했을 뿐만 아니라 악한 영이 자기를 사역해준 전도사님의 손을 피해 몸 안에서 이리저리로 피해 다니는 것을 느꼈고, 악한 영이 전기에 감전될 때 느끼는 '찌릿, 찌릿' 하는 현상을 보이면서 자기 몸에서 입을 통해 나가는 것을 분명히 느꼈다고 말하며 놀라워하기도 했다.

그날 열 명의 아이 모두 정도의 차이만 있을 뿐이지 악한 영들이 쫓겨나는 현상이 나타났다. 아이들은 하나님이 진짜 살아계시다는 것을 느꼈다고 말하며 앞으로 교회 잘 다니고 신앙생활도 열심히 하겠다고 말했다. 한 시간의 영적 체험이 우리 아이들을 이전과는 완전히 다른 새 사람으로 만들어 놓았다.

그날 그 은혜의 자리에 있었던 우리 아이들은 이사 가면서 교회를 옮기게 된 몇몇 아이들 외에는 모두 신앙 안에서 잘 성장해서 지금은 모두 청년이 되어 교회의 찬양대원, 교사, 다니엘 캠프의 섬김이로 하나님을 잘 섬기고 있다.

나는 그날 우리 아이들에게 일어난 성령의 역사를 보면서 이것은 나의 기도에 대한 하나님의 응답이라고 믿었다. 내가 기도하길, "제가 어린이를 위한 캠프를 하길 원하시면 우리 아이들 안에 역사하고 있는 악한 영을 쫓아낼 때 다니엘 캠프 때처럼 되게 해주세요."라고 기도했는데 하나님께서 확실하게 다니엘 캠프 때처럼 되게 해주셨기 때문이다. 나에게 "어린이를 위한 캠프도 하라."는 말씀을 기도 응답을 통해 알려 주셨다.

그래서 그날부터 주일 학교 아동부 어린이를 위한 캠프를 준비했다. 캠프 이름은 '사무엘 캠프'라고 명명했다. 엘리 제사장의 두 아들 홉니와 비느하스처럼 키우지 말고, 사무엘처럼 키우자는 뜻으로 그렇게 이름을 지었다. 어린아이들을 위한 캠프이기에 준비할 것이 많았다. 2년을 기도하며 준비했다.

마침내 2010년 2월, 제1회 사무엘 캠프를 열었다. 하나님께서는 다니엘 캠프에서 성령의 능력으로 역사해주신 것처럼 사무엘 캠프에서도 성령의 능력으로 강하게 역사해주셨다. 간증이 넘쳐난다. 텔레비전 프로그램 중에 "우리 아이가 달라졌어요"라는 프로그램이 10여 년 동안 방송된 적이 있는데, 사무엘 캠프에 참가한 우리 아이들에게서 그런 일들이 실제로 일어났다. 그것도 한두 명이 아니라 캠프에 참가한 수많은 어린이에게서 일어났다. 하나님의 능력은 놀랍다!

이렇게 하나님께서는 나의 기도를 들으시고 나에게 중·고등학생과 청년들뿐만 아니라 어린이까지 악한 영으로부터 보호해주고, 들어온 영들은 쫓아내 주고, 성령 받고 능력 받게 해서 하나님의 일꾼으로 키우게 하셨다. 사무엘 캠프에서 믿음으로 세워진 아이들은 중학생이 되면 다니엘 캠프에 올라온다. 다니엘 캠프는 중·고등학생과 청년들을 하나님의 일꾼으로 키우는 영적인 학교다. 결혼으로 다니엘 캠프를 졸업하게 되면 치유 성회에 참석하면 된다. 열심히 있는 중·고등학생과 청년들은 다니엘 캠프뿐만 아니라 치유 성회도 참석해서 은혜를 받는다.

이와 같이 나는 2006년에 목회자와 성도를 위한 치유 성회, 2008년에는 중·고등학생과 청년들을 위한 다니엘 캠프, 2010년에는 주일 학교 어린이를 위한 사무엘 캠프를 세움으로써 당대의 사람들뿐만 아니라 다음 세대까지 가르치고 세우고 일으키는 일을 하고 있다. 이 모든 것이 기도로 이루어졌다. 기도는 결코 헛되지 않는다!

09

*네가 그때 공짜 열차의 유혹을 물리치고
나를 섬겼기에 이렇게 비행기를
태워주는 것이다*

> 믿음이 없이는 하나님을 기쁘시게 하지 못하나니
> 하나님께 나아가는 자는 반드시 그가 계신 것과
> 또한 그가 자기를 찾는 자들에게
> 상 주시는 이심을 믿어야 할지니라
> (히 11:6)

하나님께서 나를 비행기 태워주시는 이유를 말씀하시다

 2012년 10월 15일을 잊을 수 없다. 그날은 미국 시애틀에서 목회하고 있는 박 목사님의 초청을 받고 집회 강사로 미국행 비행기를 탄 날이다. 미국 방문은 내 생애 처음이었다. 어렸을 때부터 막연히 동경했던 나라고 언젠가는 꼭 가고 싶은 나라였다. 그런데 영광스럽게 강사로 초청받아서 방문하게 되었다. 꿈이 이루어진 것이다. 나 혼자만 가는 것도 감격스러웠을 텐데 나를 초청한 분이 부부 초청을 해주셔서 아내와 함께 가게 되니 꿈만 같았다.

앞에서 언급했듯이 나의 해외 성회는 캄보디아에서 2010년에 시작되었다. 2011년에는 캄보디아와 필리핀 두 나라에 갔다. 2012년부터 해외 성회가 활짝 열렸다. 1월에 일본, 2월에 필리핀, 6월에 일본, 8월에 몽골, 9월에 케냐에 갔다. 그리고 10월에 미국에 가게 된 것이다. 5월에 열리던 캄보디아 성회는 담당자가 바뀌면서 11월로 변경되었다.

위에 말한 해외 성회는 모두 하나님의 선한 인도하심이 있었다. 그렇다고 해서 모든 해외 성회를 하나님의 구체적인 말씀을 듣고 행한 것은 아니다. 또 하나님께서도 모든 것을 일일이 말씀해주시는 것도 아니다.

성경에 이미 하나님이 어떤 하나님이시고, 하나님의 뜻이 무엇인지 기본적인 것은 말씀해놓았기 때문에 특별한 경우가 아니면 성경이 가르치는 대로 행하면 된다.

나의 감격적인 미국 성회도 하나님께서 특별히 말씀하신 것은 아니다. 그러나 나는 미국 시애틀에서 걸려온 박 목사님의 전화를 받고 미국에서의 성회에 관해 얘기를 나눌 때 이 일은 하나님이 하고 계시다는 것을 영으로 느낄 수 있었다. 그래서 기쁜 마음으로 초청에 응했다.

박 목사님과 나는 일면식도 없는 사이다. 그가 우연한 기회에 내 소문을 듣고 기도했는데 주님께서 강사로 초청하라는 마음을 주셨다고 했다. 그래서 나를 강사로 초청하였고, 항상 하던 대로 부부가 함께 올 수 있도록 항공권을 제공해주었다.

네가 그때 공짜 열차의 유혹을 물리치고 나를 섬겼기에 이렇게 비행기를 태워주는 것이다

그 전에 갔던 모든 해외 성회는 자비량이었고 집회 비용까지 내가 후원하면서 갔다. 그런데 이번에는 강사비도 받으며 가게 되었다. 그동안의 수고에 대한 하나님의 선물 같았다. 미국행 비행기를 타고 가는데 감사가 계속 터져 나왔다. 그 순간 성령이 나에게 임하셔서 말씀하셨다.

"네가 그때 공짜 열차의 유혹을 물리치고 나를 섬겼기에 내가 이렇게 비행기를 태워주는 것이다."

그 말씀을 듣는 순간 고등학생 시절이 생각났다. 내 눈에는 감사의 눈물이 계속 흘러내렸다.

"오~ 주님, 그런 것입니까? 주님, 너무나 감사합니다."

앞서 전술한 대로 나는 철도고등학교에 다녔다. 철도고등학교는 국립이었고, 전액 장학생이었기에 전국에서 집은 가난하지만, 공부는 좀 하는 애들이 몰려왔다. 그러다 보니 학생들은 전국 각지에서 모인 학생들이었고, 동병상련의 마음과 철도 가족 의식으로 친구들 간의 관계나 선후배 관계가 돈독했다. 그래서 주말이면 서로 자기 집에 초청하는 경우가 많았으며, 전국 각지로 발령받은 선배들 역시 본인 근무지로 초청하는 경우가 많았다. 선배들은 초청만 하는 것이 아니라 열차표도 책임져 주고, 대접도 푸짐하게 했다.

졸업 후 취업은 보장되어 있고, 열차는 먼저 근무를 시작한 선배 덕분에 공짜로 탈 수 있게 되다 보니 친구들은 주말이면 함께 모여서 이곳저곳 놀러 다니는 친구들이 많았다. 그러나 나는 단 한 번도 그런 여행을 하지 못했다. 왜냐하면 주말이면 꼭 가야 할 곳이 있었기 때문이다. 바로 교회였다.

그때에는 중고등부 예배가 주일에만 있는 것이 아니라 토요일에도 있었다. 주일에는 예배와 분반 공부가 있었고, 토요일에는 예배와 학생회 활동이 있었다. 중학생 때는 중등부 임원이었기에 항상 토요일과 주일에 교회에 갔고, 고등학생이 된 후에도 1학년 때는 총무, 1학년 2학기 때 회장이 된 후로 2학년, 3학년 계속 회장으로 고등부를 섬겼기에 토요일과 주일에 항상 교회에 가서 예배와 교회 일에 참여했다. 그로 인해 3년 동안 단 한 번도 친구들과 열차 여행을 하지 못했다. 당연히 공짜 열차도 타지 못했다.

친구들이 놀러 갔다 온 후 학교에서 신나게 얘기하는 소리를 들으면 나도 친구들과 함께 열차 여행을 하고 싶은 마음이 들 때도 있었다. 열차도 공짜고 대접도 푸짐하게 받는데 왜 나라고 해서 놀러 가고 싶지 않았겠는가? 그러나 토요일이면 주님께서 맡겨주신 직분 때문에 놀러 갈 수 없었고, 주일은 직분도 직분이지만 주일을 지키는 것은 그리스도인으로서 당연했기에 모든 유혹을 물리치고 3년 동안 한 번도 주말에 열차 여행을 하지 않았다.

그런데 하나님께서 미국에 가는 비행기 안에서 그때 공짜 열차 여행의 유혹을 물리치고 주님을 섬겼기에 이렇게 비행기를 태워주는 거라고 말씀하신 것이다. 그 말씀을 듣고 내가 어떻게 감격하지 않을 수 있겠는가? 주님의 크신 은혜에 감격하며 감사드렸다.

네가 그때 공짜 열차의 유혹을 물리치고 나를 섬겼기에 이렇게 비행기를 태워주는 것이다

내가 주님을 섬기기 위해 열차 여행을 포기한 것은 3년이다. 그러나 주님께서는 2010년 캄보디아 성회를 시작으로 코로나 사태로 인해 해외 성회를 할 수 없게 된 2020년까지 계속 태워주셨다.

내가 강사로 간 나라가 19개국이다. 그 중엔 매년 가는 나라도 있다. 지구 반대편에 있는 남미 볼리비아에도 다녀왔다. 비행기를 탄 시간만 왕복 54시간이다. 그 모든 항공료를 하나님께서 공급해주셨다.

하나님은 상 주시는 하나님이다

코로나 사태가 끝나면 하나님께서는 또다시 나를 비행기 태워주실 것이다. 주님을 섬기기 위해 헌신하며 3년 동안 놀러 다니고 싶은 유혹을 물리쳤더니 이렇게 어마어마한 상을 베풀어주셨다.

"누구든지 너희가 그리스도에게 속한 자라 하여 물 한 그릇이라도 주면 내가 진실로 너희에게 이르노니 그가 결코 상을 잃지 않으리라"(막 9:41).

"믿음이 없이는 하나님을 기쁘시게 하지 못하나니 하나님께 나아가는 자는 반드시 그가 계신 것과 또한 그가 자기를 찾는 자들에게 상 주시는 이심을 믿어야 할지니라"(히 11:6).

하나님은 정말로 상 주시는 분이시다. 하나님께서 나에게 베풀어주신 상은 이것 외에도 너무나 많다. 나는 독자들이 이 책을 통해 상 주시는 하나님을 믿고 주님을 열심을 다해 섬기길 권한다.

다만 주님을 섬긴 후 당장에 보상을 받으려 하지 말고 꾸준히 섬겨보길 바란다. 은밀히 보시는 살아계신 하나님이 반드시 상을 주실 것이다. 내가 고등학교 시절에 주님을 섬기기 위해 열차 여행의 유혹을 포기한 것에 대해 하나님께서 비행기로 갚아주시기 시작한 것은 30년이 지나서다.

씨를 뿌렸을 때 금방 열매를 거두는 것도 있지만, 여러 달 기다려야 하는 것도 있고, 몇 년 기다려야 하는 것도 있다. 심지어 수십 년 기다려야 하는 것도 있다. 하나님이 갚아주시는 것도 이와 같다. 그러므로 주를 섬길 때는 조급한 마음을 먹지 말고 인내하면서 꾸준히 섬기는 것이 필요하다.

기도도 마찬가지다. 하나님을 믿고 꾸준히 인내하면서 기도하길 바란다. 그러면 반드시 기도가 만드는 '어메이징 스토리'를 여러분도 모두 경험하게 될 것이다.

"기도는 어메이징 스토리(Amazing Story)를 만든다!"

네가 그때 공짜 열차의 유혹을 물리치고 나를 섬겼기에 이렇게 비행기를 태워주는 것이다

 닫는 말

당신에게도 놀라운 일이 일어날 수 있다!

『기도가 만든 어메이징 스토리』에 들어 있는 모든 이야기는 누구에게나 일어날 수 있는 이야기다. 이 책을 읽는 독자 여러분에게도 일어날 수 있다. 그 이유는 성경을 쓰신 하나님께서 지금도 살아계셔서 성경대로 역사하고 계시기 때문이다.

나는 스무 살 청년의 때에 내 몸을 하나님께 바친 후 40여 년의 삶을 통해 성경은 진실로 성령의 감동으로 기록된 정확무오한 하나님의 말씀이며, 하나님은 지금도 성경대로 행하고 계시다는 것을 직접 경험하며 확인했다.

이 책은 하나님과 성경책에 대해 나의 40여 년의 삶을 통해 내가 직접 경험하며 확인한 생생한 증언이다. 책을 쓰면서 40여 년의 인생을 뒤돌아보니 모든 것이 하나님의 은혜였다. 하나님께서 스무 살에 하나님께 바친 내 인생을 후회할 것이 없는 놀라운 이야기로 가득 채워주셨다.

'기도가 만든 어메이징 스토리'를 쓰면서 정말 행복했다. 이렇게 행복한 마음으로 하나님과 성경에 관해서 증언하게 해주신 하나님께 감사와 찬양과 존귀와 영광을 올려 드린다.

　이제 두 번째 책은 하나님께서 나를 가르쳐주시고 깨닫게 하신 영의 세계와 성경 말씀, 그리고 성경에 담겨 있는 영적인 원리를 쓰고자 한다.
　독자 여러분이 첫 번째 책에 이어 두 번째 책을 읽게 되면 여러분의 신앙생활에 큰 도움이 될 것을 확신한다.
　성경은 성령의 감동으로 기록된 하나님의 말씀이다. 하나님의 말씀은 진리다. 진리[眞理]는 참된 이치[理致]로서 원리를 담고 있다.
　자연계에는 자연계를 움직이는 원리가 있듯이 영적인 세계에도 영계를 움직이는 원리가 있다. 자연계를 움직이는 원리를 알려면 과학을 공부해야 한다. 영계를 움직이는 원리를 알려면 성경을 공부해야 한다. 하나님께서 성경에 영계를 움직이는 영적인 원리를 모두 담아 놓으셨다. 그런데 사람들이 성경을 공부하면서도 영적인 원리를 깨닫지 못하는 경우가 많다. 공부하는 그 부분에 대한 단편적인 지식만 취한다.
　나도 하나님께서 영적인 세계를 열어주기 전까지는 성경에 담겨 있는 영적인 원리를 잘 볼 줄 몰랐다. 그러나 너무나 감사하게도 하나님께서 교회 창립 14주년을 기점으로 성령과 능력을 기름 붓듯 부어주시고 사도행전적 사역을 지속적으로 하게 하시면서 영적인 원리를 깨닫게 하셨다.

　치유 성회를 열었을 때 단순히 병을 고치고 귀신을 쫓아내는 치유 사역과 성령의 기름 부음 사역만 가르친 것이 아니다. 왜 그렇게 되고, 어떻게 되는지를 내가 깨달은 영적인 원리와 함께 하나하나 자세히 가르쳤다. 내가 가르쳐주는 대로 영적인 원리를 자신에게 적용하는 사람은 나에게 이루어진 말씀이 그 사람에게도 놀랍게 이루어졌다. 그래서 성회에 참석한 사람들이 이구동성으로 하는 말이 있다.

"목사님, 저도 됩니다. 다른 집회에 갔을 때는 강사님은 되지만 나는 안 되었는데 이곳에서는 저도 됩니다."

그렇다. 독자 여러분도 될 수 있다. 독자 여러분도 성경 말씀을 직접 맛보아 알 수 있고, '어메이징 스토리'를 쓸 수 있다.
바로 그 영적인 원리와 영의 세계를 이 책에도 좀 쓰긴 했지만, 이 책은 내 삶에 이루어진 이야기를 통해 성경은 성령의 감동으로 기록된 하나님의 말씀이라는 것과 하나님은 성경대로 지금도 행하고 계신다는 것에 초점을 맞추어 썼다. 두 번째 책에 그 모든 것을 자세히 쓰고자 한다.
책이 나오기 전에라도 내가 깨달은 것을 배우기 원하는 사람은 인천기쁨의교회 유튜브 방송에 들어오면 된다. 그곳에 온라인 치유 성회라는 이름으로 1강부터 105강까지 올려놓았으니 시청해보기 바란다. 모두 무료로 시청할 수 있다.

가장 좋은 것은 성회에 직접 참석하는 것이다. 그것도 하나님의 은혜 받는 중요한 영적인 원리 중에 하나다. 성령의 기름 부음의 원리가 있다.
다니엘 캠프에 초등학교 5학년 어린이가 참석한 적이 있다. 우리 교회 집사님의 조카가 미국에 이민 가게 되었다고 해서 예외로 참석시켰다. 놀랍게도 그 아이가 맨 앞에 앉아 매시간 나를 뚫어지게 쳐다보면서 강의를 들었다. 기도 시간이 되면 하라는 대로 기도하고, 안수 기도도 빠지지 않고 꼭 받았다.

그러더니 귀신을 쫓아내는 사역 실습 시간이 되었을 때 중학생 형과 짝이 되어 기도해주게 되었는데, 그 아이에 의해 중학생에게서 게임하게 하는 악한 영이 정체를 드러내고, 소리 내서 말하고 쫓겨나는 것을 보았다.

그 아이가 캠프가 끝난 후 우리 교회 집사님에게 말했다.

"이모, 나도 목사님처럼 귀신을 쫓아냈다. 세 마리나 쫓아냈어. 게임하게 하는 것, 싸우게 하는 것, 욕하게 하는 것."

독자 여러분에게도 놀라운 일이 일어날 수 있다!

마지막으로 이 책이 나오기까지 나와 함께해준 사랑하는 아내 노병희 사모와 딸 이예은, 사위 나문수, 아들 이신구에게 사랑과 고마운 마음을 전하며, 나를 믿어주고 함께해준 기쁨의교회 성도님과 협력사역자님 등 모든 분께 감사의 마음을 전한다. 그리고 이 책을 쓰는 과정에서 도움을 준 박성배 목사님, 홍일권 목사님, 허센트(HERSCENT) 대표 김소희 집사님, 소병근 목사님, 이현민 목사님, 남경술 목사님, 기쁨의교회 유튜브 방송 팀, 책을 쓰는 7개월 동안 기도해주신 모든 분, 하나님 나라와 영광스러운 교회를 위해 최고의 기념작으로 만들어준 킹덤북스(Kingdom Books) 대표 윤상문 목사님과 편집 팀께 감사드린다.

2022년 4월 기쁨비전 센터에서
이 종 선 드림